厚大法考 Judicial Examination

法考精神体系

历年精粹　透视命题

理论法*360*题

思路点拨　举一反三

白　斌 ◎编著 | 厚大出品

中国政法大学出版社

一寸光阴不可轻

《《《 厚大在线 》》》

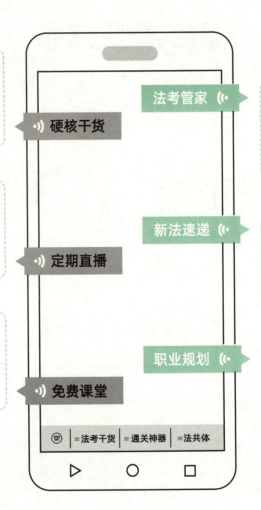

八大学科学习方法、新旧大纲对比及增删减总结、考前三页纸等你解锁。

硬核干货

备考阶段计划、心理疏导、答疑解惑,专业讲师与你相约"法考星期天"直播间。

定期直播

图书各阶段配套名师课程的听课方式,课程更新时间获取,法考必备通关神器。

免费课堂

法考管家
法考公告发布、大纲出台、主客观报名时间、准考证打印等,法考大事及时提醒。

新法速递
新修法律法规、司法解释实时推送,最高院指导案例分享;牢牢把握法考命题热点。

职业规划
了解各地实习律师申请材料、流程,律师执业手册等,分享法律职业规划信息。

《《《《

更多信息
关注厚大在线

HOUDA

代总序

做法治之光

——致亲爱的考生朋友 ☆

　　如果问哪个群体会真正认真地学习法律，我想答案可能是备战法考的考生。

　　当厚大的老总力邀我们全力投入法考的培训事业，他最打动我们的一句话就是：这是一个远比象牙塔更大的舞台，我们可以向那些真正愿意去学习法律的同学普及法治的观念。

　　应试化的法律教育当然要帮助同学们以最便捷的方式通过法考，但它同时也可以承载法治信念的传承。

　　一直以来，人们习惯将应试化教育和大学教育对立开来，认为前者不登大雅之堂，充满填鸭与铜臭。然而，没有应试的导向，很少有人能够真正自律到系统地学习法律。在许多大学校园，田园牧歌式的自由放任也许能够培养出少数的精英，但不少学生却是在游戏、逃课、昏睡中浪费生命。人类所有的成就靠的其实都是艰辛的训练；法治建设所需的人才必须接受应试的锤炼。

　　应试化教育并不希望培养出类拔萃的精英，我们只希望为法治建设输送合格的人才，提升所有愿意学习法律的同学整体性的法律知识水平，培育真正的法治情怀。

　　厚大教育在全行业中率先推出了免费视频的教育模式，让优质的教育从此可以遍及每一个有网络的地方，经济问题不会再成为学生享受这些教育资源的壁垒。

　　最好的东西其实都是免费的，阳光、空气、无私的爱，越是弥足珍贵，越是免费的。我们希望厚大的免费课堂能够提供最优质的法律教育，一如阳光遍洒四方，带给每一位同学以法律的温暖。

没有哪一种职业资格考试像法考一样，科目之多、强度之大令人咂舌，这也是为什么通过法律职业资格考试是每一个法律人的梦想。

法考之路，并不好走。有沮丧、有压力、有疲倦，但愿你能坚持。

坚持就是胜利，法律职业资格考试如此，法治道路更是如此。

当你成为法官、检察官、律师或者其他法律工作者，你一定会面对更多的挑战、更多的压力，但是我们请你持守当初的梦想，永远不要放弃。

人生短暂，不过区区三万多天。我们每天都在走向人生的终点，对于每个人而言，我们最宝贵的财富就是时间。

感谢所有参加法考的朋友，感谢你愿意用你宝贵的时间去助力中国的法治建设。

我们都在借来的时间中生活。无论你是基于何种目的参加法考，你都被一只无形的大手抛进了法治的熔炉，要成为中国法治建设的血液，要让这个国家在法治中走向复兴。

数以万计的法条，盈千累万的试题，反反复复的训练。我们相信，这种貌似枯燥机械的复习正是对你性格的锤炼，让你迎接法治使命中更大的挑战。

亲爱的朋友，愿你在考试的复习中能够加倍地细心。因为将来的法律生涯，需要你心思格外的缜密，你要在纷繁芜杂的证据中不断搜索，发现疑点，去制止冤案。

亲爱的朋友，愿你在考试的复习中懂得放弃。你不可能学会所有的知识，抓住大头即可。将来的法律生涯，同样需要你在坚持原则的前提下有所为、有所不为。

亲爱的朋友，愿你在考试的复习中沉着冷静。不要为难题乱了阵脚，实在不会，那就绕道而行。法律生涯，道阻且长，唯有怀抱从容淡定的心才能笑到最后。

法律职业资格考试不仅仅是一次考试，它更是你法律生涯的一次预表。

我们祝你顺利地通过考试。

不仅仅在考试中，也在今后的法治使命中——

不悲伤、不犹豫、不彷徨。

但求理解。

厚大®全体老师　谨识

作为本人具有个人风格的"理论法学五部曲"［《理论卷》、《真题卷》、《背诵卷》（原"小绿皮"）、《主观题宝典》、《主观题冲刺》］的第二部，《真题卷》花费了我最多的心血，也承载了我最重的期待——成就一部市场上所能找到的最好的真题解析书！

2018 年国家法律职业资格考试制度改革，不再公布真题、解析和参考答案，这对于本书的完善造成了巨大的障碍。2023 年考试落下帷幕之后，我在糅合修订原来的真题和自己设计的高仿习题的基础上，吸收了考生们集体回忆整理的 2018～2023 年 6 年法考考查内容，形成了本书的 2024 版。因此有必要提请读者诸君注意，凡属原司法部公布的真题，在本书中均于题干之后标注考题年份及题号；凡题干后未标注考题年份及题号的，则为本人命制的仿真题目以及根据考生回忆而还原的近几年的考题，均设计为不定项选择题。同时，针对本书的 2023 版面世之后广大考生在使用过程中所提出的意见和建议，新版加以大范围吸收，并进行全面勘误。法律法规已然修订的，对于引用条款及内容进行更新，特别围绕《立法法》等新修法律法规设计了相关仿真题目，并在中国法律史部分增加了中国共产党民主政权宪法性文件和司法制度的相关试题，增写了"习近平法治思想"的大部分题目；对于说理不够清晰的解析，全面推倒重写；措辞啰嗦、语义繁复的，则予以简明化，以最大限度节约考生宝贵的复习时间。

必须牢记，《真题卷》是基础教材《理论卷》的配套工具书，必须配合《理论卷》来加以使用。本书对于题目的排列是分门别类，一一对应《理论卷》中的知识点的。因此，建议大家在学习完《理论卷》中的某一知识点之后，及时练习本书中相应部分的题目，以检测自己对于相关考点把握的准确程度。

最后，有必要特别感谢许多素未谋面的朋友对于本书的完善所提供的智力贡献和精神支持。正是我的学生们的较真，使作为教师的我不得不认真，从而促使本书在完美性上更进一步。同样的诚挚请求也呈送给新版的读者朋友：恳请认真细致的诸位，在阅读过程中一旦发现了知识错误或者其他值得完善之点，能够不吝与笔者分享您的智慧，那将是我们成为好朋友的开端！我的新浪微博：@白斌的公法梦。在阅读和学习本书过程中有任何疑问，也请直接发私信与我交流，我将尽可能提供力所能及的"售后服务"。本书勘误也将在上述微博公布更新，请读者诸君随时关注。

白斌（竹西君）

2024 年 1 月 1 日

于中央财经大学法学院

目 录
CONTENTS

第 1 编　法 理 学

第 1 讲　法的本体 ·· 001

专题 1　法的概念 ·· 001

专题 2　法的本质和特征 ··· 004

专题 3　法的作用和价值 ··· 005

专题 4　法的要素 ·· 008

专题 5　法的渊源 ·· 011

专题 6　法律部门与法律体系 ·· 018

专题 7　法的效力 ·· 018

专题 8　法律关系 ·· 020

专题 9　法律责任 ·· 023

第 2 讲　法的运行 ·· 027

专题 10　立　法 ··· 027

专题 11　法的实施 ·· 028

专题 12　法适用的一般原理 ·· 029

专题 13　法律推理与法律解释 ··· 034

专题 14　法律漏洞的填补 ··· 042

第 3 讲　法与社会 ·· 045

专题 15　法与社会的一般理论 ··· 045

专题16　法与经济、科技、政治和宗教的关系 ………………………… 046

专题17　法与人权 ……………………………………………………… 048

第 4 讲　法的演进 ……………………………………………………… 050

专题18　法的起源 ……………………………………………………… 050

专题19　法的发展 ……………………………………………………… 051

专题20　法的传统 ……………………………………………………… 051

专题21　法治理论 ……………………………………………………… 052

第 2 编　习近平法治思想

第 5 讲　习近平法治思想的重大意义 …………………………………… 055

专题22　习近平法治思想的重大意义 ………………………………… 055

第 6 讲　习近平法治思想的核心要义 …………………………………… 059

专题23　习近平法治思想的核心要义 ………………………………… 059

第 7 讲　习近平法治思想的实践要求 …………………………………… 071

专题24　习近平法治思想的实践要求 ………………………………… 071

第 3 编　宪 法 学

第 8 讲　宪法的基本理论 ………………………………………………… 075

专题25　宪法的概念 …………………………………………………… 075

专题26　宪法的历史发展 ……………………………………………… 077

专题27　宪法的基本原则 ……………………………………………… 081

专题28　宪法的渊源与宪法典的结构 ………………………………… 082

专题29　宪法的作用、宪法规范与宪法效力 ………………………… 083

第 9 讲　宪法的实施及其保障 …………………………………………… 086

专题30　宪法的修改与解释 …………………………………………… 086

专题31　宪法监督 ……………………………………………………… 088

第 10 讲　国家的基本制度（上） ……………………………………… 091

专题32　政治、经济、文化、社会制度 ……………………………… 091

第 11 讲 国家的基本制度（下） ···································· 095

专题 33 人民代表大会制度 ···································· 095

专题 34 选举制度 ··· 095

专题 35 国家结构形式 ··· 100

专题 36 民族区域自治制度 ···································· 100

专题 37 特别行政区制度 ······································ 103

专题 38 基层群众性自治组织 ······························· 107

第 12 讲 公民的基本权利与义务 ······························· 112

专题 39 公民基本权利与义务概述 ·························· 112

专题 40 我国公民的基本权利 ······························· 112

专题 41 我国公民的基本义务 ······························· 116

第 13 讲 国家机构 ··· 117

专题 42 全国人民代表大会及其常务委员会 ··············· 117

专题 43 中华人民共和国主席 ······························· 126

专题 44 国务院 ·· 127

专题 45 中央军事委员会 ······································ 129

专题 46 地方各级人民代表大会和地方各级人民政府 ······ 129

专题 47 人民法院与人民检察院 ···························· 133

专题 48 监察委员会 ·· 134

第 14 讲 国家象征 ··· 135

专题 49 国家象征 ··· 135

第 4 编 司法制度和法律职业道德

第 15 讲 司法制度和法律职业道德概述 ······················ 137

专题 50 司法与司法制度的概念 ···························· 137

专题 51 法律职业道德的概念和特征 ······················ 138

第 16 讲 审判制度和法官职业道德 ··························· 141

专题 52 审判制度概述 ··· 141

专题 53 审判机关 ·· 142

专题 54　法　官 ·· 143

　　　　专题 55　法官职业责任 ····································· 144

第 17 讲　检察制度和检察官职业道德 ·················· 145

　　　　专题 56　检察制度概述 ····································· 145

　　　　专题 57　检察机关和检察官 ······························ 146

　　　　专题 58　检察官职业道德 ································· 146

　　　　专题 59　检察官职业责任 ································· 149

第 18 讲　律师制度和律师职业道德 ····················· 150

　　　　专题 60　律　师 ·· 150

　　　　专题 61　律师事务所 ······································ 152

　　　　专题 62　律师职业道德 ··································· 153

　　　　专题 63　法律援助制度 ··································· 154

第 19 讲　公证制度和公证员职业道德 ·················· 158

　　　　专题 64　公证员与公证机构 ······························ 158

　　　　专题 65　公证程序与公证效力 ··························· 158

　　　　专题 66　公证员职业道德 ································· 160

第 5 编　中国法律史

第 20 讲　中国古代法律史 ·································· 162

　　　　专题 67　西周以降的法律思想与制度 ················· 162

　　　　专题 68　唐宋至明清时期的法律思想与制度 ·········· 165

第 21 讲　清末、民国时期的法律史 ···················· 174

　　　　专题 69　清末改革 ··· 174

　　　　专题 70　民国时期的法律思想与制度 ················· 176

　　　　专题 71　中国共产党民主政权宪法性文件 ············ 177

答案速查表　　　　　　　　　　　　　　　　　　　　　179

法 的 本 体　第1讲

1. 甲请好友乙参观果园，出于好心让乙随便摘苹果吃，不料树上的苹果掉落砸伤了乙的眼睛，乙起诉甲要求赔偿。法院认为甲的行为体现了友好和睦的美德，彰显了社会主义核心价值观，乙要求甲赔偿的诉求没有法律依据，最终判决甲不用承担赔偿责任。关于法院引用社会主义核心价值观断案，下列说法正确的是：

A. 道德对法律具有促进作用

B. 法院裁判的过程就是法律权利从"纸面上"转为"行动中"的过程

C. 全面依法治国既要发挥法律的规范作用，也要发挥道德的教化作用

D. 法律和道德对社会都有规范调整作用

解析 体现公众普遍道德价值判断标准的法律规范，不仅可以使公民对国家产生普遍的认同感，而且可以拉近道德与法律之间的距离，从而使法律的实施变得更加容易。因此，道德规范对于法律规范的实施具有促进作用。A 项正确。

　道德权利转化成法律权利意味着权利可以得到法律的认可和落实，也意味着权利从"纸面上"转为"行动中"。B 项正确。

　推进全面依法治国，建设社会主义法治国家，需要既重视发挥法律的规范作用，又重视发挥道德的教化作用。C 项正确。

法律和道德都具有规范社会行为、调节社会关系、维护社会秩序的作用。D 项正确。

答案 ABCD

2. 关于实证主义法学和非实证主义法学，下列说法不正确的是：（2013/1/88-单）

A. 实证主义法学认为，在"实际上是怎样的法"与"应该是怎样的法"之间不存在概念上的必然联系

B. 非实证主义法学在定义法的概念时并不必然排除社会实效性要素和权威性制定要素

C. 所有的非实证主义法学都可以被看作是古典自然法学

D. 仅根据社会实效性要素，并不能将实证主义法学派、非实证主义法学派和其他法学派（比如社会法学派）在法定义上的观点区别开来

解析 围绕着法的概念的争论的中心问题是关于法与道德之间的关系问题。依据人们在定义法的概念时对法与道德的关系的不同主张，我们大致上可以区分出两种基本立场，即实证主义和非实证主义。所有的实证主义理论都主张，在定义法的概念时，没有道德因素被包括在内，即法和道德是分离的。具体来说，实证主义认为，在法与道德之间，在法律命令什么与正义要求什么之间，在"实际上是怎样的法"与

"应该是怎样的法"之间，不存在概念上的必然联系。与此相反，所有的非实证主义理论都主张，在定义法的概念时，道德因素被包括在内，即法与道德是相互联结的。非实证主义以内容的正确性作为法的概念的一个必要的定义要素，但其并不必然排除社会实效性要素和权威性制定要素。也就是说，非实证主义的法的概念中不仅以内容的正确性作为定义要素，还可以包括社会实效性要素和权威性制定要素。如果以内容的正确性作为法的概念的唯一定义要素，则是传统的自然法理论；如果以内容的正确性与社会实效性或权威性制定要素同时作为法的概念的定义要素，则是超越自然法与法实证主义之争的所谓第三条道路的那些法学理论，如阿列克西所持理论。因此，A、B、D项正确，不当选。

非实证主义包括传统自然法学和第三条道路。C项忽略了第三条道路，因此错误，当选。

答案 C

✏ 点睛之笔

实证主义有分析主义法学派、社会法学派和法现实主义之分；非实证主义有传统自然法学和第三条道路之分。

3. "法学作为科学无力回答正义的标准问题，因而是不是法与是不是正义的法是两个必须分离的问题，道德上的善或正义不是法律存在并有效力的标准，法律规则不会因违反道德而丧失法的性质和效力，即使那些同道德严重对抗的法也依然是法。"关于这段话，下列说法正确的是：（2015/1/90-任）

A. 这段话既反映了实证主义法学派的观点，也反映了自然法学派的基本立场
B. 根据社会法学派的看法，法的实施可以不考虑法律的社会实效
C. 根据分析实证主义法学派的观点，内容正确性并非法的概念的定义要素
D. 所有的法学学派均认为，法律与道德、正义等在内容上没有任何联系

解析 A项肯定是错的，题干明确说法律和道德无关，这是典型的实证主义立场。

社会法学派将社会实效作为法的首要定义要素，B项错误明显。

D项的错误更为明显，非实证主义法学派认为法律和道德有内容联系。

只能选C项，分析实证主义法学派强调的是权威性制定，并不强调法的内容正确、符合道德。

答案 C

4. 关于法与道德的论述，下列哪些说法是正确的？（2009/1/55-多）

A. 法律规范与道德规范的区别之一就在于道德规范不具有国家强制性
B. 按照分析实证主义法学的观点，法与道德在概念上没有必然联系
C. 法和道德都是程序选择的产物，均具有建构性
D. 违反法律程序的行为并不一定违反道德

解析 法的强制乃是有组织的国家强制，表现为一定的专门机构以暴力为后盾，通过一定的程序，针对外在行为实施外在的强制。而道德在本质上是对良心和信念产生作用，因而强制是内在的，主要凭借内在良知的认同和责难，即便是舆论压力和谴责，也只能在主体对谴责所依据的道德准则认同的前提下发挥作用。因此，A项正确。

分析实证主义法学派否定法与道德存在本质上的必然联系，认为不存在适用于一切时代、民族的永恒不变的正义或道德准则。因此，B项正确。

法是由权威主体主动制定或认可的，在形式上具有建构性。而道德乃是在社会生产生活中自然演进生成的，不是自觉制定和程序选择的产物，自发性而非建构性是其本质属性。因此，C项错误。

法律和道德并不总是一致的，因此，违反法律的行为不一定违反道德，违反道德的行为也不一定违法。因此，D项正确。

答案 ABD

点睛之笔

　　道德的强制性是常考的要点，请考生加倍注意。

5. 孟子的弟子问孟子，舜为天子时，若舜的父亲犯法，舜该如何处理？孟子认为，舜既不能以天子之权要求有司枉法，也不能罔顾亲情坐视父亲受刑，正确的处理方式应是放弃天子之位，与父亲一起隐居到偏远之地。对此，下列说法正确的是：（2017/1/86-任）

A. 情与法的冲突总能找到两全其美的解决方案

B. 中华传统文化重视伦理和亲情，对当代法治建设具有借鉴意义

C. 孟子的方案虽然保全了亲情，但完全未顾及法律

D. 不同法律传统对情与法的矛盾可能有不同的处理方式

解析 法理与人情的冲突是世界各国各民族都会面临的问题，不同国家基于不同传统，会有不同的处理方式。如果激烈到一定的程度，很难做到两全其美，就必须在二者之间找到解决的办法。A 项错误，D 项正确。

　　中华传统文化重视伦理和亲情，强调德主刑辅，对当代法治建设具有借鉴意义。B 项正确。

　　孟子的方案保全了亲情，但没有以天子之权要求主管官员枉法裁判，也部分地保全了法律。C 项错误。

答案 BD

6. 在小说《悲惨世界》中，心地善良的冉阿让因偷一块面包被判刑，他认为法律不公并屡次越狱，最终被加刑至 19 年。他出狱后逃离指定居住地，虽隐姓埋名却仍遭警探沙威穷追不舍。沙威冷酷无情，笃信法律就是法律，对冉阿让舍己救人、扶危济困的善举视而不见，直到被冉阿让冒死相救，才因法律信仰崩溃而投河自尽。对此，下列说法正确的是：（2017/1/88-任）

A. 如果认为不公正的法律不是法律，则可能得出冉阿让并未犯罪的结论

B. 沙威"笃信法律就是法律"表达了非实证主义的法律观

C. 冉阿让强调法律的正义价值，沙威强调法律的秩序价值

D. 法律的权威源自人们的拥护和信仰，缺乏道德支撑的法律无法得到人们自觉的遵守

解析 围绕着法的概念的争论的中心问题是关于法与道德之间的关系问题，即不符合道德的立法是不是法的问题。我们大致可以概括出两种"法的概念"的立场：实证主义的和非实证主义或自然法的法的概念。实证主义认为法与道德分离，严格区分"法律实际上是什么"和"法律应当是什么"，其认为二者之间不存在概念上的必然联系，主张恶法亦法。非实证主义认为法与道德相互联结，在定义法的概念时，应当将道德因素包括在内，主张恶法非法。

　　本题中，冉阿让因为偷一块面包而被判刑，很明显并不公正。如果认为不公正的法律就不是法律，即恶法非法，则属于非实证主义立场，自然会得出冉阿让并未犯罪的结论。A 项正确。

　　沙威坚信，法律就是法律，不公正的法律也是法律，也应当得到坚定的执行，这属于典型的实证主义立场。B 项错误。

　　冉阿让强调的是法律应当公正，即捍卫正义价值；而沙威强调由权威者制定的法律应当被严格执行，捍卫的是法的秩序价值。C 项正确。

　　从马克思主义法学派的观点来看，法律的权威源自人民的拥护和信仰，如果缺乏道德的支撑，法律就难以获得人民自觉的遵守，就难以发挥其应有的规范力量。D 项正确。

答案 ACD

02 专题　法的本质和特征

7. 下列有关法的阶级本质的表述中，哪些体现了马克思主义法学关于法的本质学说？（2002/1/81-多）

A. 一国的法在整体上是取得胜利并掌握国家政权的阶级意志的体现

B. 历史上所有的法律仅仅是统治阶级的意志的反映

C. 法的本质根源于物质的生活关系

D. 法所体现的统治阶级的意志是统治阶级内部各党派、集团及每个成员意志的相加

解析　首先，法的本质表现为法的正式性。法的正式性，又称法的官方性、国家性，是指法是由国家制定或认可的，并由国家强制力保证实施的正式的官方确定的社会规范。其次，由于国家形成于阶级矛盾不可调和的历史时期，因此，它必然反映阶级对立时期的阶级关系。法所体现的国家意志实际上只能是统治阶级或取得胜利并掌握国家政权的阶级的意志，国家意志就是法律化的统治阶级意志。但是，法体现的统治阶级意志具有整体性，其不是统治阶级内部的各党派、集团及每个成员的个别意志，也不是这些个别意志的简单相加，而是统治阶级的整体意志、共同意志或根本意志。故A项当选，D项不当选。

法所体现的意志还具有复杂性，其主要反映统治阶级的意志，但同时也反映被统治阶级以及统治阶级的同盟阶级的某些要求和愿望。故B项不当选。

法的本质最终体现为法的物质制约性。法的物质制约性，是指法的内容受社会存在这个因素的制约，其最终也是由一定的社会物质生活条件决定的。故C项当选。

答案　AC

8. 法是以国家强制力为后盾，通过法律程序保证实现的社会规范。关于法的这一特征，

下列哪些说法是正确的？（2013/1/55-多）

A. 法律具有保证自己得以实现的力量

B. 法律具有程序性，这是区别于其他社会规范的重要特征

C. 按照马克思主义法学的观点，法律主要依靠国家暴力作为外在强制的力量

D. 自然力本质上属于法的强制力之组成部分

解析　规范都具有保证自己得以实现的力量，没有保证手段的社会规范是不存在的，法律自然也不例外。A项正确。

法律具有程序性，其制定和实施都必须遵守法律程序，法律职业者必须在程序范围内思考、处理和解决问题，这是法律区别于其他社会规范的重要特征。B项正确。

法律强制是一种国家强制，是以军队、宪兵、警察、法官、监狱等国家暴力为后盾的强制。C项正确。

法律强制属于国家强制，人类自觉地运用国家暴力加以强制，这区别于自然法则自发地运用自然力使自己获得实现。D项错误。

答案　ABC

9. 下列哪一选项体现了法律的可诉性特征？（2007/1/7-单）

A. 下一级的规范性法律文件因与上一级的规范性法律文件冲突而被宣布无效

B. 公民和法人可以利用法律维护自己的权利

C. "一国两制"原则体现在《香港特别行政区基本法》的制定过程中

D. 道德规范上升为法律规范

解析　法律的可诉性，是指法律具有被任何人（包括公民和法人）在法律规定的机构（尤其是法院或者仲裁机构）中通过争议解决程序（特别是诉讼程序）加以运用以维护自身权利的可能性。法律的实现方式不仅表现在以国家暴力为后盾，更表现在以一种制度化的争议解

决机制为权利人提供保障，通过权利人的行动，启动法律与制度的运行，进而凸显法律的功能。所以，判断一种规范是否属于法律，可以从可诉性的角度加以观察。可见，只有 B 项当选。

答案 B

法的作用和价值　专题 03

10. 关于法的规范作用，下列哪一说法是正确的？（2014/1/10-单）

A. 陈法官依据诉讼法规定主动申请回避，体现了法的教育作用

B. 法院判决王某行为构成盗窃罪，体现了法的指引作用

C. 林某参加法律培训后开始重视所经营企业的法律风险防控，反映了法的保护自由价值的作用

D. 王某因散布谣言被罚款 300 元，体现了法的强制作用

解析 法的规范作用包括指引、评价、教育、预测和强制五种。

C 项中的"保护自由价值的作用"不符合题意，首先排除。

指引作用，是指法对本人的行为具有引导作用。在这里，行为的主体是每个人自己。A 项中，陈法官在诉讼法的引导下"主动申请回避"，这是典型的指引作用。A 项错误。

评价作用，是指法律作为一种行为标准，用以判断、衡量他人的行为是否合法。B 项中，法院以法律为标准评价王某的行为，认为"构成盗窃罪"，体现的是评价作用。B 项错误。

强制作用，是指法可以通过制裁违法犯罪行为来强制人们遵守法律。在这里，强制作用的对象是违法者的行为，方法是对违法者加以处分、处罚或制裁。D 项符合要求，正确。

答案 D

11. 2011 年 7 月 5 日，某公司高经理与员工在饭店喝酒聚餐后表示：别开车了，"酒驾"已入刑，咱把车推回去。随后，高经理在车内掌控方向盘，其他人推车缓行。记者从交警部门了解到，如机动车未发动，只操纵方向盘，由人力或其他车辆牵引，不属于酒后驾车。但交警部门指出，路上推车既会造成后方车辆行驶障碍，也会构成对推车人的安全威胁，建议酒后将车置于安全地点，或找人代驾。鉴于我国对"酒后代驾"缺乏明确规定，高经理起草了一份《酒后代驾服务规则》，包括总则、代驾人、被代驾人、权利与义务、代为驾驶服务合同、法律责任等共 6 章 21 条邮寄给国家立法机关。关于高经理和公司员工拒绝"酒驾"所体现的法的作用，下列说法正确的是：（2011/1/89-任）

A. 法的指引作用　　B. 法的评价作用

C. 法的预测作用　　D. 法的强制作用

解析 本题的难点主要在于判断在题干所述情况中，法究竟对谁产生了作用。如果仅是对行为人本人产生了作用，那就是指引作用；如果针对的是他人的行为，那就是评价作用；如果对于行为人本人、不特定的旁观人等均产生了作用，那就是教育作用；如果对当事人之间相互预测对方的行为产生了作用，那就是预测作用；如果是以处罚、处分或制裁的方式作用于违法行为人，那就是强制作用。本题的问题是：高经理和公司员工拒绝"酒驾"体现了法的什么作用？题干指出："2011 年 7 月 5 日，某公司高经理与员工在饭店喝酒聚餐后表示：别开车了，'酒驾'已入刑，咱把车推回去。"可见，相关刑法条款只是对高经理等行为人本人产生了引导功能，属于指引作用，因此 A 项正确，其他项错误。

答案 A

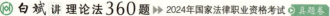

12. 法律格言说："紧急时无法律。"关于这句格言涵义的阐释，下列哪一选项是正确的？（2009/1/6-单）

A. 在紧急状态下是不存在法律的

B. 人们在紧急状态下采取紧急避险行为可以不受法律处罚

C. 有法律，就不会有紧急状态

D. 任何时候，法律都以紧急状态作为产生和发展的根本条件

解析 A项错误。现代社会通过法律实施紧急状态，在紧急状态下也存在特别的法律。

B项正确。紧急避险是法定的免责事由之一。

C项错误。在许多情况下，进入紧急状态是由法律明确规定的。

D项错误。法律不是以紧急状态而是以社会生产力和生产关系的社会条件作为产生和发展的根本条件。

答案 B

13. 我国是法治国家，我国《宪法》第33条第1～3款规定："凡具有中华人民共和国国籍的人都是中华人民共和国公民。中华人民共和国公民在法律面前一律平等。国家尊重和保障人权。"下列说法正确的是：

A. 保护妇女、儿童、老年人、残疾人等特定群体权益体现了第三代人权

B. 公民的人格尊严不受侵犯是消极权

C. 第三代人权仅限于生存权和发展权

D. 财产权利属于第二代人权

解析 "三代人权"学说1979年由时任联合国教科文组织人权与和平处处长的卡雷尔·瓦萨克（Karel Vaska）提出。其划分依据是法国革命的三大口号：自由、平等、博爱。

第一代人权依据的是自由思想，主要包括公民权利和政治权利，如生命权、人身自由权和安全权、私有财产权、选举权与被选举权以及言论、出版、集会、结社自由和思想、良心和宗教自由等。其权利形态主要是消极权利或

者消极自由，强调保护公民的自由免于国家不当干涉。D项错误。

第二代人权依据的是平等思想，主要包括经济、社会、文化等方面的积极权利，如工作权、劳动条件权、同工同酬权、社会保障权、物质帮助权、受教育权、健康权等，强调对弱势群体的保护和实质平等，要求政府采取积极的措施和步骤来保证人们真正获得实质性的社会、经济和文化利益。

第三代人权依据的是博爱思想，主要包括民族自决权、发展权、和平与安全权、环境权等集体人权。C项错误。

保护妇女、儿童、老年人、残疾人等特定群体权益体现了第二代人权。A项错误。

"公民的人格尊严不受侵犯"体现了个人权利免于国家的干涉，要求政府承担消极不作为的义务，因此属于消极权。B项正确。

答案 B

14. "法律只是在自由的无意识的自然规律变成有意识的国家法律时，才成为真正的法律。哪里法律成为实际的法律，即成为自由的存在，哪里法律就成为人的实际的自由存在。"关于该段话，下列说法正确的是：（2016/1/88-任）

A. 从自由与必然的关系上讲，规律是自由的，但却是无意识的，法律永远是不自由的，但却是有意识的

B. 法律是"人的实际的自由存在"的条件

C. 国家法律须尊重自然规律

D. 自由是评价法律进步与否的标准

解析 法律只有在自由的无意识的自然规律变成有意识的国家法律时，才成为真正的法律。也就是说，从自由与必然的关系上讲，规律是自由的，但却是无意识的，法律只有在将这种无意识的自然规律上升为国家法律时，才成为真正的法律。当法律成为真正的法律之时，法律也就成为自由的存在，就成为保障人的实际的自由存在。法典就是人民自由的圣经，法最本质的价值是"自由"。A项中"法律永远是

不自由的"这一说法错误，B项正确。

法律必须体现自由、保障自由，只有这样，才能使"个别公民服从国家的法律也就是服从他自己的理性即人类理性的自然规律"。在这里，"自然规律"指的是理性的自然规律，它当然必须得到国家法律的尊重，否则，国家法律就会背离理性。C项正确。

就法的本质来说，它以"自由"为最高的价值目标。法律是用来保卫、维护人民自由的，而不是用来限制、践踏人民自由的；如果法律限制了自由，也就是对人性的一种践踏。自由既然是人的本性，那么也就可以成为一种评价标准，衡量国家的法律是否是"真正的法律"。D项正确。

答案 BCD

15. 法律禁止卖淫嫖娼，这可能是根据下列何种理论？

A. 伤害原则 　　　　B. 人权保护原则
C. 冒犯原则 　　　　D. 家长主义原则

解析 卖淫嫖娼之所以被禁止，是因为其冒犯了社会一般公众的性道德观念。因此，C项当选。

答案 C

16. 一外国电影故事描写道：五名探险者受困山洞，水尽粮绝，五人中的摩尔提议抽签吃掉一人，救活他人，大家同意。在抽签前摩尔反悔，但其他四人仍执意抽签，恰好抽中摩尔并将其吃掉。获救后，四人被以杀人罪起诉并被判处绞刑。关于上述故事情节，下列哪些说法是不正确的？（2013/1/53-多）

A. 其他四人侵犯了摩尔的生命权
B. 按照功利主义"最大多数人之福祉"的思想，"一命换多命"是符合法理的
C. 五人之间不存在利益上的冲突
D. 从不同法学派的立场看，此案的判决存在"唯一正确的答案"

解析 五人之间很明显在生命利益上发生了冲突，并最终以牺牲摩尔的生命利益为代价，维

护了其他四人的生命。A项正确，不当选；C项错误，当选。

功利主义的基本立场是"最大多数人的最大幸福"，牺牲一个人，但能让更多的人活下来，这是符合功利主义的立场的。B项正确，不当选。

不同法学派对此案件自然有不同的看法，他们之间不存在所谓的"唯一正解"。D项错误，当选。

答案 CD

17. 2008年修订的《中华人民共和国残疾人保障法》第50条规定："县级以上人民政府对残疾人搭乘公共交通工具，应当根据实际情况给予便利和优惠。残疾人可以免费携带随身必备的辅助器具。盲人持有效证件免费乘坐市内公共汽车、电车、地铁、渡船等公共交通工具。盲人读物邮件免费寄递。国家鼓励和支持提供电信、广播电视服务的单位对盲人、听力残疾人、言语残疾人给予优惠。"对此，下列说法错误的是：（2010/1/92-任）

A. 该规定体现了立法者在残疾人搭乘公共交通工具问题上的价值判断和价值取向
B. 从法的价值的角度分析，该规定的主要目的在于实现法的自由价值
C. 该规定对于有关企业、政府及残疾人均具有指引作用
D. 该规定在交通、邮政、电信方面给予残疾人的优待有悖于法律面前人人平等原则

解析 该规定体现了立法者保障残疾人群体平等地利用社会资源的价值取向。故A项正确，不当选。

从法的价值角度分析，该规定的主要目的是实现对于残疾人的平等保护，属于正义价值。故B项错误，当选。

相应地，该规定能够指引有关企业、政府和残疾人本人安排相应的行为。故C项正确，不当选。

该规定给予残疾人的优待不属于不合理的

差别对待，不仅不悖于法律面前人人平等原则，反而正是法律面前人人平等原则的体现。故 D 项错误，当选。

答案 BD

04 **专题 法的要素**

18. 贾律师在一起未成年人盗窃案件辩护意见中写到："首先，被告人刘某只是为了满足其上网玩耍的欲望，实施了秘密窃取少量财物的行为，主观恶性不大；其次，本省盗窃罪的追诉限额为 800 元，而被告人所窃财产评估价值仅为 1050 元，社会危害性较小；再次，被告人刘某仅从这次盗窃中分得 200 元，收益较少。故被告人刘某的犯罪情节轻微，社会危害性不大，主观恶性小，依法应当减轻或免除处罚。"关于该意见，下列哪些选项是不正确的？（2010/1/55-多）

A. 辩护意见既运用了价值判断，也运用了事实判断

B. "被告人刘某的犯罪情节轻微，社会危害性不大，主观恶性小，依法应当减轻或免除处罚"，属于事实判断

C. "本省盗窃罪的追诉限额为 800 元，而被告人所窃取财产评估价值仅为 1050 元"，属于价值判断

D. 辩护意见中的"只是""仅为""仅从"这类词汇，属于法律概念

解析 在法学上，事实判断乃是对于客观存在的法律原则、规则、制度等所进行的客观分析与判断；价值判断乃是就某一特定的客体对特定的主体有无价值、有何价值、价值有多大所作的判断。本案中的辩护意见既有对于法律制度的客观描述，也有对于被告人主观恶性、社会危害性、应受处罚性等程度的评价。因此 A 项正确，不当选。

B 项中的语句乃是对于刘某行为的价值评价，属于价值判断。因此 B 项错误，当选。

C 项中的语句乃是对法律制度以及被告所窃取的价值的客观描述，属于事实判断。因此

C 项错误，当选。

法律概念是对与法律相关的事物、状态、行为进行概括而形成的精炼术语，如"故意""当事人""自然人"等。本案的辩护意见中的"只是""仅为""仅从"都是一般性日常词汇，不属于法律概念。因此 D 项错误，当选。

答案 BCD

19. 关于法律概念的分类，下列说法不正确的有：

A. "公民""法人"属于不确定性概念

B. "显失公平"属于描述性不确定性概念

C. "因公外出"和"严重侵害"都是评价性概念

D. 民法上的推定概念属于评价性概念

解析 根据概念的定义要素是否清晰，可以将法律概念区分为确定性概念和不确定性概念。确定性概念，如"公民""法人"等。不确定性概念又包括描述性不确定性概念和规范性不确定性概念。前者如"夜间""噪音""物"等，其不确定性由判断标准的不明所导致；后者如"恶意遗弃""重大事由""显失公平"等，由于涉及适用者的主观评价，原本就不存在一个固定的标准。A、B 项错误，当选。

根据概念的功能，可以将法律概念区分为描述性概念、评价性概念和论断性概念。描述性概念用以描述自然事实、制度事实、社会事实，相关语句有真假之分，如"火车""森林""配偶""婚姻"等。评价性概念则涉及对事实或事物的价值判断，相关语句没有真假之分，如"公序良俗""处于卑劣动机杀人"。论断性概念乃是基于对某个事实的确认来认定另一个事实的存在，如民法上的推定概念和刑法上的罪责概念。D 项错误，当选。

就 C 项而言，"因公外出"是描述性概念，"严重侵害"是评价性概念。C 项错误，当选。

答案 ABCD

20. 《刑事诉讼法》第 56 条第 1 款规定："采用刑讯逼供等非法方法收集的犯罪嫌疑人、被告人供述和采用暴力、威胁等非法方法收集的证人证言、被害人陈述，应当予以排除。"对此条文，下列哪一理解是正确的？（2015/1/10 改编–单）

A. 运用了规范语句来表达法律规则

B. 表达的是一个任意性规则

C. 表达的是一个委任性规则

D. 表达了法律规则中的假定条件、行为模式和法律后果

解析 法律规范既可以用规范语句表述，也可以用陈述句表述。规范语句与陈述句的区别在于语句外观上是否使用了"应当""有权""不得""禁止"等道义助动词。本题中，该条文中出现了道义助动词"应当"，因此属于规范性语句。A 项正确。

根据法律规则的内容是否可由当事人自由协商加以改变，法律规则可以分为强行性规则和任意性规则。本题中的条文规定的是非法证据排除规则，不允许相关主体自由协商，因此属于强行性规则，而非任意性规则。B 项错误。

根据法律规则的内容是否确定，法律规则可以分为确定性规则、委任性规则和准用性规则。所谓委任性规则，是指规则内容自身并不明确，于是条文授权某个国家机关通过制定细则、规定的方式去将其明确下来。本题中的条文内容清楚，并未授权特定国家机关，因此属于确定性规则，而非委任性规则。C 项错误。

法律规则的三要素——假定条件、行为模式和法律后果，在逻辑上缺一不可，但在实际条文中都可以省略。本题中的条文主要规定的是行为模式。D 项错误。

答案 A

21. 《老年人权益保障法》第 18 条第 1 款规定："家庭成员应当关心老年人的精神需求，不得忽视、冷落老年人。"关于该条款，下列哪些说法是正确的？（2013/1/54–多）

A. 规定的是确定性规则，也是义务性规则

B. 是用"规范语句"表述的

C. 规定了否定式的法律后果

D. 规定了家庭成员对待老年人之行为的"应为模式"和"勿为模式"

解析 确定性规则是和委任性规则、准用性规则相对的，其内容本已明确肯定，无须再援引或参照其他规则来确定其内容。本题中的条款内容明确肯定，属于确定性规则。义务性规则是和授权性规则相对的，在内容上规定人们的法律义务，即有关人们应当作出或不作出某种行为。本题中的条款要求家庭成员"应当关心老年人的精神需求"，"不得忽视、冷落老年人"，规定了家庭成员对待老年人之行为的应为模式和勿为模式，运用了道义助动词，因此属于以规范语句表达的义务性规则。A、B、D 项正确。但系争条款没有指明如果违反会产生何种法律后果，很明显省略了法律后果。C 项错误。

答案 ABD

22. 《民法典》第 1065 条第 1 款规定："男女双方可以约定婚姻关系存续期间所得的财产以及婚前财产归各自所有、共同所有或者部分各自所有、部分共同所有。约定应当采用书面形式。没有约定或者约定不明确的，适用本法第 1062 条、第 1063 条的规定。"关于该条款规定的规则（或原则），下列哪些选项是正确的？（2013/1/10 改编–多）

A. 任意性规则   B. 法律原则

C. 准用性规则   D. 禁止性规则

解析 该条款内容比较具体确定，属于法律规则。B 项错误。

强行性规则，是指内容规定具有强制性质，不允许人们随便加以更改的法律规则。任意性规则，是指规定在一定范围内，允许人们自行选择或协商确定为与不为、为的方式以及法律

关系中的权利义务内容的法律规则。题干中的条款明确规定"男女双方可以约定",说明属于授权性规则、任意性规则。D项错误,A项正确。

系争条款的前半部分内容明确肯定,属于确定性规则,后半部分对于"没有约定或者约定不明确"的情况,法条本身没有规定人们具体的行为模式,而是规定可以援引或参照其他相应内容规定,这是典型的准用性规则。C项正确。

答案 AC

23. 王甲经法定程序将名字改为与知名作家相同的"王乙",并在其创作的小说上署名"王乙"以增加销量。作家王乙将王甲诉至法院。法院认为,公民虽享有姓名权,但被告署名的方式误导了读者,侵害了原告的合法权益,违背了诚信原则。关于该案,下列哪一选项是正确的?

A. 姓名权属于应然权利,而非法定权利
B. 诚信原则可以填补规则的漏洞
C. 姓名权是相对权
D. 若法院判决王甲承担赔偿责任,则体现了确定法与道德界限的"冒犯原则"
E. 王乙在本案中所主张的姓名权属于绝对权

解析 《民法典》第1012条规定,自然人享有姓名权,有权依法决定、使用、变更或者许可他人使用自己的姓名,但是不得违背公序良俗。可见,姓名权已经由法律加以规定,成为法定权利。A项错误明显。

法律规则明确具体,适用过程相对比较僵硬;法律原则灵活抽象,可以克服法律规则的僵硬性缺陷,弥补法律漏洞,保证个案正义,在一定程度上缓解了规范与事实之间的缝隙,从而能够使法律更好地与社会相协调一致。B项正确。

姓名权相对于不特定的法律主体,因此属于绝对权。C项错误。但本案中,王乙向王甲主张姓名权,属于向特定主体主张权利,因此属于相对权。E项错误。

关于法律什么时候才应当干涉个人行为,19世纪后半叶,英国自由主义的代表性人物约翰·密尔概括出一条极其简单的原则,即伤害原则。它是密尔在社会与个人之间所划定的边界,也是合法和非法的边界。密尔认为,人类之所以有理有权可以个别或者集体地对其中任何成员的行动自由进行干涉,唯一的目的只是自我防卫。这就是说,权力能够正当地施与文明群体中的任何成员的唯一的目的只是要防止其对他人的伤害。在密尔之后,又出现了所谓的"冒犯原则"。冒犯原则的基本思路是:那些虽不伤害别人但却对社会公众之道德或信念构成冒犯的行为应当为法律所禁止。这类行为主要包括那些使人愤怒、羞耻或惊恐的淫荡行为或放肆行为,如人们忌讳的性行为、虐待尸体、亵渎国旗,这些行为公然侮辱公众的道德信念、道德感情和社会风尚,应当受到法律的制裁。冒犯原则在民法上主要体现为公序良俗原则。本案中,主要涉及的是诚信原则,而非公序良俗原则。D项错误。除伤害原则与冒犯原则之外,支持法律干涉个人自由的还有所谓的家长主义原则。家长主义原则认为,为了相对人的福利、需要和利益,国家或政府可以秉持家长"父爱"的立场,采取措施,不同程度地限制相对人的自由或权利,或者阻止相对人自我伤害,或者增进相对人的利益。家长主义原则因强制对象的不同区分为直接家长主义与间接家长主义两种情形,前者是对受益的相对人的自由的限制,如法律要求司机系安全带;后者是对与受益者相对的主体的自由的限制,受益者不一定总是其自由受到限制的人,例如,禁止把受害者的同意当作推脱法律责任的辩护理由,这一法律限制主要是影响施害者,而试图保护的却是心甘情愿的受害者。

答案 B

24. 法律格言云:"不确定性在法律中受到非难,但极度的确定性反而有损确定性"。对此,下列哪些说法是正确的?(2017/1/59-多)

A. 在法律中允许有内容本身不确定,而是可

以援引其他相关内容规定的规范

B. 借助法律推理和法律解释，可提高法律的确定性

C. 通过法律原则、概括条款，可增强法律的适应性

D. 凡规定义务的，即属于极度确定的；凡规定权利的，即属于不确定的

解析 法律中存在着准用性规则，其本身内容不确定，但可以援引其他相关内容规定。A项正确。

在法律规范的内容不明确的情况下，需要由法律人借助于法律推理、法律解释来对法律规范的内容进行具体化、明确化。B项正确。

法律原则、概括条款虽然相对抽象、笼统，不够确定，但是其对于变动社会中变动的事件而言，代表了法律的灵活性的部分，有助于增强法律的适应性。C项正确。

法律依赖于语言，凡语言均具有模糊性，都需要解释，说法律规定极度确定的，都是错误的。D项错误。

答案 ABC

25. 许某与妻子林某协议离婚，约定8岁的儿子小虎由许某抚养，林某可随时行使对儿子的探望权，许某有协助的义务。离婚后2年间林某从未探望过儿子，小虎诉至法院，要求判令林某每月探视自己不少于4天。对此，下列说法正确的是：（2017/1/89-任）

A. 依情理林某应探望儿子，故从法理上看，法院可判决强制其行使探望权

B. 从理论上讲，权利的行使与义务的履行均具有其界限

C. 林某的探望权是林某必须履行一定作为或不作为的法律约束

D. 许某的协助义务同时包括积极义务和消极义务

解析 法律权利是国家通过法律规定对法律关系主体可以自主决定作出某种行为的许可和保障手段。其特点包括：①受国家的认可和保障；②具有一定程度的自主性；③与利益紧密相连；④权利总是与义务人的义务相关联，离开了义务，权利就不能得到保障。法律义务则具有强制履行的性质，义务人对于义务的内容不可随意转让或违反。根据行为的内容，法律义务可以分为作为义务（积极义务）和不作为义务（消极义务）。本案涉及林某的探望权，属于法律权利，具有一定的自主性，法院强制其行使探望权并不妥当。A、C项误解了权利和义务的属性，错误。

从理论上讲，无论权利的行使还是义务的履行，均应受到法律的约束，二者均具有自己的边界。B项正确。

对于林某的探望权，许某具有协助义务，从消极方面看，其不应阻挠林某的探望；从积极方面看，则包括积极创造机会以保证林某探望权的实现。D项正确。

答案 BD

法 的 渊 源 专题 **05**

26. 关于行政法规，下列说法正确的有：

A. 重要的行政法规草案由国务院有关部门或者国务院法制机构组织起草

B. 行政法规草案应当向社会公布，征求意见，但是经国务院决定不公布的除外

C. 行政法规起草工作完成后，起草单位应当将草案及其说明、各方面对草案主要问题的不同意见和其他有关资料送国务院法制机构进行审查

D. 行政法规由国务院总理签署总理令公布

E. 行政法规签署公布后，应及时在国务院公报和中国人大网以及在全国范围内发行的

报纸上刊登

F. 行政法规应当在公布后的 30 日内，报全国人大常委会备案

解析 《立法法》第 74 条第 1 款规定，行政法规由国务院有关部门或者国务院法制机构具体负责起草，重要行政管理的法律、行政法规草案由国务院法制机构组织起草。A 项错误。

《立法法》第 74 条规定，行政法规在起草过程中，应当广泛听取有关机关、组织、人大代表和社会公众的意见。听取意见可以采取座谈会、论证会、听证会等多种形式。行政法规草案应当向社会公布，征求意见，但是经国务院决定不公布的除外。B 项正确。

《立法法》第 75 条规定，行政法规起草工作完成后，起草单位应当将草案及其说明、各方面对草案主要问题的不同意见和其他有关资料送国务院法制机构进行审查。国务院法制机构应当向国务院提出审查报告和草案修改稿，审查报告应当对草案主要问题作出说明。C 项正确。

《立法法》第 77 条规定，行政法规由总理签署国务院令公布。有关国防建设的行政法规，可以由国务院总理、中央军事委员会主席共同签署国务院、中央军事委员会令公布。D 项错误。

《立法法》第 78 条第 1 款规定，行政法规签署公布后，及时在国务院公报（标准文本）和中国政府法制信息网以及在全国范围内发行的报纸上刊载。E 项错误。

根据《立法法》第 109 条第 1 项的规定，行政法规应当在公布后的 30 日内，报全国人大常委会备案。F 项正确。

答案 BCF

27. 关于监察法规，下列说法不正确的有：

A. 各级监察委员会均有权制定监察法规

B. 监察法规通过后，应当报全国人大常委会批准后生效

C. 监察法规由国家监察委员会主任签署命令予以公布

D. 全国人大常委会和国务院有权撤销与宪法相抵触的监察法规

解析 国家监察委员会根据宪法和法律、全国人大常委会的有关决定，制定监察法规。可见，有权制定监察法规的机关只有国家监察委员会。A 项错误，当选。

监察法规应当经国家监察委员会全体会议决定，由国家监察委员会发布公告予以公布。监察法规应当在公布后的 30 日内报全国人大常委会备案。B、C 项错误，当选。

监察法规不得与宪法、法律相抵触。全国人大常委会有权撤销同宪法和法律相抵触的监察法规。D 项错误，当选。

答案 ABCD

28. 《中华人民共和国畜禽遗传资源进出境和对外合作研究利用审批办法》第 3 条规定："本办法所称畜禽，是指列入依照《中华人民共和国畜牧法》第 11 条（现为第 12 条第 1 款）规定公布的畜禽遗传资源目录的畜禽。本办法所称畜禽遗传资源，是指畜禽及其卵子（蛋）、胚胎、精液、基因物质等遗传材料。"对此，下列哪些表述是错误的？（2010/1/56-多）

A. 《中华人民共和国畜牧法》是《中华人民共和国畜禽遗传资源进出境和对外合作研究利用审批办法》的上位法

B. 《中华人民共和国畜牧法》和《中华人民共和国畜禽遗传资源进出境和对外合作研究利用审批办法》均属于行政法规

C. 该条款内容属于技术规范

D. 该条款规定属于任意性规则

解析 《畜牧法》是由全国人大常委会制定的，属于"法律"范畴，《畜禽遗传资源进出境和对外合作研究利用审批办法》是由国务院制定的，属于"行政法规"范畴，法律的效力高于行政法规。故 A 项正确，不当选；B 项错误，当选。

系争条款内容属于法律术语的界定，属于非规范性条文，而不属于"技术规范"。所谓

技术规范，乃是调整人与自然之间关系的规范。故 C 项错误，当选。

该条不是法律规则，就无所谓是任意性规则。故 D 项错误，当选。

答案 BCD

📝 **点睛之笔**

行政法规只能由国务院制定；技术规范不同于规定技术性事项的条款。

29. 《外国人来华登山管理办法》1991 年 7 月 31 日经国务院批准，1991 年 8 月 29 日由国家体育运动委员会发布实施。该办法是下列哪一性质的文件？

A. 法律

B. 行政法规

C. 国务院发布的决定和命令

D. 部门规章

解析 2004 年最高人民法院《关于审理行政案件适用法律规范问题的座谈会纪要》指出，现行有效的行政法规有以下三种类型：①国务院制定并公布的行政法规。②《立法法》施行以前，按照当时有效的行政法规制定程序，经国务院批准、由国务院部门公布的行政法规。但在《立法法》施行以后，经国务院批准、由国务院部门公布的规范性文件，不再属于行政法规。③在清理行政法规时由国务院确认的其他行政法规。同时，1987 年《行政法规制定程序暂行条例》（现已失效）第 15 条也规定："经国务院常务会议审议通过或者经国务院总理审定的行政法规，由国务院发布，或者由国务院批准、国务院主管部门发布。"

《外国人来华登山管理办法》由国务院批准、国家体育运动委员会公布，而当时的国家体育运动委员会属于国务院的工作部门。由此可以判断，该文件属于行政法规。B 项当选。

答案 B

30. 关于我国立法和法的渊源的表述，下列选项不正确的是：（2013/1/87－任）

A. 从法的正式渊源上看，"法律"仅指全国人大及其常委会制定的规范性文件

B. 公布后的所有法律、法规均以在《国务院公报》上刊登的文本为标准文本

C. 行政法规和地方性法规均可采取"条例""规定""办法"等名称

D. 所有法律议案（法律案）都须交由全国人大常委会审议、表决和通过

解析 正式的法的渊源中的"法律"乃是狭义的法律，即全国人大及其常委会制定的规范性文件。因此，A 项正确，不当选。

法律当然不会以《国务院公报》上刊登的文本为准，而应以其制定机关的公报——《全国人民代表大会常务委员会公报》上刊登的文本为准。因此，B 项错误，当选。

行政法规和地方性法规均可采取"条例""规定""办法"等名称。因此，C 项正确，不当选。

基本法律由全国人大通过，非基本法律由全国人大常委会通过。因此，D 项错误，当选。

答案 BD

31. 1983 年 3 月 1 日，全国人大常委会通过的《商标法》生效；2002 年 9 月 15 日，国务院制定的《商标法实施条例》生效；2002 年 10 月 16 日，最高法院制定的《关于审理商标民事纠纷案件适用法律若干问题的解释》施行。对此，下列哪些说法是正确的？（2011/1/53－多）

A. 《商标法实施条例》是部门规章

B. 《关于审理商标民事纠纷案件适用法律若干问题的解释》是司法解释

C. 《商标法实施条例》的效力要低于《商标法》

D. 《商标法实施条例》是《关于审理商标民事纠纷案件适用法律若干问题的解释》的母法

解析 《商标法》由全国人大常委会通过，性质上属于法律。《商标法实施条例》由国务院制定，因此属于行政法规，而非部门规章。A 项错误。

《关于审理商标民事纠纷案件适用法律若干问题的解释》由最高人民法院制定，属于司法解释。B项正确。

行政法规的地位和效力要低于法律。C项正确。

《关于审理商标民事纠纷案件适用法律若干问题的解释》是对《商标法》如何适用的解释，而不是对《商标法实施条例》的解释，况且在一国法律体系中，只有宪法是母法。D项错误。

答案 BC

📝 **点晴之笔**

> 遇到"母法"，必是"宪法"。

32. 关于法律、行政法规、地方性法规、自治条例和单行条例、规章的适用，下列哪些选项符合《立法法》规定？（2009/1/62-多）

A. 同一机关制定的特别规定与一般规定不一致时，适用特别规定

B. 法律、行政法规、地方性法规原则上不溯及既往

C. 地方性法规与部门规章之间对同一事项的规定不一致不能确定如何适用时，由国务院裁决

D. 根据授权制定的法规与法律规定不一致不能确定如何适用时，由全国人大常委会裁决

解析 根据《立法法》第103条的规定，同一机关制定的规范性法文件，特别规定与一般规定不一致的，适用特别规定；新的规定与旧的规定不一致的，适用新的规定。A项当选。

根据《立法法》第104条的规定，规范性法文件原则上不溯及既往，但为了更好地保障相对人权益而作的特别规定除外。B项当选。

根据《立法法》第106条第1款第2项的规定，地方性法规与部门规章之间对同一事项的规定不一致，不能确定如何适用时，由国务院提出意见，国务院认为应当适用地方性法规的，应当决定在该地方适用地方性法规的规定；

认为应当适用部门规章的，应当提请全国人大常委会裁决。C项不当选。

根据《立法法》第106条第2款的规定，根据授权制定的法规与法律规定不一致，不能确定如何适用时，由全国人大常委会裁决。D项当选。

答案 ABD

33. 耀亚公司未经依法批准经营危险化学品，2003年7月14日被区工商分局依据《危险化学品安全管理条例》罚款40万元。耀亚公司以处罚违法为由诉至法院。法院查明，《安全生产法》规定对该种行为的罚款不得超过10万元。关于该案，下列哪些说法是正确的？（2016/1/57-多）

A. 《危险化学品安全管理条例》与《安全生产法》的效力位阶相同

B. 《安全生产法》中有关行政处罚的法律规范属于公法

C. 应适用《安全生产法》判断行政处罚的合法性

D. 法院可在判决中撤销《危险化学品安全管理条例》中与上位法相抵触的条款

解析 《危险化学品安全管理条例》是国务院制定的行政法规，《安全生产法》是法律，很明显二者位阶不同，后者的法律效力高于前者。A项错误。

公法与私法的划分，是大陆法系国家的一项基本分类。现在公认的公法部门包括了宪法和行政法等，私法包括了民法和商法等。行政处罚属于行政法律部门中的内容，当然属于公法范畴。B项正确。

耀亚公司以处罚违法为由诉至法院后，法院应当根据法的效力位阶确定适用何种法律规范。在本案中，《安全生产法》的效力位阶高于《危险化学品安全管理条例》，根据"上位法优于下位法"的效力位阶原则，当然应当适用《安全生产法》判断行政处罚的合法性。C项正确。

《危险化学品安全管理条例》是国务院制

定的行政法规，根据《立法法》第108条第2项的规定，全国人大常委会有权撤销同宪法和法律相抵触的行政法规。进一步来说，我国采用的并非三权分立体制，而是议行合一的体制，法院无权审查人大的立法、国务院的行政法规。本案中，条例的撤销只能由全国人大常委会进行。D项错误。

答案 BC

34. 林某与所就职的鹏翔航空公司发生劳动争议，解决争议中曾言语威胁将来乘坐鹏翔公司航班时采取报复措施。林某离职后在选乘鹏翔公司航班时被拒载，遂诉至法院。法院认为，航空公司依《民法典》负有强制缔约义务，依《民用航空法》有保障飞行安全义务。尽管相关国际条约和我国法律对此类拒载无明确规定，但依航空业惯例航空公司有权基于飞行安全事由拒载乘客。关于该案，下列哪些说法是正确的？（2016/1/56 改编-多）

A. 反映了法的自由价值和秩序价值之间的冲突

B. 若法无明文规定，则法官自由裁量不受任何限制

C. 我国缔结或参加的国际条约是正式的法的渊源

D. 不违反法律的行业惯例可作为裁判依据

解析 安全、稳定、和平等属于秩序价值。航空公司依《民用航空法》须保障飞行安全，即体现了秩序价值。《民法典》规定航空公司负有强制缔约义务，意在保障公民的出行自由。因此，本案反映了法的自由价值和秩序价值之间的冲突。A项正确。

不论法律有无明文规定，法官的自由裁量都必须受到合理限制。法官必须依法裁判，运用法律解释方法、非正式的法的渊源、法律论证等原理和技术填补漏洞，而不能随心所欲、为所欲为。B项错误。

国际条约，是指我国作为国际法主体同外国缔结的双边、多边协议和其他具有条约、协定性质的文件。条约生效后，根据"条约必须遵守"的国际惯例，对缔约国的国家机关、团

体和公民就具有法律上的约束力，因而国际条约也是当代中国法的渊源之一。C项正确。

通过国家"认可"形成法律依据的可分两种情况：①国家立法者在制定法律时将已有的不成文的零散的社会规范系统化、条文化，使其上升为法律；②立法者在法律中承认已有的社会规范具有法的效力，但却未将其转化为具体的法律规定，而是交由司法机关灵活掌握，如有关"从习惯""按政策办"等规定。本案中的航空业惯例被法院所认可，因而可以作为裁判依据。D项正确。

答案 ACD

35. 特别法优先原则是解决同位阶的法的渊源冲突时所依凭的一项原则。关于该原则，下列哪些选项是正确的？（2016/1/58-多）

A. 同一机关制定的特别规定相对于同时施行或在前施行的一般规定优先适用

B. 同一法律内部的规则规定相对于原则规定优先适用

C. 同一法律内部的分则规定相对于总则规定优先适用

D. 同一法律内部的具体规定相对于一般规定优先适用

解析 《立法法》第103条规定，同一机关制定的法律、行政法规、地方性法规、自治条例和单行条例、规章，特别规定与一般规定不一致的，适用特别规定；新的规定与旧的规定不一致的，适用新的规定。A项正确。

在同一法律内部，规则相对于原则应当优先适用。法律原则的适用条件有三：①穷尽法律规则，方得适用法律原则；②除非为了实现个案正义，否则不得舍弃法律规则而直接适用法律原则；③没有更强理由，不得径行适用法律原则。这三个条件都说明了在同一法律内部，法律规则相对于法律原则适用的优先性。B项正确。

一般而言，总则规定一般原理，分则规定具体的内容，总则与分则之间的关系是一种抽象与具体、普遍与特殊的关系，也可以说总则

相当于一般规定，分则相当于具体规定。但是，事实上，由于总则的许多规定并没有抽象出分则的全部内容，或者说没有全面抽象分则的规定，因此，一些总则条款无法适用于全部分则条款。当《刑法》分则中存在着不同于总则条款的例外或者特别规定时，根据特别法优于一般法的基本原理，应当排除总则规定的适用，优先适用分则特别条款，这就是所谓"分则对总则排除适用现象"。C、D 项正确。

答案 ABCD

36. 赵某与陈女订婚，付其 5000 元彩礼，赵母另付其 1000 元"见面礼"。双方后因性格不合解除婚约，赵某诉请陈女返还该 6000 元费用。法官根据《民法典》和最高人民法院《关于适用〈中华人民共和国民法典〉婚姻家庭编的解释（一）》的相关规定，认定该现金属彩礼范畴，按照习俗要求返还不违反法律规定，遂判决陈女返还。对此，下列哪一说法是正确的？（2013/1/12 改编-单）

A. 法官所提及的"习俗"在我国可作为法的正式渊源

B. 在本案中，法官主要运用了归纳推理技术

C. 从法理上看，该判决不符合《民法典》第 1065 条第 1 款"男女双方可以约定婚姻关系存续期间所得的财产"之规定

D. 《民法典》和《关于适用〈中华人民共和国民法典〉婚姻家庭编的解释（一）》均属于规范性法律文件

解析 正式渊源，是指具有明定的法效力，并可直接作为法律推理的大前提之规范来源的资料。非正式渊源，是指不具有明定的法效力，但具有法律说服力并能够构成法律推理的大前提的准则来源，包括正义标准、理性原则、政策、道德信念、风俗习惯、乡规民约、外国法、权威著作等。因此，A 项错误。

法官首先查明和确认案件事实，作为小前提；其次选择和确定与案件事实相符合的法律规范，作为大前提；最后从两个前提中推导出法律决定，这是典型的演绎推理。因此，B 项错误。

法官根据《民法典》和最高人民法院《关于适用〈中华人民共和国民法典〉婚姻家庭编的解释（一）》的相关规定，认定该现金属彩礼范畴，按照习俗要求返还不违反法律规定，遂判决陈女返还，有理有据，并不违反《民法典》的规定。因此，C 项错误。

规范性法律文件，是指针对不特定主体的、可以反复适用的、具有普遍拘束力的法律文件；非规范性法律文件，是指不具有普遍约束力的判决书、裁定书、逮捕证、许可证、合同等文件，它们是适用法律的结果而不是法律本身。因此，D 项正确。

答案 D

37. 2000 年 6 月，最高法院决定定期向社会公布部分裁判文书，在汇编前言中指出："最高人民法院的裁判文书，由于具有最高的司法效力，因而对各级人民法院的审判工作具有重要的指导作用，同时还可以为法律、法规的制定和修改提供参考，也是法律专家和学者开展法律教学和研究的宝贵素材。"对于此段文字的理解，下列哪一选项是正确的？（2010/1/11-单）

A. 最高法院的裁判文书可以构成法的渊源之一

B. 最高法院的裁判文书对各级法院审判工作具有重要指导作用，属于规范性法律文件

C. 最高法院的裁判文书具有最高的普遍法律效力

D. 最高法院的裁判文书属于司法解释范畴

解析 本题考查对于最高人民法院的裁判文书的理解和认识。

判例属于当代中国法的非正式渊源。A 项正确。

最高人民法院的裁判文书对各级法院审判具有重要的指导作用，但不属于针对不特定主体、可以反复适用的规范性法律文件，而是针对特定主体、特定事项所作的法律判断，不可以反复适用，因此属于非规范性法律文件，不具有普遍法律效力，只是具有最高的司法效力。

B、C 项错误。

司法解释是我国法定解释的一种，凡属于人民法院审判工作中具体应用法律法令的问题，由最高人民法院进行解释。司法解释属于规范性法文件。最高人民法院的裁判文书属于非正式的法的渊源，属于非规范性法文件。D 项错误。

答案 A

 一招制敌

两个区分：最高人民法院的裁判文书和司法解释；最高法效力和最高司法效力。

38. 《民事诉讼法》第 34 条第 1 项规定："因不动产纠纷提起的诉讼，由不动产所在地人民法院管辖。"但是，《企业破产法》第 21 条规定："人民法院受理破产申请后，有关债务人的民事诉讼，只能向受理破产申请的人民法院提起。"关于这两个法条，下列说法正确的是：

A. 《民事诉讼法》是基本法律
B. 《企业破产法》与《民事诉讼法》的法律效力相等
C. 《企业破产法》第 21 条是授权性规则
D. 它们之间是一般法与特别法的关系

解析 全国人大制定的法律为基本法律，《民事诉讼法》由全国人大制定，属于基本法律。A 项正确。

《企业破产法》与《民事诉讼法》都是法律，属于同一位阶，具有相同的法律效力。B 项正确。

授权性规则包括对国家机关授权的职权性规则，也包括赋予公民权利的权利性规则。权利性规则体现在当事人可选择、可放弃。《企业破产法》第 21 条中"只能"二字表明这属于义务性规则中的命令性规则，而非授权性规则。C 项错误。

《企业破产法》中的管辖规定相较于《民事诉讼法》而言属于特别法，发生冲突时应该先适用《企业破产法》第 21 条的规定。D 项

正确。

答案 ABD

39. 某区质监局以甲公司未依《食品安全法》取得许可从事食品生产为由，对其处以行政处罚。甲公司认为，依特别法优先于一般法原则，应适用国务院《工业产品生产许可证管理条例》（以下简称《条例》）而非《食品安全法》，遂提起行政诉讼。对此，下列哪些说法是正确的？（2017/1/56-多）

A. 《条例》不是《食品安全法》的特别法，甲公司说法不成立
B. 《食品安全法》中规定食品生产经营许可的法律规范属于公法
C. 若《条例》与《食品安全法》抵触，法院有权直接撤销
D. 《条例》与《食品安全法》都属于当代中国法的正式渊源中的"法律"

解析 本题中，《食品安全法》与《条例》之间不是一般法与特别法的关系，而是上位法与下位法的关系。A 项正确。

《食品安全法》中规定食品生产经营许可的法律规范，很明显涉及行政许可，属于公法中的行政法。B 项正确。

在我国，即便下位法抵触上位法，法院也没有对于立法的审查权，无权直接撤销，只能直接适用上位法。C 项错误。

当代中国法的正式渊源中的"法律"特指全国人大及其常委会制定的规范性法文件，本题中的《食品安全法》属于"法律"，但《条例》由国务院制定，属于行政法规。D 项错误。

答案 AB

40. 2011 年，李某购买了刘某一套房屋，准备入住前从他处得知该房内 2 年前曾发生一起凶杀案。李某诉至法院要求撤销合同。法官认为，根据我国民俗习惯，多数人对发生凶杀案的房屋比较忌讳，被告故意隐瞒相关信息，违背了诚实信用原则，已构成欺诈，

遂判决撤销合同。关于此案，下列哪些说法是正确的？（2015/1/56-多）

A. 不违背法律的民俗习惯可以作为裁判依据

B. 只有在民事案件中才可适用诚实信用原则

C. 在司法判决中，诚实信用原则以全有或全无的方式加以适用

D. 诚实信用原则可以为相关的法律规则提供正当化基础

解析 不违背法律的民俗习惯在我国属于非正式的法的渊源，法官可以在裁判案件时引用。

A 项正确。

诚实信用原则在民法、行政法中均有其地位。B 项错误。

法律规则以全有或全无的方式适用于个案，而法律原则是以衡量的方式适用于个案。C 项错误。

法律规则具体明确，法律原则抽象笼统，法律原则可以为法律规则提供正当化的价值基础。D 项正确。

答案 AD

专题 06 法律部门与法律体系

41. 关于法的渊源和法律部门，下列哪些判断是正确的？（2011/1/51-多）

A. 自治条例和单行条例是地方国家权力机关制定的规范性文件

B. 行政法部门就是由国务院制定的行政法规构成的

C. 国际公法是中国特色社会主义法律体系的组成部分

D. 划分法律部门的主要标准是法律规范所调整的社会关系

解析 民族自治地方的人大有权依照当地民族的政治、经济、文化的特点，制定自治条例和单行条例，但应报全国或省级人大常委会批准后生效。民族自治地方的人大，在性质上属于地方国家权力机关。A 项正确。

法律部门，也称部门法，是指根据一定标准和原则所划定的调整同一类社会关系的法律规范的总称。划分法律部门的标准主要是调整对象，其次是法律调整方法。D 项正确。

行政法部门是所有调整行政主体和行政管理活动的法律规范的总称，它们可能存在于多个层次的法律规范当中，如宪法、法律、行政法规、地方性法规、自治条例和单行条例等。B 项错误。

法律体系是由一国国内法构成的体系，不包括完整意义上的国际法，即国际公法。C 项错误。

答案 AD

点睛之笔

　　行政法规是法律渊源的一种，根据其制定主体国务院来识别；行政法部门是根据特定法规范调整的社会关系的类型来辨别。

专题 07 法 的 效 力

42. 《中华人民共和国刑法》第 8 条规定："外国人在中华人民共和国领域外对中华人民共和国国家或者公民犯罪，而按本法规定的最低刑为 3 年以上有期徒刑的，可以适用本法，但是按照犯罪地的法律不受处罚的除外。"关于该条文，下列哪些判断是正确的？（2012/1/52-多）

A. 规定的是法的溯及力

B. 规定的是法对人的效力

C. 体现的是保护主义原则

D. 体现的是属人主义原则

解析 法的效力包括对人的效力、空间效力、时间效力。法对人的效力，是指法律对谁有效力，适用于哪些人。法的空间效力，是指法在哪些地域有效力，适用于哪些地区。法的时间效力，是指法何时生效、何时失效以及法对其生效以前的事件和行为有无溯及力。题目中的条文针对的是"外国人在中华人民共和国领域外对中华人民共和国国家或者公民犯罪"，很明显是为了保护我国国家和公民的利益，只要侵害了我国利益，即便是外国人，或者身在国外，也适用我国法律，属于对人效力中的保护主义。B、C 项正确。

A 项中的溯及力属于时间效力问题，D 项中的属人主义涉及对本国公民的法律适用，与题干要求不合，均错误。

答案 BC

✎ 一招制敌

只要涉及外国人在外国犯罪但适用中国法律，一定是对人效力中的保护主义原则。

43. 下列有关法对人的效力的表述哪些是正确的？（2005/1/55-多）

A. 各国法律对作为人权主体的人和作为公民权主体的人在效力规定上是相同的

B. 法律在对人的效力上采取"保护主义"原则，主要是为了保障外国人和无国籍人的人权

C. 中国法律中有关于"保护主义"原则的规定

D. 法律对在不同空间活动的人所规定的效力有一定差异

解析 人权，是指作为一个人应该享有的权利，公民权是人权的法律表现形式，是宪法和法律规定的本国公民所享有的权利。作为人权主体的人包括个人和集体，即自然人（包括公民、外国人和无国籍人）、法人或者其他组织，而

作为公民权主体的人仅是具有一国国籍的自然人，两者范围不同。以我国刑法为例，其对本国公民的效力与对外国人、无国籍人的效力是不同的。据此，A 项错误。

法律在对人效力上采取"保护主义"原则，主要是为了保障本国和本国公民的利益。据此，B 项错误。

中国法律，如根据《刑法》第 8 条的规定，外国人在我国领域外对我国国家或公民犯罪，按《刑法》规定的最低刑为 3 年以上有期徒刑的，可以适用《刑法》，但按照犯罪地的法律不受处罚的除外。这就是"保护主义"原则的规定。如果该外国人在我国领域内犯罪，则不论最低刑是否在 3 年以上有期徒刑，也不论其本国刑法是否将该行为规定为犯罪，均要根据我国《刑法》追究。据此，C、D 项正确。

答案 CD

44. 《最高人民法院关于适用〈中华人民共和国民法典〉时间效力的若干规定》第 2 条规定："民法典施行前的法律事实引起的民事纠纷案件，当时的法律、司法解释有规定，适用当时的法律、司法解释的规定，但是适用民法典的规定更有利于保护民事主体合法权益，更有利于维护社会和经济秩序，更有利于弘扬社会主义核心价值观的除外。"关于该规定，下列说法正确的是：

A. 该规定生效后需要向全国人大常委会备案

B. 《民法典》的适用不涉及法不溯及既往原则

C. 该规定和《民法典》的效力相同

D. 该规定中的但书体现了新法优于旧法的效力原则

解析 该规定属于司法解释。《法规、司法解释备案审查工作办法》第 9 条第 1 款规定："法规、司法解释应当自公布之日起 30 日内报送全国人大常委会备案。"A 项正确。

法的溯及力是指法律能否约束其生效之前的行为。本题中涉及的司法解释很明确地指明了《民法典》的适用也需要遵守法不溯及既往

原则。B项错误。

《民法典》的制定主体是全国人大，该规定的制定主体是最高人民法院，二者的制定主体不同，效力也不相同。C项错误。

原则上，法不溯及既往，但是例外条件下可以进行有利追溯。但书的规定体现了有利追溯的情况，不属于新法优于旧法。D项错误。

答案 A

45. 古罗马法谚有云："法律仅仅适用于将来。"对此，下列理解正确的是：

A. 法律与过去的历史无关

B. 任何情况下，法律都不能用于调整已经发生了的行为

C. 该法谚体现了"法不溯及既往"的精神，有助于维护法的可预测性

D. 新的法律不可能产生于旧的社会基础之上

解析 新法颁布前，人们的行为只能按照当时的法律来调整。法具有预测作用，即凭借法律的存在，人们可以预先估计相互间行为的法律后果。但是，未颁布的法并不为人们预知，自然也就不能起到任何作用，因此，新法原则上不具有溯及力。C项正确。

答案 C

 专题 08 法律关系

46. 甲和乙系夫妻，因外出打工将女儿小琳交由甲母照顾2年，但从未支付过抚养费。后甲与乙闹离婚且均不愿抚养小琳。甲母将甲和乙告上法庭，要求支付抚养费2万元。法院认为，甲母对孙女无法定或约定的抚养义务，判决甲和乙支付甲母抚养费。关于该案，下列哪一选项是正确的？（2016/1/10-单）

A. 判决是规范性法律文件

B. 甲和乙对小琳的抚养义务是相对义务

C. 判决在原被告间不形成法律权利和义务关系

D. 小琳是民事诉讼法律关系的主体之一

解析 法律文件可以分为规范性法律文件和非规范性法律文件。规范性法律文件针对不特定多数人，是可以普遍、多次和反复适用的法律文件；非规范性法律文件针对特定对象，不可以反复加以适用，如判决书、裁定书、逮捕证、许可证、合同等。A项错误。

义务可以分为绝对义务和相对义务，绝对义务对应不特定的权利人，相对义务对应特定的权利人。就本案而言，甲和乙作为抚养义务人，他们所对应的权利人是特定的，即享受抚养义务的只能是特定的小琳，而不能是不特定的任何人。因此，甲和乙对小琳的抚养义务是相对义务。B项正确。

根据题干，法院的判决使得被告必须履行支付原告抚养费的义务，原告由此享有获得相应抚养费的权利。C项错误。

法律关系主体是法律关系的参加者，即在法律关系中享有一定权利和承担一定义务的人。在题干所列的民事诉讼法律关系中，小琳既非原告，亦非被告，她与该诉讼的权利和义务并无关联，换言之，她并未参加到诉讼之中，因此，小琳不是该民事诉讼法律关系的主体。D项错误。

答案 B

47. 王某恋爱期间承担了男友刘某的开销计20万元。后刘某提出分手，王某要求刘某返还开销费用。经过协商，刘某自愿将该费用转为借款并出具了借条，不久刘某反悔，以不存在真实有效借款关系为由拒绝还款，王某诉至法院。法院认为，"刘某出具该借条系本人自愿，且并未违反法律强制性规定"，遂判决刘某还款。对此，下列哪些说法是正确的？（2014/1/53-多）

A. "刘某出具该借条系本人自愿，且并未违反法律强制性规定"是对案件事实的认定

B. 出具借条是导致王某与刘某产生借款合同

法律关系的法律事实之一

C. 因王某起诉产生的民事诉讼法律关系是第二性法律关系

D. 本案的裁判是以法律事件的发生为根据作出的

解析 在法律推理中，法律规范是法院裁判的大前提，案件事实是法院裁判的小前提，最终在此基础上得出判决结论。本案中，"刘某出具该借条系本人自愿，且并未违反法律强制性规定"，很明显这不属于判决结论，也不属于作为法律推理大前提的法律规范，因此只能属于对案件事实的认定。A 项正确。

法律事实，是指法律规范所规定的、能够引起法律关系产生、变更和消灭的客观情况或现象。很显然，本案中，法院确认了借款合同法律关系的存在，引起借款合同法律关系产生的一个重要情况便是出具借条的法律行为。B 项正确。

法律事实又包括法律行为和法律事件。其中，法律行为，是指在人的意志支配下的身体活动；法律事件，是指法律规范规定的、不以当事人的意志为转移而引起法律关系形成、变更和消灭的客观事实，其又可以分为社会事件（如革命、战争等）和自然事件（如生老病死、自然灾害等）。而本案中，法院判决刘某还款的理由是"刘某出具该借条系本人自愿，且并未违反法律强制性规定"。可见，刘某出具借条是在本人自愿的情况下作出的，处于其自身意志支配下，所以属于法律行为而非法律事件。D 项错误。

第一性法律关系，又称为主法律关系，是指能独立存在、居于支配地位的法律关系。第二性法律关系则是相对于第一性法律关系而言的、居于从属地位的法律关系，因此又称为从法律关系。一切相关的法律关系均有主次之分。例如，在调整性和保护性法律关系中，调整性法律关系是第一性（主）法律关系，保护性法律关系是第二性（从）法律关系；在实体和程序法律关系中，实体法律关系是第一性（主）法律关系，程序法律关系是第二性（从）法律

关系；等等。民事诉讼法律关系是程序法律关系，因此相对于实体法律关系，属于第二性法律关系。C 项正确。

答案 ABC

48. 校外一体育培训机构和某学校签订协议，约定学校的体育活动在该体育培训机构开展，并在格式条款中规定：如果学员受伤，机构不承担责任。结果活动过程中有学员受伤，该体育培训机构因免责条款拒绝赔偿。后学员家长起诉到法院，法院认定体育培训机构对学员具有安全保护的义务，判决其应当承担赔偿责任。下列说法正确的有：

A. 免责条款无效，因为体育培训机构对学员的安保义务是绝对义务

B. 体育培训机构和受伤学员之间的赔偿法律关系是保护性法律关系

C. 法官适用自甘风险原则前，要先衡量公平正义原则的强度

D. 法院判决体现了家长主义原则

解析 绝对义务针对的是不特定的多数人，体育培训机构的安保义务针对的是学员，因此属于相对义务。A 项错误。

因主体间违法行为产生的法律关系是保护性法律关系，旨在恢复被破坏的权利和秩序的法律关系，执行法的保护职能。体育培训机构和学员之间的关系基于侵权行为产生，因此二者之间属于保护性法律关系。B 项正确。

根据案情，本案体现了自甘风险原则和公平正义原则之间的衡量。原则之间的适用不是类似规则之间"全有或全无"的方式，而是需要根据个案在不同强度的原则间进行衡量，因此在适用自甘风险原则之前需要先衡量公平正义原则的强度。C 项正确。

根据《民法典》第 497 条第 2 项的规定，"提供格式条款一方不合理地免除或者减轻其责任、加重对方责任、限制对方主要权利"的格式条款无效。本案中，体育培训机构减轻自己义务、加重对方责任的免责条款理应无效。家长主义原则的核心特征是为了保护你的利益

而限制你的自由。根据案情，为了保护学生的合法权益，法院限制了其契约自由，体现了家长主义原则。D项正确。

答案 BCD

49. 2012年，潘桂花、李大响老夫妇处置房产时，发现房产证产权人由潘桂花变成其子李能。原来，早在7年前李能就利用其母不识字骗其母签订合同，将房屋作价过户到自己名下。二老怒将李能诉至法院。法院查明，潘桂花因精神障碍，被鉴定为限制民事行为能力人。据此，法院认定该合同无效。对此，下列哪一说法是不正确的？（2013/1/14-单）

A. 李能的行为违反了物权的取得应当遵守法律、尊重公德、不损害他人合法权益的法律规定

B. 从法理上看，法院主要根据"法律家长主义"原则（即，法律对于当事人"不真实反映其意志的危险选择"应进行限制，使之免于自我伤害）对李能的意志行为进行判断，从而否定了他的做法

C. 潘桂花被鉴定为限制民事行为能力人是对法律关系主体构成资格的一种认定

D. 从诉讼"争点"理论看，本案争执的焦点不在李能是否利用其母不识字骗其母签订合同，而在于合同转让的效力如何认定

解析 李能以欺诈的手段使对方在违背真实意思的情况下转让房产，违反了相关法律规定。故A项正确，不当选。

法院判断的根据不是李能的意志行为，而是李能之母的转让房产的行为是否有效。故B项错误，当选。

公民和法人要想成为法律关系的主体，享有权利和承担义务，就必须具有权利能力和行为能力，即具有法律关系主体构成的资格。因此，潘桂花被鉴定为限制民事行为能力人是对法律关系主体构成资格的一种认定。故C项正确，不当选。

在本案中，对于李能利用其母不识字骗其签订合同这一事实问题是清楚、没有争议的，

有争议的是，在这种事实状况下，潘桂花转让房产的合同的效力如何。故D项正确，不当选。

答案 B

50. 甲为防止他人乱涂乱画，在自家门前安装了摄像头，探头正好照到乙家的卧房和客厅。乙认为侵犯了自己的隐私权，诉至法院，后法院判决甲调整安装位置。下列哪些选项是正确的？

A. 法院的判决体现了伤害原则

B. 法院的判决符合比例原则

C. 隐私权是对世权

D. 乙所主张的隐私权属于相对权

解析 当某人的行为可能伤害他人的权利和利益时，国家可以限制该人的自由。安装摄像头的行为侵害了乙的隐私权，因此法院的判决对甲安装摄像头的位置进行了限制，体现了伤害原则。A项正确。

比例原则强调在有多种手段可供选择时，要选择对相对人侵害最小的手段。本题中，法官对隐私权和个人安装摄像头的权利进行了衡量，一方面，为了保护乙的隐私权，限制了甲安装摄像头的权利；另一方面，也尊重了甲对房屋安全的诉求，没有彻底禁止甲安装摄像头，而是要求其调整位置，符合比例原则。B项正确。

对世权（绝对权）对应的义务主体是不特定的法律关系主体，相对权（对人权）对应的义务主体是特定的法律关系主体。隐私权属于对世权，除权利人本人以外的所有人都有义务尊重。C项正确。但是，本案中，乙是向甲主张隐私权的，所以乙所主张的隐私权属于对人权（相对权）。D项正确。

答案 ABCD

51. 张某因其妻王某私自堕胎，遂以侵犯生育权为由诉至法院请求损害赔偿，但未获支持。张某又请求离婚，法官调解无效后依照《民法典》中"其他导致夫妻感情破裂的情形"的规定判决准予离婚。对此，下列选项

中正确的是：（2015/1/88 改编-任）

A. 王某与张某婚姻关系的消灭是由法律事件引起的

B. 张某主张的生育权属于相对权

C. 法院未支持张某的损害赔偿诉求，违反了"有侵害则有救济"的法律原则

D. "其他导致夫妻感情破裂的情形"属于概括性立法，有利于提高法律的适应性

解析 王某与张某婚姻关系的消灭是由法院的判决引起的，属于法律行为。A项错误。

宏观地说，生育权应该属于人身权益的一种，是绝对权。但是B项明示是张某主张的生育权，针对的是其妻子，属于相对权。B项正确。

法院未支持张某的主张是依法作出的决定。C项错误。

"其他导致夫妻感情破裂的情形"被称为兜底条款，属于概括性立法，的确有利于提高法律的适应性。D项正确。

答案 BD

法律责任 专题 09

52. 下列构成法律责任竞合的情形是：（2014/1/91-任）

A. 方某因无医师资格开设诊所被卫生局没收非法所得，并被法院以非法行医罪判处3年有期徒刑

B. 王某通话时，其手机爆炸导致右耳失聪，可选择以侵权或违约为由追究手机制造商法律责任

C. 林某因故意伤害罪被追究刑事责任和民事责任

D. 戴某用10万元假币购买一块劳力士手表，其行为同时触犯诈骗罪与使用假币罪

解析 法律责任竞合是指某种法律事实所导致的多种法律责任产生并且相互之间冲突的现象。多个法律责任之间相互冲突，不能吸收，也无法共存。

A项中，行政责任和刑事责任被同时追究，以及C项中，因为一个犯罪行为导致刑事责任与附带民事责任被同时追究，很明显不存在法律责任竞合的问题。A、C项不当选。

B项中出现了侵权责任和违约责任的竞合问题，由受害人选择其中之一追究手机制造商的法律责任，属于法律责任竞合。B项当选。

D项属于刑法中的想象竞合犯，戴某的行为同时触犯了诈骗罪和使用假币罪，但是最终

承担刑事责任却是择一重罪处断，属于法律责任竞合。D项当选。

答案 BD

53.《民法典》第1254条第1款规定："禁止从建筑物中抛掷物品。从建筑物中抛掷物品或者从建筑物上坠落的物品造成他人损害的，由侵权人依法承担侵权责任；经调查难以确定具体侵权人的，除能够证明自己不是侵权人的外，由可能加害的建筑物使用人给予补偿。可能加害的建筑物使用人补偿后，有权向侵权人追偿。"关于该条文，下列哪些说法是正确的？（2014/1/51 改编-多）

A. 规定的是责任自负原则的例外情形

B. 是关于法律解释方法位阶的规定

C. 规定的是确定性规则

D. 是体现司法公正原则的规定

解析 责任自负原则是现代法的一般原则，体现了现代法的进步。其主要涵义包括：①违法行为人应该对自己的违法行为负责；②不能让没有违法行为的人承担法律责任，即反对株连或变相株连；③要保证责任人受到法律追究，无责任人不被法律追究，即不枉不纵，公平合理。当然，在某种特殊情况下，为了维护法律尊严、分担社会风险，也允许存在责任自负原

则的例外。在题干中所列法条的情形下，建筑物使用人中绝大多数并未从事违法行为，但却要承担补偿责任，很明显属于责任自负原则的例外情形。A 项正确。

题干与法律解释方法及其位阶无关，是关于法律责任的规定。B 项错误。

确定性规则是相对于委任性规则和准用性规则而言的，三者是按照规则内容的确定性程度不同进行划分的。所谓确定性规则，是指内容本已明确肯定，无须再援引或参照其他规则来确定其内容的法律规则。在法律条文中规定的绝大多数法律规则都属于此种规则。所谓委任性规则，是指内容尚未确定，而是只规定某种概括性指示，由相应国家机关通过相应途径或程序加以确定的法律规则。所谓准用性规则，是指内容本身没有规定人们具体的行为模式，而是可以援引或参照其他相应内容规定的规则。题干中的法条很明显内容确定，无须援引或参照其他法条，也未委托相应国家机关加以确定，所以属于确定性规则。C 项正确。

该条款显然体现的是正义价值，并未涉及司法问题。D 项错误。

答案 AC

54. 李某向王某借款 200 万元，由赵某担保。后李某因涉嫌非法吸收公众存款罪被立案。王某将李某和赵某诉至法院，要求偿还借款。赵某认为，若李某罪名成立，则借款合同因违反法律的强制性规定而无效，赵某无需承担担保责任。法院认为，借款合同并不因李某犯罪而无效，判决李某和赵某承担还款和担保责任。关于该案，下列哪些说法是正确的？（2016/1/59-多）

A. 若李某罪名成立，则出现民事责任和刑事责任的竞合

B. 李某与王某间的借款合同法律关系属于调整性法律关系

C. 王某的起诉是引起民事诉讼法律关系产生的唯一法律事实

D. 王某可以免除李某的部分民事责任

解析 法律责任的竞合，是指同一法律主体实施了一个行为而导致了数个相互冲突的法律责任的产生，最后只追究一个责任的情况。在本案中，李某承担了刑事责任，也不会影响其民事责任的承担，刑事责任和民事责任之间不存在竞争关系，因此不属于竞合。A 项错误。

调整性法律关系和保护性法律关系相对。调整性法律关系是基于人们的合法行为而产生的法律关系，保护性法律关系是由于违法行为而产生的法律关系。本案中，法院认为，"借款合同并不因李某犯罪而无效"，这说明法院通过认定借款合同有效而肯定了李某与王某之行为的合法性，由此，该行为所引起的李某与王某间的借款合同法律关系属于调整性法律关系。B 项正确。

除了王某的起诉行为之外，民事诉讼法律关系的产生至少还需要有法院的受理行为。C 项错误。

李某与王某之间的借款关系属于民事法律关系，它遵循着"意思自治"的基本精神，除法律另有规定外，当事人原则上可以任意处分自己的私权利。因此，王某可以免除李某的部分民事责任。D 项正确。

答案 BD

55. 张某过马路闯红灯，司机李某开车躲闪不及将张某撞伤，法院查明李某没有违章，依据《道路交通安全法》的规定判李某承担10%的赔偿责任。关于本案，下列哪一选项是错误的？（2008/1/5-单）

A. 《道路交通安全法》属于正式的法的渊源

B. 违法行为并非是承担法律责任的唯一根源

C. 如果李某自愿支付超过 10% 的赔偿金，法院以民事调解书加以确认，则李某不能反悔

D. 李某所承担的是一种竞合的责任

解析 正式的法的渊源，是指那些具有明确规定的法律效力，并可直接作为法律人的法律推理的大前提之规范来源的资料，如宪法、法律、

法规等，主要是制定法。对于正式的法的渊源，法律人必须予以考虑。《道路交通安全法》属于法律，是正式的法的渊源。因此，A项正确，不当选。

法律责任，是指行为人由于违法行为、违约行为或者由于法律规定而应承受的某种不利的法律后果。可见，承担法律责任的原因除了违法行为外，还有违约行为和法律规定。因此，B项正确，不当选。

民事调解书是人民法院审理民事案件时，在当事人双方自愿、合法的原则下，查明事实、分清是非，通过调解方式，促使当事人互相谅解、达成协议而制作的具有法律效力的文书。《民事诉讼法》第100条规定："调解达成协议，人民法院应当制作调解书。调解书应当写明诉讼请求、案件的事实和调解结果。……调解书经双方当事人签收后，即具有法律效力。"可见，民事调解书一旦生效，不能反悔。因此，C项正确，不当选。

法律责任的竞合，是指由于某种法律事实的出现，导致2种或2种以上的法律责任产生，而这些责任之间相互冲突的现象。本案中只有一个民事责任。因此，D项错误，当选。

答案 D

56. 赵某在行驶中的地铁车厢内站立，因只顾看手机而未抓扶手，在地铁紧急制动时摔倒受伤，遂诉至法院要求赔偿。法院认为，《民法典》规定，被侵权人对损害的发生有重大过失的，可以减轻经营者的责任。地铁公司在车厢内循环播放"站稳扶好"来提醒乘客，而赵某因看手机未抓扶手，故存在重大过失，应承担主要责任。综合各种因素，判决地铁公司按40%的比例承担赔偿责任。对此，下列哪些说法是正确的？（2017/1/57 改编-多）

A. 该案中赵某是否违反注意义务，是衡量法律责任轻重的重要标准

B. 该案的民事诉讼法律关系属第二性的法律关系

C. 若经法院调解后赵某放弃索赔，则构成协议免责

D. 法官对责任分摊比例的自由裁量不受任何限制

解析 注意义务，是指行为人作为时应当注意有无侵害某种法益，不作为时应当注意有无违反某种特定的法律义务的责任。在疏忽大意的过失中，注意义务是指结果预见义务，即对于构成要件的结果所具有的预见义务。本案中，赵某作为成年人，应当预见到在行驶中的地铁车厢内不抓扶手的危险性，但其却放任危害的发生，违反了注意义务，对于损害后果自然应当承担相当的责任。A项正确。

一切相关的法律关系均有主次之分。例如，在调整性和保护性法律关系中，调整性法律关系是第一性（主）法律关系，保护性法律关系是第二性（从）法律关系；在实体和程序法律关系中，实体法律关系是第一性（主）法律关系，程序法律关系是第二性（从）法律关系；等等。B项正确。

协议免责，是指受害人和加害人在法律允许的范围内协商同意、免除责任。本案中，如果经法院调解，赵某与地铁公司达成调解协议，放弃索赔，则地铁公司的责任被免除。C项正确。

在我国，任何权力的行使均应当受到法律的限制。D项明显错误。

答案 ABC

57. 2008 年，富顺县 A 房地产开发公司（以下简称"A 公司"）在修建 A 住宅小区时，擅自改变建设规划、突破建筑容积率，在规划 6 层建筑规模的基础上加层、超面积修建 6000 多平方米并予以出售，致使小区的建筑规模、容积率均超过规划要求。在 A 住宅小区修建完工后，相关行政主管机关对该公司的行为予以了罚款和补缴税款的处罚，并对最终的建筑规模、容积率予以调整并行政确认。2009 年 11 月，该小区 24 名住户提起集团诉讼，以 A 公司突破规划建筑容积率、

破坏小区居住环境构成违约为由，要求A公司赔偿每户2万~3万元不等的经济损失。关于本案，下列说法正确的有：

A. 本案中的行政法律责任与民事法律责任之间存在竞合关系，在行政主管机关作出行政处罚之后，人民法院不应再判决A公司承担民事赔偿责任

B. 本案中，引起法律责任产生的原因只有违法行为

C. 本案中，A公司已经接受了行政处罚，这构成在民事法律责任的追究问题上重要的免责事由

D. 本案中的诉讼法律关系属于第二性法律关系

解析 本案中，A公司承担了行政法律责任，并不影响其继续对住户承担民事赔偿责任。可见，行政法律责任和民事法律责任同时并存，并不存在竞合问题。A项错误。

行政法律责任由违法行为产生，民事法律责任由违约行为产生。B项错误。

A公司已经接受了行政处罚，并不能免除其民事赔偿责任，行政法律责任的承担并不构成民事法律责任的免责事由。C项错误。

答案 D

立 法 专题 **10**

58. 2011 年 6 月 15 日，全国人大常委会法工委公布《个人所得税法》修正案草案征求意见结果，30 多天收到 82 707 位网民的 237 684 条意见，181 封群众来信，11 位专家和 16 位社会公众的意见。据此，草案对个人所得税的起征点进行了调整。关于这种"开门立法""问法于民"的做法，下列哪一说法是准确的？（2011/1/4-单）

A. 这体现了立法平等原则

B. 这体现了立法为民、增强立法主体自身民主性的要求

C. 这表现了执法为民的理念

D. 这体现了国家权力的相互制约

解析 题干中明示这是"开门立法""问法于民"的做法，显然强调的是民主立法的原则。民主立法原则要求在立法过程中体现广大人民的意志和要求，确认和保障人民的利益；应当通过法律规定，保障人民通过各种途径参与立法活动，表达自己的意见；立法过程和立法程序应具有开放性、透明度，立法过程中要坚持群众路线。因此，B 项当选；其他各项与题干联系并不紧密，不当选。

答案 B

 点睛之笔

请考生务必注意题干中给出的重点信

息，特别是题干本身已经总结好了的范畴，那就是题眼。

59. 根据我国《立法法》的规定，下列哪些主体既可以向全国人民代表大会，也可以向全国人民代表大会常务委员会提出法律案？（2008/1/63 改编-多）

A. 国务院

B. 中央军事委员会

C. 全国人民代表大会各专门委员会

D. 30 名以上全国人民代表大会代表联名

E. 国家监察委员会

F. 全国人民代表大会常务委员会委员长会议

G. 全国人民代表大会主席团

解析 根据《全国人民代表大会议事规则》的规定，10 个主体有权向全国人大提出议案，8 个主体有权向全国人大常委会提出议案，其中，6 个主体同时有权向二者提出议案，他们是：国务院、中央军事委员会、国家监察委员会、最高人民法院、最高人民检察院、全国人大各专门委员会。所以本题 A、B、C、E 项当选。

答案 ABCE

11 专题 法的实施

60. 关于司法的表述，下列哪些选项可以成立？（2007/1/54-多）

A. 司法的依据主要是正式的法律渊源，而当代中国司法原则"以法律为准绳"中的"法律"则需要作广义的理解

B. 司法是司法机关以国家名义对社会进行全面管理的活动

C. 司法权不是一种决策权、执行权，而是一种判断权

D. 当代中国司法追求法律效果与社会效果的统一

解析 司法的依据主要是正式的法的渊源，包括宪法、法律、行政法规、地方性法规、经济特区法规等。可见，当代中国司法原则"以法律为准绳"中的"法律"需要作广义的理解，不能仅理解为狭义的法律，即全国人大及其常委会制定的规范性法文件。A项当选。

司法是司法机关以国家名义对具体纠纷进行认定和裁决的专门性活动，而外部行政行为则是对社会进行全面管理的活动。因此，与作为管理权、决策权、执行权的行政权不同，司法权是一种判断权。B项不选，C项当选。

在当代中国，司法既要看是否严格遵守了程序法、实体法的规定，又要看秩序、自由、正义等价值是否得到了实现，审判结果是否得到了社会公认。也就是说，当代中国司法要追求法律效果与社会效果的统一，即审判既要合法，还要具有良好的社会效果。D项当选。

答案 ACD

点睛之笔

司法权是一种判断是非曲直的权力。

61. 王某向市环保局提出信息公开申请，但未在法定期限内获得答复，遂诉至法院，法院判决环保局败诉。关于该案，下列哪些说法

是正确的？（2016/1/60-多）

A. 王某申请信息公开属于守法行为

B. 判决环保局败诉体现了法的强制作用

C. 王某起诉环保局的行为属于社会监督

D. 王某的诉权属于绝对权利

解析 守法，是指公民、社会组织和国家机关以法律为自己的行为准则，依照法律行使权利、履行义务的活动。因此，守法不仅包括消极、被动地守法，还包括根据授权性法律规范积极、主动地去行使自己的权利，实施法律。王某申请信息公开属于积极、主动行使自己法定权利的守法行为。A项正确。

强制作用，是指法可以通过制裁违法犯罪行为来强制人们遵守法律。法院判决环保局败诉，意味着法院认为，环保局未在法定期限内作出答复属于不作为违法，应承担败诉的不利后果，故而体现法的强制作用。B项正确。

社会监督，即非国家机关的监督，是指由各政党、各社会组织和公民依照宪法和有关法律，对各种法律活动的合法性所进行的监督。王某通过起诉环保局，对环保局公开信息活动的合法性进行监督，当然属于社会监督。C项正确。

绝对权利，又称"对世权利"，是指对应不特定的法律主体的权利，即绝对权利对应不特定的义务人。相对权利，又称"对人权利"，是指对应特定的法律主体的权利，即相对权利对应特定的义务人。在本案中，王某起诉，与之相对应的应诉义务主体只是市环保局，而非不特定的义务主体，因此，王某的诉权属于相对权利。D项错误。

答案 ABC

62. 对于"实施是法律的目的与果实"的说法，下列选项正确的是：

A. 法律只有经过实施方可有效

B. 法律实施无需考虑后果

C. 法律实施包括了司法裁判

D. 法律的根本目的在于实施

解析 法律一经公布就有效力，不需要经过实施。A项错误。

法律实施当然需要考虑实施后产生的社会影响，以及广大人民群众对于法律实施的反响。

B项错误。

法律实施的方式主要有执法、司法、守法。C项正确。

不论是立法还是法律实施，其根本目的都是保障人民的权益。因此，法律的根本目的不是获得实施。D项错误。

答案 C

法适用的一般原理 专题

63. 法谚有云："法官是会说话的法律。"对此，下列哪一理解是正确的？

A. 法律不经法官在个案中适用，则不具有法律效力

B. 法律不经裁判，则不产生义务

C. 法律不经解释，则无法适用

D. 法律不经法官，则无从解释

解析 法律一经制定公布，即具有法律效力。可见，法律是否有效不依赖于法官的司法活动。A项错误。

法律在制定生效之后，作为法律规范内容的权利和义务便产生了。法官裁判案件只是结合具体个案的特殊情况，将法律规范中一般性的、普遍性的权利和义务具体化为特定主体的权利和义务而已。B项错误。

法官只是法律的诸多解释者中的一部分而已。就我国而言，全国人大常委会、最高法、最高检、国务院及其有关部委均有权解释法律。D项错误。

就C项而言，法官要将法律适用于个案，当然需要首先理解法律，而理解离不开解释，因此可以说：法律不经解释，则无法适用。C项正确。

答案 C

64. 关于法的适用，下列哪一说法是正确的？（2015/1/15-单）

A. 在法治社会，获得具有可预测性的法律决定是法的适用的唯一目标

B. 法律人查明和确认案件事实的过程是一个与规范认定无关的过程

C. 法的适用过程是一个为法律决定提供充足理由的法律证成过程

D. 法的适用过程仅仅是运用演绎推理的过程

解析 法律人适用法律的最直接的目标就是要获得一个合理的法律决定。在法治社会，所谓合理的法律决定，就是指法律决定具有可预测性（形式法治的要求）和正当性（实质法治的要求）。可见，法的适用的目标既包括获得可预测性的法律决定，也包括获得正当性的法律决定。A项错误。

法律人查明和确认案件事实的过程不是一个纯粹的事实归结过程，而是一个在法律规范与事实之间的循环过程，即目光在法律规范与事实之间来回穿梭，必须把生活事实转化为"法律事实"。B项错误。

法的适用过程，无论是寻找大前提还是确定小前提，都是用来向法律决定提供支持程度不同的理由，所以，它是一个法律证成的过程。所谓"证成"，便是给一个决定提供充足理由的活动或过程。C项正确。

法的适用过程包括了演绎推理、类比推理、归纳推理和设证推理等多种推理形式。D项错误。

答案 C

65. "法律人适用法律的最直接目标就是要获得一个合理的决定。在法治社会，所谓合

理的法律决定就是指法律决定具有可预测性和正当性。"对于这一段话，下列说法正确的是：（2014/1/92-任）

A. 正当性是实质法治的要求

B. 可预测性要求法律人必须将法律决定建立在既存的一般性的法律规范的基础上

C. 在历史上，法律人通常借助法律解释方法缓解可预测性与正当性之间的紧张关系

D. 在法治国家，法律决定的可预测性是理当崇尚的一个价值目标

解析 法律人适用法律的最直接的目标就是要获得一个合理的法律决定。在法治社会，所谓合理的法律决定，就是指法律决定具有可预测性和正当性。法律决定的可预测性是形式法治的要求，正当性是实质法治的要求。A项正确。

法律决定的正当性，是指按照实质价值或某些道德考量，法律决定是正当的或正确的。可预测性意味着在作决定的过程中应该尽可能地避免武断和恣意，将法律决定建立在既存的一般性的法律规范的基础上，而且必须要按照一定的方法适用法律规范，如推理规则和解释方法。B、D项正确。

法律决定的可预测性与正当性之间存在着一定的紧张关系。原因在于，有些法律决定实现了可预测性，然而该决定与特定国家的法秩序所承认的实质价值或道德相背离；有些法律决定是正当的，却违背了可预测性。因此，需要法律人借助法律解释方法来缓解二者之间的紧张关系。C项正确。

答案 ABCD

66. 新郎经过紧张筹备准备迎娶新娘。婚礼当天迎亲车队到达时，新娘却已飞往国外，由其家人转告将另嫁他人，离婚手续随后办理。此事对新郎造成严重伤害。法院认为，新娘违背诚实信用和公序良俗原则，侮辱了新郎人格尊严，判决新娘赔偿新郎财产损失和精神抚慰金。关于本案，下列哪些说法可以成立？（2014/1/52-多）

A. 由于缺乏可供适用的法律规则，法官可依

民法基本原则裁判案件

B. 本案法官运用了演绎推理

C. 确认案件事实是法官进行推理的前提条件

D. 只有依据法律原则裁判的情形，法官才需提供裁判理由

解析 由于法律原则内涵高度抽象、外延宽泛，所以当法律原则被直接作为裁判案件的标准发挥作用时，就会赋予法官较大的自由裁量权，从而不能完全保证法律的确定性和可预测性。为了将其不确定性减小在一定程度之内，需要对其适用设定严格的条件。首要的条件就是：穷尽法律规则，才得适用法律原则。在有具体的法律规则可供适用时，不得直接适用法律原则。因为法律规则是法律中最具有硬度的部分，能最大限度地实现法律的确定性和可预测性，有助于保持法律的安定性和权威性，避免司法者滥用自由裁量权，保证法治的最起码的要求得到实现。A项当选。

题干中，法院首先确认了案件事实作为小前提，然后引用了法律原则，即"诚实信用和公序良俗原则"，作为大前提，最后作出了判决，即"新娘赔偿新郎财产损失和精神抚慰金"。这是典型的演绎推理。B、C项当选。

在任何情况下，法官裁判都需要提供裁判理由。D项不当选。

答案 ABC

67. 范某参加单位委托某拓展训练中心组织的拔河赛时，由于比赛用绳断裂导致范某骨折致残。范某起诉该中心，认为事故主要是该中心未尽到注意义务引起，要求赔偿10万余元。法院认定，拔河人数过多导致事故的发生，范某本人也有过错，判决该中心按40%的比例承担责任，赔偿4万元。关于该案，下列哪一说法是正确的？（2013/1/15-单）

A. 范某对案件仅作了事实描述，未进行法律判断

B. "拔河人数过多导致事故的发生"这一语句所表达的是一种裁判事实，可作为演绎推理的大前提

C. "该中心按 40% 的比例承担责任，赔偿 4 万元"是从逻辑前提中推导而来的

D. 法院主要根据法律责任的效益原则作出判决

解析 范某起诉该中心，认为事故主要是该中心未尽到注意义务引起，要求赔偿 10 万余元。可见，范某对案件既作了事实描述，也进行了法律判断。A 项错误。

"拔河人数过多导致事故的发生"这一语句所表达的是案件事实中的因果关系，作为演绎推理的小前提。B 项错误。

作为归责原则的效益原则，是指在追究行为人的法律责任时，应当进行成本收益分析，讲求法律责任的效益。本案中，法院认定，"拔河人数过多导致事故的发生，范某本人也有过错，判决该中心按 40% 的比例承担责任，赔偿 4 万元"，很明显体现的是公正原则。D 项错误。

答案 C

✎ 一招制敌

只要有结论，就一定是从逻辑前提中推导出来的。

68. 关于适用法律过程中的内部证成，下列选项正确的是：（2013/1/86-任）

A. 内部证成是给一个法律决定提供充足理由的活动

B. 内部证成是按照一定的推理规则从相关前提中逻辑地推导出法律决定的过程

C. 内部证成是对法律决定所依赖的前提的证成

D. 内部证成和外部证成相互关联

解析 法的适用过程，无论是寻找大前提还是确定小前提，都是用来向法律决定提供支持程度不同的理由，所以，它是一个法律证成的过程。所谓"证成"，便是给一个决定提供充足理由的活动或过程。外部证成保障的是推理前提的合理性、正当性，内部证成保障的是推理规则的可靠性。可见，内部证成只保证结论从前提中逻辑地推导出来，但对前提的正当性没有保障；外部证成保证内部证成的前提正当。

据此，C 项错误，其他各项正确。

答案 ABD

69. 原告与被告系亲兄弟，父母退休后与被告共同居住并由其赡养。父亲去世时被告独自料理后事，未通知原告参加。原告以被告侵犯其悼念权为由诉至法院。法院认为，按照我国民间习惯，原告有权对死者进行悼念，但现行法律对此没有规定，该诉讼请求于法无据，判决原告败诉。关于此案，下列哪一说法是错误的？（2014/1/12-单）

A. 本案中的被告侵犯了原告的经济、社会、文化权利

B. 习惯在我国是一种非正式的法的渊源

C. 法院之所以未支持原告诉讼请求，理由在于被告侵犯的权利并非法定权利

D. 在本案中法官对判决进行了法律证成

解析 习惯在我国属于非正式的法的渊源。B 项明显正确，不当选。

本案中，法院根据法律和事实作出了判决，自然就进行了法律证成。D 项正确，不当选。

悼念权很明显不是法定权利，法院认为该诉讼请求于法无据，遂判决原告败诉。质言之，法院认为，被告在法律上不构成侵权。A 项错误，当选；C 项正确，不当选。需要特别注意的是，经济、社会、文化权利属于宪法中规定的公民针对于国家享有的基本权利，而本案中的当事人双方均为私人，属于民事争议，自然不会侵害到宪法权利。

答案 A

70. 张某与王某于 2000 年 3 月登记结婚，次年生一女小丽。2004 年 12 月张某去世，小丽随王某生活。王某不允许小丽与祖父母见面，小丽祖父母向法院起诉，要求行使探望权。法官在审理中认为，我国《民法典》虽没有直接规定隔代亲属的探望权利，但正确行使隔代探望权有利于儿童健康成长，故依据《民法典》第 8 条有关"公序良俗"的规

定，判决小丽祖父母可以行使隔代探望权。关于此案，下列哪些说法是正确的？（2012/1/53改编-多）

A. 我国《民法典》属规范性法文件，是"基本法律"

B. "公序良俗"的规定属于命令性规则

C. 法官对判决理由的证成是一种外部证成

D. 法官的判决考虑到法的安定性和合目的性要求

解析 《民法典》属于规范性法文件，由全国人大制定，因此属于基本法律。A项正确。

"公序良俗"的规定仅仅提供某种价值指引，没有具体设定权利义务，比较笼统抽象，因此属于法律原则，而非法律规则，自然也就谈不上命令性规则。B项错误。

法律证成可以分为内部证成和外部证成。法律决定按照一定的推理规则从相关前提中逻辑地推导出来，属于内部证成；而对法律决定所依赖的前提的证成，属于外部证成。故本案中，法官对判决理由的证成系对法律决定所依赖的前提的证成，属于外部证成。C项正确。

法的安定性强调的是法在形式上的稳定性和可预测性，合目的性强调的是法在实质内容上的正当性或合理性。法律人适用法律的最直接的目标就是要获得一个合理的法律决定，故法官如此判决正是考虑到法的安定性和合目的性的要求。D项正确。

答案 ACD

71. 在宋代话本小说《错斩崔宁》中，刘贵之妾陈二姐因轻信刘贵欲将她休弃的戏言连夜回娘家，路遇年轻后生崔宁并与之结伴同行。当夜盗贼自刘贵家盗走15贯钱并杀死刘贵，邻居追赶盗贼遇到陈、崔二人，因见崔宁刚好携带15贯钱，遂将二人作为凶手捉拿送官。官府当庭拷讯二人，陈、崔屈打成招，后被处斩。关于该案，下列哪一说法是正确的？（2016/1/12-单）

A. 话本小说《错斩崔宁》可视为一种法的非正式渊源

B. 邻居运用设证推理方法断定崔宁为凶手

C. "盗贼自刘贵家盗走15贯钱并杀死刘贵"所表述的是法律规则中的假定条件

D. 从生活事实向法律事实转化需要一个证成过程，从法治的角度看，官府的行为符合证成标准

解析 非正式的法的渊源，是指不具有明文规定的法律效力，但具有法律说服力并能够构成法律人的法律决定的大前提的准则来源的那些资料。话本小说系宋代文学形式之一，显然不具有法律说服力，同时，它也不能构成法律人的法律决定的大前提的准则来源，即不能据此裁判案件。A项错误。

设证推理是对从所有能够解释事实的假设中优先选择一个假设的推理，其特点在于推理人面对一种现象，凭借自身经验逆向推论出原因或前提。本案中，邻居面对刘贵死亡的后果，基于一系列事实，凭借自身经验，认定陈二姐、崔宁二人是凶手，这是典型的设证推理。B项正确。

"盗贼自刘贵家盗走15贯钱并杀死刘贵"出现了当事人人名，很明显表述的是案件事实，而不可能是法律规范，因此绝非法律规则中的假定条件。所谓假定条件，是指法律规则中有关适用该规则的条件和情况的部分，即法律规则在什么时间、空间，对什么人适用以及在什么情境下对人的行为有约束力的问题。C项错误。

在法治的角度下，"证成"往往被定义为给一个决定提供充足理由的活动或过程。《错斩崔宁》的标题很明显告诉读者这是一件冤假错案；陈、崔二人被处以斩刑的判决，仅仅是这二人在官府当庭拷讯之下被屈打成招的，官府的论证是不成功的、有缺陷的，完全不符合法治所要求的"案件事实清楚、证据确凿"的证成标准。D项错误。

答案 B

72. 周某半夜驾车出游时发生交通事故致行人鲁某重伤残疾，检察院以交通肇事罪起诉周某。法院开庭，公诉人和辩护人就案件事

实和证据进行质证，就法的适用展开辩论。法庭根据司法解释为本案确定了适用的法条，同时经过庭审查实，交通事故致鲁某重伤残疾并非因周某的行为引起，遂宣判其无罪释放。依据法学原理，下列判断正确的是：

A. 法院审理案件目的在于获得正确的法律判决，该判决应当在形式上符合法律规定，具有可预测性，还应当在内容上符合法律的精神和价值，具有正当性
B. 在本案中，检察院使用了归纳推理的方法
C. 法庭根据司法解释为一个案件确定了适用的法条，属于外部证成
D. 法庭主持的调查和法庭辩论活动，从法律推理的角度讲，是在为演绎推理确定大小前提

解析 法律人适用法律的最直接的目标就是要获得一个合理的法律决定。在法治社会，所谓合理的法律决定，就是指法律决定具有可预测性和正当性。法律决定的可预测性是形式法治的要求，正当性是实质法治的要求。A 项正确。

检察院用的是演绎推理的三段论的推理方式。B 项错误。

法庭根据司法解释为一个案件确定了适用的法条，这是证成法律推理的大前提，因此属于外部证成。C 项正确。

法律人适用法律解决个案纠纷，首先要查明和确认案件事实，作为小前提；其次要选择和确定与案件事实相符合的法律规范，作为大前提；最后以整个法律体系的目的为标准，从两个前提中推导出法律决定或法律裁决。法庭主持的调查和法庭辩论活动，从法律推理的角度讲，就是在为演绎推理确定大小前提。D 项正确。

答案 ACD

73. 甲公司派员工伪装成客户，设法取得乙公司盗版销售其所开发软件的证据并诉至法院。审理中，被告认为原告的"陷阱取证"方式违法。法院认为，虽然非法取得的证据不能采信，但法律未对非法取证行为穷尽式

列举，特殊情形仍需依据法律原则具体判断。原告取证目的并无不当，也未损害社会公共利益和他人合法权益，且该取证方式有利于遏制侵权行为，应认定合法。对此，下列哪些说法是正确的？（2017/1/58-多）

A. 采用穷尽式列举有助于提高法的可预测性
B. 法官判断原告取证是否违法时作了利益衡量
C. 违法取得的证据不得采信，这说明法官认定的裁判事实可能同客观事实不一致
D. 与法律规则相比，法律原则应优先适用

解析 采用穷尽式列举明显排除了法官的自由裁量空间，有助于提高法的确定性和可预测性。A 项正确。

本案中，法院认为，虽然非法取得的证据不能采信，但法律未对非法取证行为穷尽式列举，特殊情形仍需依据法律原则具体判断。原告取证目的并无不当，也未损害社会公共利益和他人合法权益，且该取证方式有利于遏制侵权行为，应认定合法。法院对非法取证行为的目的和侵权行为的危害进行了利益衡量。B 项正确。

违法取得的证据即便呈现的是客观事实，也因为不得采信而无法转换为裁判事实，这说明法官认定的裁判事实可能同客观事实不一致。C 项正确。

与法律原则相比，法律规则具体、明确，更具有可预测性，应当优先使用。D 项错误。

答案 ABC

74. 据《二刻拍案惊奇》，大儒朱熹作知县时专好锄强扶弱。一日有百姓诉称："有乡绅夺去祖先坟茔作了自家坟地"。朱熹知当地颇重风水，常有乡绅强占百姓风水吉地之事，遂亲往踏勘。但见坟地山环水绕，确是宝地，遂问之，但乡绅矢口否认。朱熹大怒，令掘坟取证，见青石一块，其上多有百姓祖先名字。朱熹遂将坟地断给百姓，并治乡绅强占田土之罪。殊不知青石是那百姓暗中埋下的，朱熹一片好心办了错案。对此，下列说法正

确的是：（2017/1/90-任）

A. 青石上有百姓祖先名字的生活事实只能被建构为乡绅夺去百姓祖先坟茔的案件事实

B. "有乡绅夺去祖先坟茔作了自家坟地"是一个规范语句

C. 勘查现场是确定案件事实的必要条件，但并非充分条件

D. 裁判者自身的价值判断可能干扰其对案件事实的认定

解析 案件事实和生活事实并不等同，生活事实已经在时空的变换中消逝了，而且其许多细节在法律上并没有意义，所以司法者只能在法律规范的指导下，借助于证据、痕迹、口供等建构类似于原初事实的案件事实。在这个过程中，司法者自身的价值判断就可能干扰其对事实的认定。D项正确。

青石上有百姓祖先名字的生活事实，可能被建构为乡绅夺去百姓祖先坟茔的案件事实，也可能被建构为善良的乡绅允许百姓在其土地上埋葬祖先的案件事实。A项错误。

规范语句和陈述句区别的关键在于有无道义助动词，"有乡绅夺去祖先坟茔作了自家坟地"的表述中并没有包含道义助动词，因此属于陈述句。B项错误。

本案中，确定案件事实必须勘验现场，但并不意味着勘查了现场就能直接确定案件事实。C项正确。

答案 CD

13 专题　法律推理与法律解释

75. 公孙龙是战国时期平原君的食客，一天，他牵一匹白马出关。根据当时的法律，携带马匹出关者要交税。守门的官吏据此要求公孙龙缴税。公孙龙说："我这是白马，不是马。"双方发生争执。关于该案，下列说法正确的有：

A. 在本案中，守门的官吏运用的是演绎推理

B. 由于白马是不是马存在争议，因此"马"属于不确定性概念

C. 公孙龙认为"白马不是马"，其对"马"的解释属于体系解释

D. 关于白马是不是马的争议是关于法律问题的争议

解析 法律规定，携带马匹出关者要交税；公孙龙携带一匹马出关；因此公孙龙应当缴税。这里运用的是典型的演绎推理。A项正确。

确定性概念和不确定性概念是根据概念的定义要素是否清晰——而不是根据主体认识是否清晰——来划分的。"马"的定义要素非常清晰，判断标准也很明确，属于确定性概念。B项错误。

公孙龙认为"白马不是马"是对"马"这一概念的内涵和外延进行判断，属于典型的文义解释。C项错误。

白马是不是马的争议与法律问题无关，属于事实问题的争议。D项错误。

答案 A

76. 李某因热水器漏电受伤，经鉴定为重伤，遂诉至法院要求厂家赔偿损失，其中包括精神损害赔偿。庭审时被告代理律师辩称，1年前该法院在审理一起类似案件时并未判决给予精神损害赔偿，本案也应作相同处理。但法院援引最新颁布的司法解释，支持了李某的诉讼请求。关于此案，下列认识正确的是：（2015/1/89-任）

A. "经鉴定为重伤"是价值判断而非事实判断

B. 此案表明判例不是我国正式的法的渊源

C. 被告律师运用了类比推理

D. 法院生效的判决具有普遍约束力

解析 鉴定过程必然涉及价值判断，但是"经鉴定为重伤"只是对鉴定结果的客观描述，属

于事实判断。A 项错误。

判例在我国属于非正式的法的渊源，不具有明定的法律效力。B 项正确。

被告代理律师辩称，1 年前该法院在审理一起类似案件时并未判决给予精神损害赔偿，本案也应作相同处理。可见，律师对两个相似案件进行了比较，运用了类比推理。C 项正确。

判决书属于非规范性法律文件，具有个案效力，不具有普遍约束力。D 项错误。

答案 BC

77. 徐某被何某侮辱后一直寻机报复，某日携带尖刀到何某住所将其刺成重伤。经司法鉴定，徐某作案时辨认和控制能力存在，有完全的刑事责任能力。法院审理后以故意伤害罪判处徐某有期徒刑 10 年。关于该案，下列哪些说法是正确的？（2015/1/58-多）

A. "徐某作案时辨认和控制能力存在，有完全的刑事责任能力"这句话包含对事实的法律认定

B. 法院判决体现了法的强制作用，但未体现评价作用

C. 该案中法官运用了演绎推理

D. "徐某被何某侮辱后一直寻机报复，某日携带尖刀到何某住所将其刺成重伤"是该案法官推理中的大前提

解析 "徐某作案时辨认和控制能力存在，有完全的刑事责任能力"这句话包含对徐某作案时认识能力的描述，因而属于对事实的法律认定。A 项正确。

法院审理后以故意伤害罪判处徐某有期徒刑 10 年，其中，认定徐某的行为构成故意伤害罪，体现了法的评价作用；判处有期徒刑 10 年，体现了法的强制作用。B 项错误。

法官面对"徐某被何某侮辱后一直寻机报复，某日携带尖刀到何某住所将其刺成重伤"的案件事实（小前提），依据"故意伤害罪"的法律规范（大前提），作出判决，这就是演绎推理。C 项正确，D 项错误。

答案 AC

78. 我国宪法明文将宪法修改的权力授予全国人大，这意味着全国人大常委会无权修改宪法。这里运用的是哪种推理方法？

A. 演绎推理　　　　B. 设证推理
C. 反向推理　　　　D. 当然推理

解析 反向推理，又称反面推论，往往是由一件事是什么推出另一件不同的事不是什么。在法律推理中，反向推理意味着从法律规范赋予某种事实情形以某个法律后果，推出该后果不适用于法律规范未规定的其他事实情形。需要注意的是，高度重视法律安定性或确定性价值的法律规范，如国家机关的职权性规范、针对公民的义务性规范、刑事罪名条款等，较多运用反向推理。C 项当选。

答案 C

79. 我国《宪法》第 10 条第 3 款规定，国家为了公共利益的需要，可以依照法律规定对土地实行征收或者征用并给予补偿。如果国家"连"进行合法征收都要给予补偿，那么在国家权力违法侵害财产时，"更加"要给予赔偿了。这里运用了何种推理方法？

A. 演绎推理　　　　B. 设证推理
C. 反向推理　　　　D. 当然推理

解析 当然推理，是指由某个更广泛的法律规范的效力推导出某个不那么广泛的法律规范的效力。换言之，它指的是"如果较强的法律规范有效，那么较弱的法律规范就必然更加有效"。当然推理包括两种形式：①举轻以明重。例如，假如法律规定盗窃一只羊构成犯罪，那么法律虽然没有规定盗窃牛如何处罚，但是可以由盗窃羊的规定推导出，盗窃一头牛当然应当构成犯罪，承担刑事责任。②举重以明轻。例如，假如故意协助他人自杀不受刑事处罚，那么就可以推导出，出于过失促使他人自杀同样不受刑事处罚。因此，D 项当选。

答案 D

80. 63 岁的张某为补贴家用，退休后在一家

酒店做清洁工，上班路上转弯时被李某驾驶摩托车撞倒。经交警大队认定，李某负事故全部责任。张某起诉李某及车辆投保的保险公司，请求支付各项损失。保险公司辩称，张某年满60周岁，已经是法定的丧失劳动能力年龄，不能主张误工费。法院认为，根据最高人民法院《关于审理人身损害赔偿案件适用法律若干问题的解释》第7条第1款的规定，误工费根据受害人的误工时间和收入状况确定。该解释并未规定年龄限制，并且依据立法精神，应该以保护老年人权益为目的，保险公司理应支付误工费。法院采用了哪些解释方法？

A. 历史解释　　　　B. 当然推理
C. 反向推理　　　　D. 主观目的解释

解析 历史解释的解释依据是历史事实或某现象有史以来的情况。本案不涉及历史解释。A项不当选。

当然推理，是指举轻以明重和举重以明轻，为理所当然之状况。本案中，即便是普通务工人员，也应当支付误工费，更何况是老年人这类弱势群体，因此属于举轻以明重。B项当选。

反向推理，是指从法律规范赋予某种事实情形以推出某个法律后果，这一后果不适用于法律规范未规定的其他事实情形。这种推理的思考方式在于，明确地说出某事是什么就意味着另一件不同的事不是什么。本案不涉及反向推理，C项不当选。

主观目的的解释，是指对法律的理解建立在参与立法的人的意图或立法资料的基础之上。本案中，法官通过对最高人民法院《关于审理人身损害赔偿案件适用法律若干问题的解释》的目的进行解读，推导出保护老年人权益的目的，属于主观目的解释。D项当选。

答案 BD

81. 《全国人民代表大会常务委员会关于〈中华人民共和国刑法〉第一百五十八条、第一百五十九条的解释》中规定："刑法第158条、第159条的规定，只适用于依法实行注册资本实缴登记制的公司。"关于该解释，下列哪一说法是正确的？（2016/1/13-单）

A. 效力低于《刑法》
B. 全国人大常委会只能就《刑法》作法律解释
C. 对法律条文进行了限制解释
D. 是学理解释

解析 《全国人民代表大会常务委员会关于〈中华人民共和国刑法〉第一百五十八条、第一百五十九条的解释》属于立法解释。《立法法》第53条规定："全国人民代表大会常务委员会的法律解释同法律具有同等效力。"可见，该立法解释的效力与被解释的《刑法》相同。A项错误。

《立法法》第48条规定："法律解释权属于全国人民代表大会常务委员会。法律有以下情况之一的，由全国人民代表大会常务委员会解释：①法律的规定需要进一步明确具体含义的；②法律制定后出现新的情况，需要明确适用法律依据的。"可见，全国人大常委会有权解释所有法律。B项错误。

限制解释，是指在法律解释的过程中，将法律条文的规范意义解释到比字面含义更为狭窄的程度。本题中的立法解释中有"只适用于"的表述，即属于典型意义的限制解释。C项正确。

学理解释，通常也叫非正式解释，一般是指由学者或其他个人及组织对法律规定所作的不具有法律约束力的解释。与之相对的是法定解释，通常也叫正式解释、有权解释，是指由特定的国家机关、官员或其他有解释权的人对法律作出的具有法律约束力的解释。根据解释的国家机关的不同，法定解释又可以分为立法解释、司法解释和行政解释三种。本题中，该解释由全国人大常委会作出，当然属于法定解释而非学理解释。D项错误。

答案 C

82. 甲骑车经过乙公司在小区内的某施工场地时，由于施工场地湿滑摔倒致骨折，遂诉至法院请求赔偿。由于《民法典》对"公共场所"没有界定，审理过程中双方对施工场地是否属于《民法典》中的"公共场所"产生争议。法官参考《刑法》《集会游行示威法》等法律和多个地方性法规对"公共场所"的规定后，对"公共场所"作出解释，并据此判定乙公司承担赔偿责任。关于此案，下列哪些选项是正确的？（2014/1/55 改编-多）

A. 法官对"公共场所"的具体含义的证成属于外部证成

B. 法官运用了历史解释方法

C. 法官运用了体系解释方法

D. 该案表明，同一个术语在所有法律条文中的含义均应作相同解释

解析 所谓"证成"，便是给一个决定提供充足理由的活动或过程。从法律证成的角度看，法律决定的合理性取决于两个方面：①推导法律决定所依赖的推理前提是合理的、正当的，这就是外部证成；②推理规则本身是可靠的，这就是内部证成。本题中，对《民法典》中"公共场所"这一概念的具体含义进行证成，很明显属于对法律推理的大前提的证成，属于外部证成。A 项正确。

法官对"公共场所"这一概念的具体意义进行解释，很明显属于文义解释。在解释过程中，法官参考了《刑法》《集会游行示威法》等法律和多个地方性法规对"公共场所"的规定，可见属于体系解释。B 项错误，C 项正确。

同一个术语在不同的法律条文中，含义自然可能有不同的理解。D 项错误。

答案 AC

83. 张林遗嘱中载明：我去世后，家中三间平房归我妻王珍所有，如我妻今后嫁人，则归我侄子张超所有。张林去世后王珍再婚，张超诉至法院主张平房所有权。法院审理后认为，婚姻自由是宪法基本权利，该遗嘱所附条件侵犯了王珍的婚姻自由，违反《民法典》规定，因此无效，判决张超败诉。对于此案，下列哪一说法是错误的？（2014/1/13 改编-单）

A. 婚姻自由作为基本权利，其行使不受任何法律限制

B. 本案反映了遗嘱自由与婚姻自由之间的冲突

C. 法官运用了合宪性解释方法

D. 张林遗嘱处分的是其财产权利而非其妻的婚姻自由权利

解析 在我国，任何权利都不是绝对的，都要受到限制。此为基本法理。A 项明显错误，当选。

本案涉及了张某的遗嘱自由与其妻的婚姻自由之间的紧张关系。B 项正确，不当选。

张某的遗嘱处分的是其所有的三间平房的财产权利，没有也无权处分其妻的婚姻自由权利。D 项正确，不当选。

所谓合宪性解释，是指对法律作合乎宪法的解释，以保证宪法和法律之间的一致性。本案中，法院结合宪法中关于婚姻自由的规定解释了《民法典》中的条款，属于合宪性解释方法。C 项正确，不当选。

答案 A

84. 《刑法》第263条规定，持枪抢劫是抢劫罪的加重理由，应处10年以上有期徒刑、无期徒刑或者死刑。冯某抢劫了某出租车司机的钱财。法院在审理过程中确认，冯某抢劫时使用的是仿真手枪，因此，法官在对冯某如何量刑上发生了争议。法官甲认为，持仿真手枪抢劫系本条款规定的持枪抢劫，而且立法者的立法意图也应是这样。因为如果立法者在制定法律时不将仿真手枪包括在枪之内，就会在该条款作出例外规定。法官乙认为，持仿真手枪抢劫不是本条款规定的持枪抢劫，而且立法者的意图并不是法律本身的目的；刑法之所以将持枪抢劫规定为抢劫罪的加重事由，是因为这种抢劫可能造成他人伤亡因而其危害性大，而持仿真手枪抢劫不可能造成他人伤亡，因而其危害性并不大。对此，下列哪些说法是正确的？（2006/1/56-多）

A. 法官甲对《刑法》第263条规定的解释是一种体系解释

B. 法官乙对《刑法》第263条规定的解释是一种目的解释

C. 法官对仿真手枪是不是枪的判断是一种纯粹的事实判断

D. 法官的争议说明：法律条文中所规定的"词"的意义具有一定的开放性，需要根据案件事实通过"解释学循环"来确定其意义

解析 所谓体系解释，也称逻辑解释、系统解释，是指从法律条文的体系结构方面所作的解释，它将被解释的法律条文放在整部法律乃至整个法律体系中，联系此法条与其他法条的相互关系来解释法律。目的解释包括两种：主观目的解释和客观目的解释。主观目的解释，又称立法者目的解释，是指根据参与立法的人的意志或立法资料揭示某个法律规定的含义，或者将对某个法律规定的解释建立在参与立法的人的意志或立法资料的基础之上。这种解释方法要求解释者对立法者的目的或意图进行证成，而要完成这个任务，解释者必须要以一定的立法资料（如会议记录、委员会的报告等）为根据。客观目的解释，是指根据"理性的目的"或"在有效的法秩序的框架中客观上所指示的目的"，即法的客观目的，而不是根据过去和目前事实上存在着的任何个人的目的，对某个法律规定进行解释。本案中，法官甲采立法者目的解释，法官乙采客观目的解释。故A项错误，B项正确。

法官在认定案件事实的过程中不仅要进行事实判断，还要进行价值判断。故C项错误。

所谓"解释学循环"，即整体只有通过理解它的部分才能得到理解，而对部分的理解又只能通过对整体的理解才能达到。这种解释学循环可以防止人们孤立地、断章取义地曲解法律。故D项正确。

答案 BD

85. 张某出差途中突发疾病死亡，被市社会保障局认定为工伤。但张某所在单位认为依据《工伤保险条例》，只有"在工作时间和工作岗位突发疾病死亡"才属于工伤，遂诉至法院。法官认为，张某为完成单位分配任务，须经历从工作单位到达出差目的地这一过程，出差途中应视为工作时间和工作岗位，故构成工伤。关于此案，下列哪些说法是正确的？（2015/1/59－多）

A. 解释法律时应首先运用文义解释方法

B. 法官对条文作了扩张解释

C. 对条文文义的扩张解释不应违背立法目的

D. 一般而言，只有在法律出现漏洞时才需要进行法律解释

解析 各种法律解释方法之间没有固定的优先位序，但文义解释方法优先于其他解释方法。A项正确。

法官在解释时，将"工作时间"的含义扩展至"从工作单位到达出差目的地这一过程"，即"出差途中"，明显属于扩张解释。B项正确。

扩张解释自然不能随意扩张文义，而是应当受到立法目的的制约。C项正确。

法律依赖于语言，而语言具有模糊性，因此必然需要法律解释。质言之，任何时候都要进行法律解释。D项错误。

答案 ABC

86. 2007年，张某请风水先生选了块墓地安葬亡父，下葬时却挖到10年前安葬的刘某父亲的棺木，张某将该棺木锯下一角，紧贴着安葬了自己父亲。后刘某发觉，以故意损害他人财物为由起诉张某，要求赔偿损失以及精神损害赔偿。对于此案，合议庭意见不一。法官甲认为，下葬棺木不属于民法上的物，本案不存在精神损害。法官乙认为，张某不仅要承担损毁他人财物的侵权责任，还要因其行为违背公序良俗而向刘某支付精神损害赔偿金。对此，下列哪些说法是正确的？（2010/1/53－多）

A. 下葬棺木是否属于民法上的物，可以通过

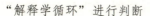

"解释学循环"进行判断

B. "入土为安，死者不受打扰"是中国大部分地区的传统，在一定程度上可以成为法律推理的前提之一

C. "公序良俗"属伦理范畴，非法律规范，故法官乙推理不成立

D. 当地群众对该事件的一般看法，可成为判断刘某是否受到精神损害的因素之一

解析 解释活动都受到解释学循环规律和前理解的影响和制约。A项正确。

"入土为安，死者不受打扰"是一种传统，属于风俗习惯，为非正式的法的渊源，在一定程度上可以成为法律推理的前提之一。B项正确。

"公序良俗"原则已经从伦理规范上升到法律规范，其在《民法典》中有明确的规定。C项错误。

刘某是否受到精神损害应从社会一般人的标准加以衡量，即取决于当地群众对该事件的一般看法。D项正确。

答案 ABD

87. 王某在未依法取得许可的情况下购买氰化钠并存储于车间内，被以非法买卖、存储危险物质罪提起公诉。法院认为，氰化钠对人体和环境具有极大毒害性，属于《刑法》第125条第2款规定的毒害性物质，王某未经许可购买氰化钠，虽只有购买行为，但刑法条文中的"非法买卖"并不要求兼有买进和卖出的行为，王某罪名成立。关于该案，下列说法正确的是：（2016/1/89-任）

A. 法官对"非法买卖"进行了目的解释

B. 查明和确认"王某非法买卖毒害性物质"的过程是一个与法律适用无关的过程

C. 对"非法买卖"的解释属于外部证成

D. 内部证成关涉的是从前提到结论之间的推论是否有效

解析 文义解释，也称语法解释、文法解释、文理解释，是指按照日常的、一般的或法律的语言使用方式清晰地描述制定法的某个条款、某个术语的内涵和外延。文义解释的特点是将解释的焦点集中在语言上，而不顾及根据语言解释得出的结果是否公正、合理。目的解释包括主观目的解释和客观目的解释。主观目的解释，又称立法者目的解释，是指根据参与立法的人的意志或立法资料揭示某个法律规定的含义，或者将对某个法律规定的解释建立在参与立法的人的意志或立法资料的基础之上。这种解释方法要求解释者对立法者的目的或意图进行证成，而要完成这个任务，解释者必须要以一定的立法资料（如会议记录、委员会的报告等）为根据。客观目的解释，是指根据"理性的目的"或"在有效的法秩序的框架中客观上所指示的目的"，即法的客观目的，而不是根据过去和目前事实上存在着的任何个人的目的，对某个法律规定进行解释。这一目的一方面涉及被规范的事物领域的结构，即实际的既存状态；另一方面涉及一些法伦理性的原则。

本题中，法院认为，氰化钠对人体和环境具有极大毒害性，属于《刑法》第125条第2款规定的毒害性物质，王某未经许可购买氰化钠，虽只有购买行为，但刑法条文中的"非法买卖"并不要求兼有买进和卖出的行为，王某罪名成立。可见，法院作了两个解释：①对"毒害性物质"是否包括氰化钠的解释；②对"非法买卖"是否包括只有买进没有卖出的行为的解释。在这两个解释的过程中，法院只是提供了解释的结论，既没有说明解释的过程，也没有提供解释的论据，因此实际上无法判断究竟运用了何种解释方法。法官对"非法买卖"可能进行了文义解释，也可能进行了目的解释。A项说进行了目的解释，从题目给的材料中根本看不出来。A项错误。

查明和确认案件事实的过程，就是一个把生活事实上升到法律事实高度的过程，在这个过程中，哪些生活事实可以成为法律事实，哪些生活事实不能成为法律事实，离不开法律主体对法律的理解。法律适用就是司法活动。查明和确认"王某非法买卖毒害性物质"的过程很明显就是为法律适用确定案件事实（即小前提）的过程。B项错误。

对法律决定所依赖的前提的证成属于外部证成。前提既包括大前提（法律规范），也包括小前提（案件事实）。"非法买卖"是法律规范的组成部分，它属于大前提的范畴。因此，法院对"非法买卖"作出解释就等于是对大前提作出解释，这是对前提的证成，当然属于外部证成。C项正确。

法律决定按照一定的推理规则从相关前提中逻辑地推导出来，属于内部证成。它关涉的只是从前提到结论之间推论是否是有效的，而推论的有效性或真值依赖于是否符合推理规则或规律。D项正确。

答案 CD（司法部原答案为ACD）

88. 《最高人民法院关于适用〈中华人民共和国民法典〉合同编通则若干问题的解释》第42条第1款规定："对于民法典第539条规定的'明显不合理'的低价或者高价，人民法院应当按照交易当地一般经营者的判断，并参考交易时交易地的市场交易价或者物价部门指导价予以认定。"关于该解释，下列哪些说法是正确的？（2015/1/60 改编-多）

A. 并非由某个个案裁判而引起

B. 仅关注语言问题而未涉及解释结果是否公正的问题

C. 具有法律约束力

D. 不需报全国人大常委会备案

E. 只有最高人民法院有权作出司法解释

解析 《立法法》第119条第1款规定，最高人民法院、最高人民检察院作出的属于审判、检察工作中具体应用法律的解释，应当主要针对具体的法律条文，并符合立法的目的、原则和原意。质言之，在我国，司法解释不是针对具体个案。A项正确，E项错误。

司法解释很明显既关注语言问题，也要求解释结果公正合理。B项错误。

司法解释在我国属于正式解释，具有法律约束力。C项正确。

《立法法》第119条第2款规定，最高人民

法院、最高人民检察院作出的属于审判、检察工作中具体应用法律的解释，应当自公布之日起30日内报全国人民代表大会常务委员会备案。D项错误。

答案 AC

89. 依《刑法》第180条第4款之规定，证券从业人员利用未公开信息从事相关交易活动，情节严重的，依照第1款的规定处罚；该条第1款规定了"情节严重"和"情节特别严重"两个量刑档次。在审理史某利用未公开信息交易一案时，法院认为，尽管第4款中只有"情节严重"的表述，但仍应将其理解为包含"情节严重"和"情节特别严重"两个量刑档次，并认为史某的行为属"情节特别严重"。其理由是《刑法》其他条款中仅有"情节严重"的规定时，相关司法解释仍规定按照"情节严重""情节特别严重"两档量刑。对此，下列哪些说法是正确的？（2017/1/60-多）

A. 第4款中表达的是准用性规则

B. 法院运用了体系解释方法

C. 第4款的规定可以避免法条重复表述

D. 法院的解释将焦点集中在语言上，并未考虑解释的结果是否公正

解析 准用性规则，是指内容本身没有规定人们具体的行为模式，而是可以援引或参照其他相应内容规定的规则。其可以避免法条表述过度啰嗦重复。在具体法条中用语不一，有的用"准用""参照"，有的用"比照""依……的规定"的情况。题干中法条的第4款规定"依照第1款的规定处罚"，表明其属于准用性规则。A、C项正确。

在审理案件过程中，法院结合《刑法》其他条款来解释第180条第4款，属于体系解释。B项正确。

可见，法院并非仅仅对条文进行文义解释，即将解释的焦点集中在语言上，而是考虑到了结果的公正与否。D项错误。

答案 ABC

90. 关于我国司法解释，下列哪些说法是错误的？（2014/1/54 改编-多）

A. 林某认为某司法解释违背相关法律，遂向全国人大常委会提出审查建议，这属于社会监督的一种形式

B. 司法解释的对象是法律、行政法规和地方性法规

C. 司法解释仅指最高法院对审判工作中具体应用法律、法令问题的解释

D. 全国人大宪法和法律委员会与有关专门委员会经审查认为司法解释同法律规定相抵触的，可以直接撤销

解析 一国的法律监督体系包括国家法律监督体系和社会法律监督体系。其中，国家法律监督体系具有明确的权限和范围，且有法定的程序，是以国家名义进行的，具有国家强制力和法的效力，包括国家权力机关、行政机关和司法机关的监督。这是我国法律监督体系的核心。而社会法律监督体系具有广泛性和人民性，包括中国共产党的监督、人民政协的监督、各民主党派的监督、人民团体和社会组织的监督、公民的监督、法律职业群体的监督和媒体舆论的监督等。这种监督也具有重要的意义。A 项中，林某以个体公民的身份向国家机关提出审查建议，这属于典型的社会监督。A 项正确，不当选。

司法解释包括了最高法和最高检的解释。C 项错误，当选。

根据《立法法》的规定，凡属于法院审判工作中具体应用法律、法令的问题，由最高院解释；凡属于检察院检察工作中具体应用法律、法令的问题，由最高检解释。可见，在我国，司法解释的对象只包括全国人大及其常委会制定的规范性法律文件。B 项错误，当选。

宪法和法律委员会与有关专门委员会只是全国人大及其常委会领导下的工作机关，无权直接撤销最高法和最高检的司法解释。如果宪法和法律委员会与有关专门委员会认为司法解释抵触法律，而两高又不修改或废止，有两种办法：①提出要求两高修改、废止的议案；②提出由全国人大常委会作出解释的议案。D 项错误，当选。

答案 BCD

91. 《道路交通安全法》第 47 条第 1 款规定："机动车行经人行横道时，应当减速行驶；遇行人正在通过人行横道，应当停车让行。"某行人通过人行横道时突然停下，一机动车因没有避让而被处罚，司机以"行人静止站在人行道上没有通过的意思"且行人的行为影响通行效率为由主张无责。法官认为行人通过时停下观察路况是被允许的，如果按照司机的抗辩理由，大家开车的时候都故意逼停行人，先通行，然后以这个理由抗辩，这就和立法目的相违背了。下列说法不正确的是：

A. 法官对判决前提的讨论属于外部证成

B. 法官的观点体现了安全价值高于效率价值

C. 遇到行人正在通过人行横道时停车让行是机动车司机的积极义务

D. 法官仅仅运用了文义解释

解析 外部证成是对法律决定所依赖的前提的证成。A 项正确，不当选。

本案中，法官裁判案件时衡量了行人安全与行车效率两种价值，认为安全价值高于效率价值，应优先保障行人的安全。B 项正确，不当选。

积极义务，又称作为义务，其内容是要求义务人实施一定的行为。本案所涉及的法律规定要求在遇到行人通过时，司机应当停车让行，可见为司机设定了积极义务。C 项正确，不当选。

本案中，法官认为司机的抗辩理由不能和立法目的相违背，可见运用了主观目的解释。D 项错误，当选。

答案 D

14 专题 法律漏洞的填补

92. 关于法律漏洞及其填补，下列说法正确的是：

A. 凡是法律没有规定的，都是法律漏洞

B. 某种规范的缺失究竟属于全部漏洞还是部分漏洞，不能由单个法条或规范出发作出判断，而通常是由一群法条或规范所交织起来的体系所规定

C. 在我国原《侵权责任法》出台前，网络侵权行为就已长期存在，但立法却没有提供任何有关其民事责任的法律规定。这属于典型的隐藏漏洞

D. 我国《公司法》第3条第1款规定，公司是企业法人，有独立的法人财产，享有法人财产权。公司以其全部财产对公司的债务承担责任。该规定没有考虑到，当关联公司的财产无法区分，丧失独立人格时，就丧失了独立承担责任的基础，此时应当由关联公司相互之间对外部债务承担连带责任，如此才能保护债权人利益。这属于典型的明显漏洞

解析 所谓漏洞，是指违反计划的不圆满性。相应地，法律漏洞就是指违反立法计划（规范目的）的不圆满性。换言之，也就是关于某个法律问题，法律依其规范目的应有所规定，却未设规定。法律漏洞不同于法外空间。漏洞不是简单的缺失状态，而必须是不合目的的，或者说依其目的被评价为不好的缺失状态。例如，花瓶和花盆上可能都存在一个洞，但花盆有洞是合目的的，而花瓶有洞却是不合目的的，只有后者才被认为是“漏洞”。A项错误。

对于某个事项，究竟是出现了部分漏洞还是全部漏洞，需要从法律体系出发作整体性判断。某个法律事实是否有法律上的依据来加以调整，并不能由单个法条或规范出发作出判断，而通常是由一群法条或规范所交织起来的体系所规定。如果从体系出发对某个应该调整的事项缺乏任何调整，则为全部漏洞；如果体系的不同部分已对此事项规定了部分调整要素，只是不完整，则为部分漏洞。从这个角度看，法律漏洞属于法律体系的残缺（残缺式体系违反），全部漏洞属于全部残缺式体系违反，而部分漏洞属于部分残缺式体系违反。B项正确。

根据漏洞的表现形态，可以将法律漏洞分为明显漏洞和隐藏漏洞。明显漏洞，是指关于某个法律问题，法律依其规范目的或立法计划，应积极地加以规定却未设规定。隐藏漏洞，是指关于某个法律问题，法律虽已有规定，但依其规范目的或立法计划，应对该规定设有例外却未设例外。明显漏洞的例子是，在我国原《侵权责任法》出台前，网络侵权行为就已长期存在，但立法却没有提供任何有关其民事责任的法律规定。隐藏漏洞的例子是，我国《公司法》第3条第1款规定，公司是企业法人，有独立的法人财产，享有法人财产权。公司以其全部财产对公司的债务承担责任。该规定是为了确保公司的独立人格与财产，但它没有考虑到，当关联公司的财产无法区分，丧失独立人格时，就丧失了独立承担责任的基础，此时应当由关联公司相互之间对外部债务承担连带责任，如此才能保护债权人利益。因此，该规定没有将关联公司人格混同的情形作为例外区分出来，属于隐藏漏洞。C、D项错误。

答案 B

93. 甲通过在微信平台聊天的方式从乙处购买物品，并签订了买卖合同，但乙逾期未交付货物，甲便向北京互联网法院起诉。但法院不予受理甲的诉讼请求，并认为互联网法院管辖的是“通过电子商务平台签订或者履行网络购物合同而产生的纠纷”，本案中，甲、乙仅通过微信达成买卖合同并不属于“通过电子商务平台签订或者履行网络购物合

同"，且立法者在立法时也没有意图将通过微信平台订立的合同纳入互联网法院的管辖范围，因此本案不应该由互联网法院管辖。下列说法正确的是：

A. 法官运用经验对"是否属于电子商务平台"的认定是外部证成
B. 法官对互联网的解释属于立法者目的解释
C. 本案中关于互联网法院管辖范围的法律存在明显漏洞
D. 本案中关于互联网法院管辖范围的法律存在嗣后漏洞

解析 外部证成是对法律决定所依赖的前提的证成。本案中，法院对"电子商务平台"的定义属于对大前提的证成，是外部证成。A 项正确。

本案中，互联网法院认为，立法者在立法时没有意图将通过微信平台订立的合同纳入互联网法院的管辖范围。可见，其在解释时探究了立法者的原意，属于立法者目的解释。B 项正确。

法律应该积极规定但是没有规定的事项属于明显漏洞。自始漏洞是法律在制定时就存在的漏洞。嗣后漏洞则是法律在制定、实施之后，由于法律相对于社会现实的滞后而产生的漏洞。本案中不存在漏洞。C、D 项错误。

答案 AB

94. 某超市将白酒掺兑后进行销售。张三明知超市掺兑，仍然多次购买白酒，后起诉超市要求 2 倍赔偿。法官认为，张三知假买假的行为不符合《消费者权益保护法》规定的"消费行为"；而且根据生活经验判断，作为日常性的"消费"而买白酒，消费者应当是仅供个人使用，而非大量购买后据以索赔，所以张三不属于"消费者"，不能请求赔偿。对于法官的解释，下列说法正确的是：

A. 法官对"消费者"的解释属于目的论限缩
B. 法官运用了归纳推理
C. 法官认定"张三不属于消费者"，这属于

内部证成
D. 张三和法院之间属于纵向法律关系

解析 目的论限缩是将不符合规范目的的案件类型积极地剔除出规范的适用范围。日常用语中的"消费者"当然包括了所有购买物品的人，但是本案中的法官在解释《消费者权益保护法》时将其中的"消费者"限缩为为个人使用目的而实施日常性消费行为的人，进而将以索赔为目的的知假买假行为排除出保护范围，属于目的论限缩。A 项正确。

归纳推理是从个别到一般的推理，演绎推理是从一般到个别的推理。从案情看，法官是从大前提（法律规定）和小前提（案件事实）中推导出结论，属于演绎推理，而非归纳推理。B 项错误。

内部证成是指从前提推导出结论的证成。而本案中，法官根据《消费者权益保护法》的规定，认定张三不属于消费者，解决的是小前提的问题，属于外部证成。C 项错误。

纵向法律关系意味着法律关系主体之间地位不平等，当事人和法院之间属于纵向法律关系。D 项正确。

答案 AD

95. 某公司老板用比特币支付员工工资，员工认为应该用货币支付，因此起诉到法院。我国法律就此问题并无明确规定。但法官认为，比特币并非我国承认的法定货币，工资要用货币支付，不能用比特币支付，判决老板应用货币重新支付员工工资。关于法律没有规定虚拟货币是否可以用于支付工资，下列说法正确的是：

A. 相关法律不存在法律漏洞
B. 相关法律存在法政策漏洞
C. 相关法律存在嗣后漏洞
D. 用虚拟货币支付工资属于法外空间

解析 法律漏洞意味着就某个法律问题，法律按照其规范目的应当有所规定，却没有加以规定，即违反计划的不圆满性。本题中，按照规范目的，法律应当就以比特币支付工资是否合

法加以规定，但是却没有规定，所以存在法律漏洞。A 项错误。

自始漏洞，是指制定时便已经存在的漏洞。根据立法者在立法当时对此漏洞是否有认知，又进一步区分为明知漏洞和不明知漏洞。其中，明知漏洞，是指立法者在制定法律时，已经意识到法律的规定存在不完善或缺漏，但却有意不作规定，而将这一问题留给其他机关或部门来决定。这么做或是出于立法时的政治、经济和社会情势之考量，或是出于立法技术之考量。由于这种有意的沉默属于法政策上的考量，因此又被称为"法政策漏洞"。本题中，对立法者而言，比特币属于新鲜事物，在立法当时无法预知，其是在立法之后出现的新的社会现象，所以立法未作规定应当理解为嗣后漏洞，而非自始漏洞。B 项错误，C 项正确。

法外空间，是指原本就不应由法律加以调整的领域，即那些法律不能调整、无需调整、不宜调整的社会关系或领域。虽然我国现行法律并未对比特币进行规定，但按照立法计划，法律应当予以规定，只是现在法律存在漏洞而已。D 项错误。

答案 C

96. 网络游戏中的人物形象侵权，但关于此种侵权行为《著作权法》中没有法律条文明确规定，法官通过将其与视听作品进行对比后，认为两者高度相似，便将其视为视听作品侵权进行裁判。下列说法正确的是：

A. 此法律漏洞为隐藏漏洞
B. 法官运用了类比推理
C. 法官进行了目的论扩张
D. 法官运用了目的解释的解释方法

解析 隐藏漏洞，是指法律应当规定例外情形却没有规定。明显漏洞，是指法律应积极规定某事项却没有规定。本案中，网络游戏中的人物形象侵权属于应当积极规定但未规定的情况，为明显漏洞。A 项错误。

类比推理是两个事物相互比较，根据它们在一些特点上的相似性，推出它们在另一些特点上也是相似的。本案中，虽然法官比较了网络游戏与视听作品，也强调了二者的相似性，但是得出的结论却是将网络游戏"视为视听作品"，也就是将网络游戏作为视听作品的一种加以理解，并非类比推理。B 项错误。

目的论扩张，是指法律规范的文义未能涵盖某类案件，但依据立法目的应当扩张规范的内容，以将此类案件纳入规范调整范围。本案中，法律只是规定了视听作品的侵权问题，而未规定网络游戏中的人物形象的侵权问题。法官将视听作品的外延进行扩张，把网络游戏包括进来，将网络游戏中的人物形象侵权视为视听作品侵权进行裁判，就是进行了目的论扩张。C 项正确。

本题涉及的是法律漏洞填补的问题，而非法律解释问题。D 项错误。

答案 C

法与社会的一般理论　专题 15

97. 有学者这样解释法的产生：最初的纠纷解决方式可能是双方找到一位共同信赖的长者，向他讲述事情的原委并由他作出裁决；但是当纠纷多到需要占用一百位长者的全部时间时，一种制度化的纠纷解决机制就成为必要了，这就是最初的法律。对此，下列哪一说法是正确的？（2017/1/13-单）

A. 反映了社会调整从个别调整到规范性调整的规律

B. 说明法律始终是社会调整的首要工具

C. 看到了经济因素和政治因素在法产生过程中的作用

D. 强调了法律与其他社会规范的区别

解 析 纠纷解决一般而言有两种类型：个别性调整和规范性调整。

所谓个别性调整，是指针对特定的人之间的特定纠纷所进行的具有针对性的解决，其具有精确性的特点，但缺点是成本高、效率低。

所谓规范性调整，是指针对不特定多数人之间发生的类似纠纷以普遍性规范的方式提供一般性的解决方案，其不及个别性调整精确，但成本低、效率高。

在人类社会早期，社会纠纷数量少，复杂程度也不高，可以由纠纷双方找到一位共同信赖的长者，向他讲述事情的原委并由他作出裁决，这是典型的个别性调整。但是随着社会的发展、人口的增多，社会纠纷越来越多，每次发生纠纷都由某个长者进行量体裁衣式的个别性调整变得越来越不可能了，因此就有必要进行规范性调整，即建立一种制度化的纠纷解决机制——法律。所以，A 项正确。

答 案 A

98. 关于法与社会相互关系的下列哪一表述不成立？（2006/1/4-单）

A. 按照马克思主义的观点，法的性质与功能决定于社会，法与社会互相依赖、互为前提和基础

B. 为了实现法对社会的有效调整，必须使法律与其他的资源分配系统进行配合

C. 构建和谐社会，必须强调理性、正义和法律统治三者间的有机联系

D. 建设节约型社会，需要综合运用经济、法律、行政、科技和教育等多种手段

解 析 马克思曾经指出："社会不是以法律为基础，那是法学家的幻想。相反，法律应该以社会为基础。"A 项表述错误明显，法律不可能作为社会的前提和基础，当选。

为了有效地通过法律控制社会，实现法律对社会的有效调整，必须使法律与宗教、道德、政策等社会规范和资源分配系统进行配合。B 项不当选。

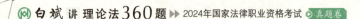

在法考试题中，凡是强调要兼顾多种要素、综合运用多种手段或者强调各个元素之间存在有机联系的，基本上都是正确的。C、D项不

当选。

答案 A

 16 专题 法与经济、科技、政治和宗教的关系

99. 2007年8月30日，我国制定了《反垄断法》，下列说法哪些可以成立？（2009/1/54-多）

A.《反垄断法》的制定是以我国当前的市场经济为基础的，没有市场经济，就不会出现市场垄断，也就不需要《反垄断法》，因此可以说，社会是法律的母体，法律是社会的产物

B. 法对经济有积极的反作用，《反垄断法》的出台及实施将会对我国市场经济发展产生重要影响

C. 我国市场经济的发展客观上需要《反垄断法》的出台，这个事实说明，唯有经济才是法律产生和发展的决定性因素，除经济之外法律不受其他社会因素的影响

D. 为了有效地管理社会，法律还需要和其他社会规范（道德、政策等）积极配合，《反垄断法》在管理市场经济时也是如此

解析 法律是社会的产物，社会是法律的基础。《反垄断法》的制定正是为了适应社会经济发展的需要，在此意义上，可以说其是社会发展的产物。A项当选。

经济基础决定上层建筑，上层建筑对经济基础也具有反作用。因此，作为上层建筑的一个部分，法律对经济基础具有能动的反作用，其可以通过调整生产关系反作用于生产力。B项当选。

法的起源、本质、作用和发展变化都受社会经济基础的制约，但是，不能据此就认为法律不受其他社会因素的影响，或与其他社会因素无关。相反，法律不是万能的，其作用的真正发挥需要和其他社会规范相互配合、相互补充。C项不当选，D项当选。

答案 ABD

点睛之笔

法的产生和发展受到多种因素影响。

100. 2021年，我国出台了《互联网信息服务算法推荐管理规定》，明确要求算法推荐服务提供者应当坚持主流价值导向，不得利用算法推荐服务从事危害国家安全和社会公共利益、扰乱经济秩序和社会秩序、侵犯他人合法权益等法律、行政法规禁止的活动。鉴于ChatGPT目前仍属于"黑盒"模型，其算法能否披露、能否足量披露以及是否符合规定的要求都是未知数，我国也尚不存在法律进行规制。对此，下列选项理解正确的是：

A. 科技是价值中立的

B. 上述规定应该以衡量的方式应用于个案

C. 如何规制ChatGPT可以全面移植国外的优秀法律

D. 科技的发展扩大了法律调整的社会关系的范围

解析 科技本身是中立的，其既能为人类提供改造和利用自然的新手段，也可能带来严重的社会问题。因此，法律必须对科技活动进行管理和引导。A项正确。

本题中的规定属于法律原则，因此应该以衡量的方式适用于个案。B项正确。

对于符合我国国情的外国优秀法律可以进行有鉴别地借鉴和吸收，全面移植的表述不妥当。C项错误。

随着科技的发展，出现了大量新型社会关系，也对传统法律领域提出了新的问题，因此科技的发展扩大了法律调整的社会关系的范围。

D 项正确。

答案 ABD

101. 甲在下班期间仍通过办公软件进行线上办公，后因过度劳累在工作过程中不幸猝死，其家属诉至法院。公司辩称，甲的死亡并非在工作时间，根据《工伤保险条例》的规定，只有"在工作时间和工作岗位"突发疾病死亡才属于工伤。法官认为，随着科技的发展，利用网络进行线上办公已成为普遍现象，加之线上办公的目的也是完成工作任务，所以居家线上办公也可以评价为"在工作时间和工作岗位"，甲的死亡构成工伤，遂判决公司承担赔偿责任。下列说法正确的是：

A. 法官通过解释把甲死亡的事实从法外空间变到了法内空间
B. 科技发展使法律概念有了新发展
C. 法律总是滞后于科技的发展
D. 法官的解释缓和了法律和现实社会之间的矛盾

解析 法外空间，是指原本就不应该由法律加以调整的领域，法官无权将不该由法律调整的内容纳入法律调整范围。A 项错误。

科技的发展可以推动法律概念的发展变化。例如，本案中，基于网络线上办公的工作形式的出现而将居家办公认定为"在工作时间和工作岗位"，扩大了工作场所的内涵。B 项正确。

为了防止人类对科技成果的误用和滥用，立法可以预先对科技成果进行规制。因此，法律并非总是滞后于科技的发展。C 项错误。

法官通过解释填补了法律规定和社会发展的沟壑，缓和了法律和现实社会之间的矛盾。D 项正确。

答案 BD

102. 2021 年 8 月 20 日，全国人大常委会会议表决通过了《关于修改〈中华人民共和国人口与计划生育法〉的决定》。修改后的《人口与计划生育法》第 18 条第 1 款规定：

"国家提倡适龄婚育、优生优育。一对夫妻可以生育 3 个子女。"对此，下列哪些说法是正确的？（2016/1/51 改编－多）

A. 在我国，政策与法律具有共同的指导思想和社会目标
B. 立法在实践中总是滞后的，只能"亡羊补牢"而无法适度超越和引领社会发展
C. 越强调法治，越要提高立法质量，通过立法解决改革发展中的问题
D. 修改《人口与计划生育法》有助于缓解人口老龄化对我国社会发展的压力

解析 法与政策在内容和实质方面存在联系，包括阶级本质、经济基础、指导思想、基本原则和社会目标等根本方面具有共同性，但二者在意志属性、规范形式、实施方式、调整范围、稳定性、程序化程度等方面则具有明显差别。A 项正确。

法律是治国之重器，良法是善治之前提。建设中国特色社会主义法治体系，必须坚持立法先行，发挥立法的引领和推动作用，抓住提高立法质量这个关键。B 项中，认为立法无法引领社会发展的表述是错误的；C 项中，提高立法质量的表述是正确的。

修改《人口与计划生育法》，调整人口政策，就是为了应对当下人口老龄化和低生育率所带来的人口可持续发展能力低下的问题。D 项正确。

答案 ACD

103. 下列有关法与社会关系的表述何者为正确？（2004/1/82－多）

A. 中国固有的法律文化深受伦理的影响；而宗教对于西方社会法律信仰的形成具有重要的影响，为确立"法律至上"观念奠定了基础
B. "法的社会化"是西方现代市场经济发展中出现的现象，表明法律是市场经济的宏观调控手段
C. 凡属道德所调整的社会关系，必为法律调整；凡属法律所调整的社会关系，则不一

定为道德所调整

D. 生命科学的发展、器官移植技术的成熟对法律具有积极影响

解析 宗教作为一种重要的文化现象，在全世界范围内都对法律产生过重要的影响。宗教对法律的影响，既有积极方面，也有消极方面；既有观念层面，也有制度层面。该影响较明显地体现在立法、司法、守法等各个环节上。首先，宗教可以推动立法。许多宗教教义实际上都表达了人类的一般价值追求，部分教义被法律吸收，成为立法的基本精神。其次，宗教影响司法程序。在宗教作为国教与政教合一的地方，宗教法庭直接掌握部分司法权。在西欧中世纪，教会独立行使司法权，世俗政权则负责执行教会的命令。从诉讼审判方式来看，宗教宣誓有助于简化审判程序。同时，宗教宣扬的公正观念、诚实观念、容忍、爱心等对司法也有影响，宗教容忍观有利于减少诉讼。例如，国家首脑即位、法官公正执法以及证人出庭作证，都必须首先进行宣誓。最后，宗教信仰有助于提高人们守法的自觉性。宗教提倡与人为善、容忍精神等，使公民习惯于循规蹈矩，不为损害他人和社会的行为。宗教对超自然的崇拜、各种精神祭祀等，均使法律蒙上神秘的、超自然的色彩，增加了法律的威慑力。可见，A、B、D项明显正确。

C项错误，因为道德和法律并不完全重合，只是存在部分调整范围的交叉。

答案 ABD

104. 关于法与宗教的关系，下列哪种说法是错误的？（2006/1/2-单）

A. 法与宗教在一定意义上都属于文化现象

B. 法与宗教都在一定程度上反映了特定人群的世界观和人生观

C. 法与宗教在历史上曾经是浑然一体的，但现代国家的法与宗教都是分离的

D. 法与宗教都是社会规范，都对人的行为进行约束，但宗教同时也控制人的精神

解析 法与宗教都是社会存在的反映，都是社会意识，都属于上层建筑的范畴，并在一定程度上反映了特定人群的世界观和人生观，都是广义的文化现象的组成部分。A、B项正确，不当选。

在社会发展的早期，法与宗教是浑然一体的，没有严格分离，都是人们行为的规范。但随着社会的发展，人类文明的进步，法与宗教逐渐分离，形成各自不同的调整范围：法只规范人们的行为，退出了对人们精神领域的调整；而宗教却在规范人们行为的同时，还控制人的精神。D项正确，不当选。但是，二者并没有达到绝对分离的地步，在现今世界上，仍然存在一些政教合一的国家，如伊朗。C项错误，当选。

答案 C

17 专题 法与人权

105. 关于法与人权的关系，下列哪一说法是错误的？（2014/1/15-单）

A. 人权不能同时作为道德权利和法律权利而存在

B. 按照马克思主义法学的观点，人权不是天赋的，也不是理性的产物

C. 人权指出了立法和执法所应坚持的最低的人道主义标准和要求

D. 人权被法律化的程度会受到一国民族传统、经济和文化发展水平等因素的影响

解析 所谓人权，是指每个人作为人应该享有或者享有的权利。人权既可以作为道德权利而存在，也可以作为法律权利而存在。但在根本上，人权是一种道德权利。A项错误，当选。

人权不是天赋的，也不是理性的产物，而是历史地产生的，最终是由一定的物质生活条

件所决定的。它的具体内容和范围总是随着历史发展、社会进步而不断丰富和扩展。B 项正确，不当选。

人权可以作为判断法律善恶的标准。首先，人权指出了立法和执法所应坚持的最低的人道主义标准和要求；其次，人权可以诊断现实社会生活中法律侵权的症结，从而提出相应的法律救济的标准和途径；最后，人权有利于实现法律的有效性，促进法律的自我完善。C 项正确，不当选。

然而，并非人权的所有内容都由法律规定，都成为公民权，但法律权利无疑是人权首要的和基本的内容，可以说大部分人权都反映在法律权利上。至于哪些人权能转化为法律权利，得到法的保护，取决于以下两个因素：①一国经济和文化的法制状况；②某个国家的民族传统和基本国情。D 项正确，不当选。

答案 A

106. 随着科技的发展，人体器官移植成为可能，产生了自然人享有对自己的器官进行处理的权利。美国统一州法律全国督查会议起草的《统一组织捐献法》规定："任何超过 18 岁的个人可以捐献他的身体的全部或一部分用于教学、研究、治疗或移植的目的""如果个人在死前未作出捐献表示，他的近亲可以如此做""如果个人已经作出这种捐献表示的，不能被亲属取消"。之后，美国所有的州和哥伦比亚特区采取了这个法令。关于这一事例，下列哪一选项是错误的？（2008 延/1/4－单）

A. 科技进步对法律制度的变迁有较大的影响
B. 人权必须法律化才能获得更大程度的保障
C. 人权归根结底来源于国家的承认
D. 器官捐献是一种自由处分的权利，而不是义务

解析 A、B、D 项明显正确，不当选。

所谓人权，是指每个人作为人应该享有或者享有的权利。人权来自于"人自身"，也就是说，人权是人凭自己是人所享有的权利，本质上与国家无关。换言之，人权是一个人只要是人就应当享有的权利，除非否认他（她）是人。C 项错误，当选。

答案 C

第4讲 法的演进

 18 专题 **法的起源**

107. "社会的发展是法产生的社会根源。社会的发展，文明的进步，需要新的社会规范来解决社会资源有限与人的欲求无限之间的矛盾，解决社会冲突，分配社会资源，维持社会秩序。适应这种社会结构和社会需要，国家和法这一新的社会组织和社会规范就出现了。"关于这段话的理解，下列哪些选项是正确的？（2012/1/51-多）

A. 社会不是以法律为基础，相反，法律应以社会为基础

B. 法律的起源与社会发展的进程相一致

C. 马克思主义的法律观认为，法律产生的根本原因在于社会资源有限与人的欲求无限之间的矛盾

D. 解决社会冲突，分配社会资源，维持社会秩序属于法的规范作用

解析 马克思主义的法律观认为，法是随着生产力的发展、社会经济的发展、私有制和阶级的产生、国家的出现而产生的，经历了一个长期的渐进的过程。C 项错误。

法的作用分为规范作用和社会作用，规范作用是针对个人的，社会作用是针对整个社会的。因此，解决社会冲突，分配社会资源，维持社会秩序属于法的社会作用。D 项错误。

法律的性质与功能决定于社会，而且法律变迁与社会发展的进程基本一致。A、B 项正确。

答案 AB

108. 按照摩尔根和恩格斯的研究，下列有关法的产生的表述哪一项是不正确的？（2003/1/1-单）

A. 法的产生意味着在社会成员之间财产关系上出现了"我的""你的"之类的观念

B. 最早出现的法是以文字记录的习惯法

C. 法的产生经历了从个别调整到规范性调整的过程

D. 法的产生标志着公力救济代替了私力救济

解析 在社会成员之间财产关系上出现了"我的""你的"之类的观念，即是权利义务观念形成，这是法产生的主要标志之一。因此，A 项正确，不当选。

以文字记录的习惯法，已经上升到制定法的高度，不是单纯的习惯法了，而人类社会最早出现的法是习惯法。因此，B 项不正确，当选。

法的产生经历了从个别调整到规范性调整、从一般规范性调整到法的调整的过程。因此，C 项正确，不当选。

法律诉讼和司法的出现，标志着公力救济代替了私力救济，同时，法律诉讼和司法的出现也标志着法的产生。因此，D 项正确，不当选。

答案 B

法的发展 专题 **19**

109. "法的继承体现时间上的先后关系，法的移植则反映一个国家对同时代其他国家法律制度的吸收和借鉴，法的移植的范围除了外国的法律外，还包括国际法律和惯例。"据此，下列哪些说法是正确的？（2009/1/52-多）

A. 1804年《法国民法典》是对罗马法制度、原则的继承

B. 国内法不可以继承国际法

C. 法的移植不反映时间关系，仅体现空间关系

D. 法的移植的范围除了制定法，还包括习惯法

解析 法的继承是不同历史类型的法律制度之间的延续和继受，一般表现为旧法对新法的影响和新法对旧法的承接和继受。从定义中可以看出，法的继承是旧的法律制度的延续，而国际法乃是与国内法同时代的存在，不产生历史上法律制度相互继承的问题。B项正确。

法国资产阶级以奴隶制时代的罗马法为基础，制定了《法国民法典》，这很明显体现了法的继承。A项正确。

法的移植，是指在鉴别、认同、调适、整合的基础上，引进、吸收、采纳、摄取、同化外国法，使之成为本国法律体系的有机组成部分，为本国所用。可见，法的移植既体现了国内和国外的空间关系，也体现了"同时代"的时间关系。C项错误。

法的移植的范围除了外国的制定法之外，还包括国际法律和惯例，只要有价值，且与我国既有基本制度不相排斥，均可移植。D项正确。

答案 ABD

法的传统 专题 **20**

110. 下列哪些选项属于法律意识的范畴？（2011/1/52-多）

A. 法国大革命后制定的《法国民法典》

B. 西周提出的"以德配天，明德慎罚"

C. 中国传统的"和为贵""少讼""厌讼"

D. 社会主义法治理念

解析 法律意识，是指人们关于法律现象的思想、观念、知识和心理的总称，其区别于法律规范、法律制度和法律行为。

A项属于法律规范，不当选。

B、C、D项均属于思想、观念、理念的层次，符合题目要求，当选。

答案 BCD

111. 法系是法学上的一个重要概念。关于法系，下列哪些选项是正确的？（2008/1/55-多）

A. 法系是一个比较法学上的概念，是根据法的历史传统和外部特征的不同对法所作的分类

B. 历史上曾经存在很多个法系，但大多都已经消亡，目前世界上仅存的法系只有民法法系和普通法法系

C. 民法法系有编纂成文法典的传统，因此，有成文法典的国家都属于民法法系

D. 法律移植是一国对外国法的借鉴、吸收和摄取，因此，法律移植是法系形成和发展的重要途径

解析 法系是比较法学上的基本概念，具体指根据法的历史传统和外部特征的不同，对法所做的分类。据此分类标准，凡属于同一历史传统或外部特征相同的法律就构成一个法系。因此，A项正确。

在历史上，世界各主要地区曾经存在过许多法系，如印度法系、中华法系、伊斯兰法系、

民法法系和普通法法系等。当今世界上最有影响的是民法法系和普通法法系，此外还存在社会主义法系、伊斯兰法系等。因此，B项错误。

民法法系，是指以古罗马法，特别是以19世纪初《法国民法典》为传统产生和发展起来的法律的总称。由于该法系的影响范围主要是在欧洲大陆国家，特别是法国和德国，且主要法律的表现形式均为法典，所以又称为大陆法系、罗马-德意志法系、法典法系。民法法系有编纂成文法的传统，但并非所有有成文法典的国家都属于民法法系，美国便有成文宪法典，但是其属于英美法系。因此，C项错误。

法的移植，是指在鉴别、认同、调适、整合的基础上，引进、吸收、采纳、摄取、同化外国法，使之成为本国法律体系的有机组成部分，为本国所用。正是通过法的移植，某些国家才逐渐地形成共同的法律传统和文化，并在法学上被归入一个法系。因此，D项正确。

答案 AD

112. 关于法的发展、法的传统与法的现代化，下列说法正确的是：（2014/1/93-任）

A. 中国的法的现代化是自发的、自下而上的、渐进变革的过程

B. 法律意识是一国法律传统中相对比较稳定的部分

C. 外源型法的现代化进程带有明显的工具色彩，一般被要求服务于政治、经济变革

D. 清末修律标志着中国法的现代化在制度层面上的正式启动

解析 根据法的现代化的动力来源，法的现代化过程大体上可以分为内发型法的现代化和外源型法的现代化两种。内发型法的现代化，是指由特定社会自身力量产生的法的内部创新。这种现代化是一个自发的、自下而上的、缓慢的、渐进变革的过程。外源型法的现代化，是指在外部环境影响下，社会受外力冲击，引起思想、政治、经济领域的变革，最终导致法律领域的革新。在这种法的现代化过程中，外来因素是最初的推动力。中国的法的现代化是外源型法的现代化，不是自发的、自下而上的、渐进变革的过程。A项错误。

外源型法的现代化一方面具有被动性，即一般都是在外部因素的压力下（或由于外来干涉，或由于殖民统治，或由于经济上的依附关系），本民族的有识之士希望通过变法以图民族强盛；另一方面也具有依附性，即带有明显的工具色彩，一般被要求服务于政治、经济变革。C项正确。

1902年，张之洞以兼办通商大臣的身份，与各国修订商约。英、日、美、葡四国表示，在清政府改良司法"皆臻完善"之后，愿意放弃领事裁判权。为此，清政府下诏，派沈家本、伍廷芳主持修律。自此，以收回领事裁判权为契机，中国法的现代化在制度层面上正式启动了。D项正确。

法律意识，是指人们关于法律现象的思想、观念、知识和心理的总称，是社会意识的一种特殊形式。法的传统之所以可以延续，在很大程度上是因为法律意识强有力的传承作用，即一个国家的法律制度可以经常随着国家制度和政权结构的变化而变化，但是人们的法律意识却相对比较稳定，具有一定的连续性。因此，法律意识可以使一个国家的法律传统得以延续。B项正确。

答案 BCD

21 专题 **法治理论**

113. 某市实行电视问政，市领导和政府部门负责人以电视台开设的专门栏目为平台，接受公众质询，以此"治庸问责"，推动政府积极解决市民关心的问题。对此，下列哪一

说法是不正确的？（2013/1/3-单）

A. 社会主义法治是"治权之治"，电视问政有利于强化人民群众对官员的监督

B. 电视问政体现了高效便民的原则

C. 电视问政是"治庸问责"的有效法律手段

D. 电视问政有助于引导市民规范有序地参与国家和社会事务管理

解析 我国的法律监督体系包括国家法律监督体系和社会法律监督体系。国家法律监督，包括国家权力机关、行政机关和司法机关的监督。我国宪法和有关法律明确规定了国家法律监督的权限和范围。这类监督都是依照一定的法定程序，以国家名义进行的，具有国家强制力和法的效力，是我国法律监督体系的核心。而社会法律监督，即非国家机关的监督，是指由各政党、各社会组织和公民依照宪法和有关法律，对各种法律活动的合法性所进行的监督。由于这种监督具有广泛性和人民性，因此在我国的法律监督体系上具有重要的意义。根据社会法律监督的主体不同，可以将它分为以下几种：中国共产党的监督、人民政协的监督、各民主党派的监督、人民团体和社会组织的监督、公民的监督、法律职业群体的监督和媒体舆论的监督等。

本题中，电视问政属于社会监督中的媒体舆论的监督，明显不属于法律手段；而且，有效地"治庸问责"还得靠国家法律监督体系。因此，C 项错误，当选。

答案 C

114. "近现代法治的实质和精义在于控权，即对权力在形式和实质上的合法性的强调，包括权力制约权力、权利制约权力和法律的制约。法律的制约是一种权限、程序和责任的制约。"关于这段话的理解，下列哪些选项是正确的？（2013/1/51-多）

A. 法律既可以强化权力，也可以弱化权力

B. 近现代法治只控制公权，而不限制私权

C. 在法治国家，权力若不加限制，将失去在形式和实质上的合法性

D. 从法理学角度看，权力制约权力、权利制约权力实际上也应当是在法律范围内的制约和法律程序上的制约

解析 在法理学中，各种价值、各种权利都不是绝对的，都可以被限制，其限制由法律规定。比如自由，法律保护人的自由，但自由也应受到法律的限制。不论是公权力，还是私权利，都要在法律规定的范围内行使和运作。所以 B 项错误。

其他各项均符合法治的原理，均正确。

答案 ACD

点睛之笔

任何权力都应受到制约，但制约也应依法进行。

115. 关于法的现代化，下列哪一说法是正确的？（2017/1/14-单）

A. 内发型法的现代化具有依附性，带有明显的工具色彩

B. 外源型法的现代化是在西方文明的特定历史背景中孕育、发展起来的

C. 外源型法的现代化具有被动性，外来因素是最初的推动力

D. 中国法的现代化的启动形式是司法主导型

解析 根据法的现代化的动力来源，法的现代化过程大体上可以分为内发型法的现代化和外源型法的现代化。内发型法的现代化，是指由特定社会自身力量产生的法的内部创新，是一个自发的、自下而上的、缓慢的、渐进变革的过程。外源型法的现代化，是指在外部环境影响下，社会受外力冲击，引起思想、政治、经济领域的变革，最终导致法律领域的革新。在此过程中，外来因素是最初的推动力。外源型法的现代化的特点有三个：①被动性；②依附性（服务于政治、经济变革，具有明显的工具色彩）；③反复性（传统的本土法文化与现代的外来法文化之间的矛盾比较尖锐）。C 项正确。

对于外源型法的现代化国家来说，外来法

律资源与本土法律传统文化的关系始终是法的现代化能否成功的一个关键。A 项错误，依附性是外源型法的现代化的特点。

内发型法的现代化是在西方文明的特定历史背景中孕育、发展起来的。B 项错误。

中国法的现代化属于外源型法的现代化，启动形式是立法主导型，法制建设具有浓厚的"工具"性和"功利"性。D 项错误。

答案 C

习近平法治思想的重大意义　第**5**讲

116. Z市烧烤持续升温，该市充分发挥社区网格员作为基层社会治理的"神经末梢"作用，公开社区网格员服务电话，顾客现场遇到任何问题，可直接向网格员电话反馈，网格员第一时间处理，确保顾客满意。下列关于社区网格员在法治建设中的作用，正确的是：

A. 网格员为顾客解决问题属于行政调解
B. 网格员制度开创了平安建设新局面
C. 网格化管理切实解决了社会服务管理中的问题
D. 网格化管理有利于提升基层社会治理的效率

解析 行政调解，通常称为政府调解，是指由我国行政机关主持，通过说服教育的方式，民事纠纷或轻微刑事案件当事人自愿达成协议，解决纠纷的一种调解制度。网格员本身是由社区聘用的，属于群众基层自治组织的一员，并非政府工作人员，其所在的居委会、村委会也并不是行政机关。A项错误。

网格化管理是在社区（村）的基础上，将管理对象按照一定的标准划分成若干网格单元，将人、地、物、事、组织纳入不同的网格，每个网格涵盖一定数量居民，并安排相应的网格管理员负责管理，从而达到提高管理效率、化解基层社会矛盾、稳定社会的目的。网格的划分按照完整覆盖、便利服务管理、无缝衔接的要求，将管辖范围划分为大小相仿、相互衔接的单元网格，有效调节了现有社区（村）面积与人口分布不均衡、资源分配不合理的矛盾。通过网格管理员与网格内居民的日常接触、联络、互动，强化当地居民对网格的认知与认同，由小及大，进而鼓励居民积极参与到基层政府的工作中去，真正形成共建、共治、共享的社会治理新局面。B、C、D项正确。

答案 BCD

117. 习近平总书记指出："国家之权乃是'神器'，是个神圣的东西，非'凡夫俗子'所能用；公权力姓公，也必须为公。"对此，下列哪一选项是正确的？

A. 公权力是神圣的，可以超越政治
B. 公职人员在公职之外不可以有个人利益
C. 公权力必须得到制约和监督
D. 公权力行使的依据仅限于"国法"

解析 法治当中有政治，没有脱离政治的法治，因此公权力不可能超越政治。A项错误。

公职人员在履行公职之外，当然有其私人生活，也有其个人利益。B项错误。

不受监督的权力必然导致腐败，只要公权力存在，就必须有制约和监督。C项正确。

国法是指国家现行有效的法，不仅包括国

家立法机关创制的法律，其外延还包括习惯法、判例法、教会法。公权力行使的依据除了国法，还可能涉及政策、道德、情理等。D项错误。

答案 C

118. 近年来，互联网领域出现了直播乱象、电信诈骗等之类的乱象。为了依法应对这类现象，我国加快推进网络安全领域顶层设计，在深入贯彻落实《网络安全法》的基础上，制定完善网络安全相关战略规划、法律法规和标准规范，把握好网络安全的"四梁八柱"。对此，下列说法正确的有：

A. 网络运营者乃是网络安全工作的第一责任人
B. 网络安全关系人民重大利益
C. 没有网络安全就没有国家安全
D. 网络犯罪已成为危害我国国家政治安全、网络安全、社会安全、经济安全等的重要风险之一

解析 党政一把手是各单位网络安全工作的主要负责人，也是网络安全工作的第一责任人。A项错误。

网络安全牵一发而动全身，深刻影响政治、经济、文化、社会、军事等各领域安全。没有网络安全就没有国家安全，就没有经济社会稳定运行，广大人民群众利益也难以得到保障。网络犯罪已成为危害我国国家政治安全、网络安全、社会安全、经济安全等的重要风险之一。B、C、D项正确。

答案 BCD

119. 关于习近平法治思想形成的时代背景，下列说法正确的有：

A. 当今世界正经历百年未有之大变局，新冠疫情全球大流行使这个大变局加速演进
B. 虽然保护主义、单边主义上升，但经济全球化稳步推进，世界经济整体向好，国际贸易和投资大幅增长
C. 我国经济正在形成以国际大循环为主体、国内国际双循环相互促进的新发展格局

D. 我国正处在中华民族伟大复兴的关键时期，中华民族迎来了从站起来、富起来到强起来的伟大飞跃

解析 当今世界正经历百年未有之大变局，新冠疫情全球大流行使这个大变局加速演进，经济全球化遭遇逆流，保护主义、单边主义上升，世界经济低迷，国际贸易和投资大幅萎缩，国际经济、科技、文化、安全、政治等格局都在发生深刻调整。我国正处在中华民族伟大复兴的关键时期，中华民族迎来了从站起来、富起来到强起来的伟大飞跃。我国经济正处在转变发展方式、优化经济结构、转换增长动力的攻关期，经济已由高速增长阶段转向高质量发展阶段，经济长期向好，市场空间广阔，发展韧性强大，正在形成以国内大循环为主体、国内国际双循环相互促进的新发展格局，改革发展稳定任务日益繁重。A、D项正确，B、C项错误。

答案 AD

120. 关于习近平法治思想形成发展的理论逻辑，下列说法正确的有：

A. 习近平法治思想凝聚着中国共产党人在法治建设长期探索中形成的经验积累和智慧结晶，标志着我们党对共产党执政规律、社会主义建设规律、人类社会发展规律的认识达到了新高度，开辟了中国特色社会主义法治理论和实践的新境界
B. 习近平法治思想坚持马克思主义法治理论的基本原则，贯彻运用马克思主义法治理论的立场、观点和方法，是马克思主义法治理论中国化的新发展新飞跃，反映了创新马克思主义法治理论的内在逻辑要求
C. 习近平法治思想继承了我们党关于法治建设的重要理论，传承了中华优秀传统法律文化，系统总结了新时代中国特色社会主义法治实践经验
D. 习近平法治思想是从统筹中华民族伟大复兴战略全局和世界百年未有之大变局、实现党和国家长治久安的战略高度，在推进

伟大斗争、伟大工程、伟大事业、伟大梦想的实践之中完善形成的，并会随着实践的发展而进一步丰富

解析 从历史逻辑来看，习近平法治思想凝聚着中国共产党人在法治建设长期探索中形成的经验积累和智慧结晶，标志着我们党对共产党执政规律、社会主义建设规律、人类社会发展规律的认识达到了新高度，开辟了中国特色社会主义法治理论和实践的新境界。可见，A 项属于历史逻辑，错误。

从理论逻辑来看，习近平法治思想坚持马克思主义法治理论的基本原则，贯彻运用马克思主义法治理论的立场、观点和方法，继承我们党关于法治建设的重要理论，传承中华优秀传统法律文化，系统总结新时代中国特色社会主义法治实践经验，是马克思主义法治理论中国化的新发展新飞跃，反映了创新马克思主义法治理论的内在逻辑要求。可见，B、C 项属于理论逻辑，正确。

从实践逻辑来看，习近平法治思想是从统筹中华民族伟大复兴战略全局和世界百年未有之大变局、实现党和国家长治久安的战略高度，在推进伟大斗争、伟大工程、伟大事业、伟大梦想的实践之中完善形成的，并会随着实践的发展而进一步丰富。可见，D 项属于实践逻辑，错误。

答案 BC

121. 关于对全面推进依法治国基本原则的理解，下列哪些选项是正确的？（2015/1/51-多）

A. 要把坚持党的领导、人民当家作主、依法治国有机统一起来

B. 坚持人民主体地位，必须坚持法治建设以保障人民根本利益为出发点

C. 要坚持从中国实际出发，并借鉴国外法治有益经验

D. 坚持法律面前人人平等，必须以规范和约束公权力为重点

解析 本题考查的是全面推进依法治国的基本原则。根据《中共中央关于全面推进依法治国若干重大问题的决定》的规定，全面推进依法治国应当坚持五个原则：①坚持中国共产党的领导；②坚持人民主体地位；③坚持法律面前人人平等；④坚持依法治国和以德治国相结合；⑤坚持从中国实际出发。A、B、C、D 项均正确。

答案 ABCD

122. 依法治国是社会主义法治理念的核心内容，也是宪法确定的治国方略。关于实施依法治国的要求，下列哪一选项是不正确的？（2014/1/20-单）

A. 在具体的社会治理实践中将法治与德治紧密结合，共同发挥其规范社会成员思想和行为的作用

B. 坚持以宪法和法律为社会关系调控手段，限制并约束各种社会组织的规章制度、民规、民约的调节功能

C. 尊重宪法和法律的权威，保证司法机关依法独立行使审判权和检察权，尊重和服从司法机关作出的生效判决

D. 构建"以权力制约权力"的监督体系，科学配置权力，合理界定权限，形成既相互制约与监督，又顺畅有效运行的权力格局

解析 社会主义法治理念不认同"法律万能"的思维偏向。在我国社会的规范体系中，除了宪法和法律等规范性法律文件外，还有党的方针政策、党纪党规、社会主义道德准则、各种社会组织合法的规章制度，以及为人民群众所广泛认同的民规、民俗、民约等。所有这些规范，都对我国社会关系具有调整作用，都对社会成员的行为具有约束或导向作用。B 项错误，当选。

要全面发挥各种社会规范的调整作用，综合协调地运用多元化的手段和方式来实现对国家的治理和管理，要坚持依法治国与以德治国的有机统一。A 项正确，不当选。

C、D 项也属于依法治国的题中应有之义，正确，不当选。

答案 B

123. 全面依法治国，需要解决法治建设不适应、不符合推进国家治理体系和治理能力现代化目标的问题。下列有助于解决上述问题的措施是：（2016/1/86-任）

A. 增强法律法规的针对性和可操作性，避免立法部门化倾向

B. 改进行政执法体制，消除多头执法、选择性执法现象

C. 大力解决司法不公和司法腐败问题，提高司法公信力

D. 增强社会成员依法维权意识和国家工作人员依法办事观念

解析 在我国这样一个历史上重人治、轻法治的国家，建设具有现代意义的法律制度，难度很大；同时，我们又要在推翻旧法统的基础上探索建设崭新的社会主义法治，艰辛程度很高。必须清醒看到，同党和国家事业发展要求相比，同人民群众期待相比，同推进国家治理体系和治理能力现代化目标相比，法治建设还存在许多不适应、不符合的问题，主要表现为：

（1）有的法律法规未能全面反映客观规律和人民意愿，针对性、可操作性不强，立法工作中部门化倾向、争权诿责现象较为突出。因此，A项中的做法符合要求，当选。

（2）有法不依、执法不严、违法不究现象比较严重，执法体制权责脱节、多头执法、选择性执法现象仍然存在，执法司法不规范、不严格、不透明、不文明现象较为突出，群众对执法司法不公和腐败问题反映强烈。因此，B、C项中的做法符合要求，当选。

（3）部分社会成员尊法信法守法用法、依法维权意识不强，一些国家工作人员特别是领导干部依法办事观念不强、能力不足，知法犯法、以言代法、以权压法、徇私枉法现象依然存在。因此，D项中的做法符合要求，当选。

答案 ABCD

124. 习近平总书记提到："我们党自成立之日起就高度重视法治建设。"下列说法正确的有：

A. 新民主主义革命时期，我们党为建立新型法律制度积累了实践经验

B. 社会主义革命和建设时期，党中央对全面依法治国作出一系列重大决策部署

C. 改革开放和社会主义现代化建设时期，我们党领导人民建立起社会主义法制框架体系，确立了社会主义司法制度

D. 党的十八大以来，我们党提出"有法可依、有法必依、执法必严、违法必究"的方针

解析 新民主主义革命时期，我们党制定了《中华苏维埃共和国宪法大纲》和大量法律法令，创造了"马锡五审判方式"，为建立新型法律制度积累了实践经验。因此，A项正确。

社会主义革命和建设时期，我们党领导人民制定了宪法和国家机构组织法、选举法、婚姻法等一系列重要法律法规，建立起社会主义法制框架体系，确立了社会主义司法制度。改革开放和社会主义现代化建设时期，我们党提出"有法可依、有法必依、执法必严、违法必究"的方针，确立依法治国基本方略，把建设社会主义法治国家确定为社会主义现代化的重要目标，逐步形成以宪法为核心的中国特色社会主义法律体系。党的十八大以来，党中央把全面依法治国纳入"四个全面"战略布局予以有力推进，对全面依法治国作出一系列重大决策部署，组建中央全面依法治国委员会，完善党领导立法、保证执法、支持司法、带头守法制度，基本形成全面依法治国总体格局。因此，B、C、D项错误。

答案 A

习近平法治思想的核心要义 专题 23

125. 关于全面推进科学立法、严格执法、公正司法、全民守法，下列说法正确的有：

A. 要突出普法重点内容，全面落实"谁守法谁普法"的普法责任制

B. 严禁司法人员与当事人、律师、特殊关系人、中介组织的接触、交往行为

C. 要加强行政执法与刑事司法有机衔接，落实以罚代刑

D. 坚决排除对执法活动的非法干预，坚决防止和克服地方保护主义和部门保护主义

解析 要突出普法重点内容，全面落实"谁执法谁普法"的普法责任制，努力在增强普法的针对性和实效性上下功夫，不断提升全体公民法治意识和法治素养。A项错误。

依法规范司法人员与当事人、律师、特殊关系人、中介组织的接触、交往行为。B项错误。

要加强行政执法与刑事司法有机衔接，坚决克服有案不移、有案难移、以罚代刑等现象。C项错误。

答案 D

126. 关于坚持统筹推进国内法治和涉外法治，下列说法正确的有：

A. 统筹推进国内法治和涉外法治，是建立以国内大循环为主体、国内国际双循环相互

促进的新发展格局的客观需要

B. 要加快形成系统完备的涉外法律法规体系，积极构建更加完善的涉外经济法律体系，逐步形成法治化、国际化、便利化的营商环境

C. 要加强反制裁、反干涉的理论研究和制度建设，坚决贯彻"长臂管辖"原则，努力维护公平公正的国际环境

D. 要推进对以联合国为核心的国际体系的改革，改变以联合国宪章宗旨和原则为基础的国际法基本原则和国际关系基本准则，引导塑造全新的国际秩序

解析 新发展格局的内容即以国内大循环为主体、国内国际双循环相互促进。A项正确。

涉外法律法规体系中最重要的就是涉外经济法律体系，其完善有助于推动形成法治化、国际化、便利化的营商环境。B项正确。

要加强反制裁、反干涉、反制"长臂管辖"的理论研究和制度建设，努力维护公平公正的国际环境。C项错误。

要旗帜鲜明地坚定维护以联合国为核心的国际体系，坚定维护以联合国宪章宗旨和原则为基础的国际法基本原则和国际关系基本准则，坚定维护以国际法为基础的国际秩序。D项错误。

答案 AB

127. 关于坚持建设德才兼备的高素质法治工作队伍，下列哪些说法是错误的？

A. 加强法治专门队伍建设，必须坚持把政治标准放在首位

B. 建立法律职业准入、资格管理制度，完善法律职业人员统一职前培训制度和在职法官、检察官、警官、律师同堂培训制度

C. 完善从符合条件的律师、法学专家中招录立法工作者、行政复议人员制度，但法官、检察官不宜从律师和法学专家中招录

D. 公证员属于法治专门队伍

解析 德才兼备的法治专门队伍，要求政治素质、专业素质和道德素质都过硬，首先得讲政治。A项正确，不当选。

完善法律职业准入、资格管理制度，建立法律职业人员统一职前培训制度和在职法官、检察官、警官、律师同堂培训制度。B项错误，当选。

完善从符合条件的律师、法学专家中招录立法工作者、法官、检察官、行政复议人员制度。C项错误，当选。

公证员属于法律服务队伍。D项错误，当选。

答案 BCD

128. 关于坚持抓住领导干部这个"关键少数"，下列理解哪些是正确的？

A. 领导干部必须做用法的模范，带头厉行法治、依法办事，真正做到在法治之下、法治之外，而不是在法治之上想问题、作决策、办事情

B. 党领导立法、保证执法、支持司法、带头守法，主要是通过各级领导干部的具体行动和工作来体现、来实现

C. 领导干部对法治建设既可以起到关键推动作用，也可能起到致命破坏作用

D. 要把法治素养和依法履职情况纳入考核评价干部的重要内容，让尊法学法守法用法成为领导干部自觉行为和必备素质

解析 领导干部必须做用法的模范，带头厉行法治、依法办事，真正做到在法治之下而不是法治之外更不是法治之上想问题、作决策、办事情。A项错误。

党是一个组织体，是由人组成的，因此党领导立法、保证执法、支持司法、带头守法，主要是通过各级领导干部的具体行动和工作来体现、来实现。B项正确。

领导干部是推进全面依法治国的关键所在，当然意味着其既可以起到关键推动作用，也可能起到致命破坏作用。C项正确。

把法治素养和依法履职情况纳入考核评价干部的重要内容，有助于领导干部尊法学法守法用法。D项正确。

答案 BCD

129. 十二届全国人大作出了制定20余部新法律、修改40余部法律的立法规划，将为经济、政治等各领域一系列重大改革提供法律依据。关于加强重点领域立法，下列哪些观点是正确的？（2015/1/53-多）

A. 修订《促进科技成果转化法》，能够为科技成果产业化提供法治保障

B. 推进反腐败立法，是完善惩治和预防腐败的有效机制

C. 为了激发社会组织活力，加快实施政社分开，应当加快社会组织立法

D. 用严格的法律制度保护生态环境，大幅度提高环境违法成本，会对经济发展带来不利影响

解析 修订《促进科技成果转化法》当然很有好处，如能够为科技成果产业化提供法治保障。A项表述妥当，正确。

同样道理，推进反腐败立法，具有积极意义，是完善惩治和预防腐败的有效机制。B项正确。

加快社会组织立法，有利于激发社会组织活力，加快实施政社分开。C项正确。

十八届四中全会通过的《中共中央关于全面推进依法治国若干重大问题的决定》指出：

"用严格的法律制度保护生态环境，加快建立有效约束开发行为和促进绿色发展、循环发展、低碳发展的生态文明法律制度，强化生产者环境保护的法律责任，大幅度提高违法成本。建立健全自然资源产权法律制度，完善国土空间开发保护方面的法律制度，制定完善生态补偿和土壤、水、大气污染防治及海洋生态环境保护等法律法规，促进生态文明建设。"显然，D项强调"用严格的法律制度保护生态环境"是对"经济发展"的不利方面，是与《中共中央关于全面推进依法治国若干重大问题的决定》的精神相违背的。D项错误。

答案 ABC

130. 推进依法行政、转变政府职能要求健全透明预算制度。修改后的《预算法》规定，经本级人大或者常委会批准的政府预算、预算调整和决算，应及时向社会公开，部门预算、决算及报表也应向社会公开。对此，下列哪一说法是错误的？（2017/1/2-单）

A. 依法行政要求对不适应法治政府建设需要的法律及时进行修改和废止
B. 透明预算制度有利于避免财政预算的部门化倾向
C. 立法对政府职能转变具有规范作用，能为法治政府建设扫清障碍
D. 立法要适应政府职能转变的要求，但立法总是滞后于改革措施

解析 全面推进依法治国，要实现立法和改革决策相衔接，做到重大改革于法有据、立法主动适应改革和经济社会发展需要。必须坚持顶层设计，需要修改法律的，应当先修改法律，做到先立后破，在法治轨道上推进改革，确保实现改革目标任务。质言之，我们一定要做到先立法，再改革。D项错误明显，当选。

实践证明行之有效的，要及时上升为法律。实践条件还不成熟、需要先行先试的，要按照法定程序作出授权。对不适应改革要求的法律法规，要及时修改和废止。本题中，《预算法》及时修改，是满足推进依法行政、转变政府职

能的要求的。A项正确，不当选。

阳光是最好的防腐剂。政府预算、预算调整和决算，部门预算、决算及报表，及时向社会公开，有助于避免相关部门为了自身小部门的利益暗箱操作、谋取私利。B项正确，不当选。

法律是治国之重器，良法是善治之前提。建设中国特色社会主义法治体系，必须坚持立法先行，发挥立法的引领和推动作用，抓住提高立法质量这个关键。要把公正、公平、公开原则贯穿立法全过程，完善立法体制机制，坚持立改废释并举，增强法律法规的及时性、系统性、针对性、有效性。健全的立法一方面有助于规范政府行政权力的运行过程，另一方面也能够为政府职能转变保驾护航。C项正确，不当选。

答案 D

131. 法治政府建设要求行政部门不得任意扩权、与民争利，避免造成"有利争着管、无利都不管"的现象。下列哪些做法有助于避免此现象的发生？（2016/1/52-多）

A. 某省政府统筹全省基本公共服务均等化职能，破除地方保护主义
B. 某市要求行政审批部门与中介服务机构脱钩，放宽中介服务机构准入条件
C. 某区依法纠正行政不作为、乱作为，坚决惩处失职、渎职人员
D. 某县注重提高行政效能，缩短行政审批流程，减少行政审批环节

解析 根据党的十八届四中全会通过的《中共中央关于全面推进依法治国若干重大问题的决定》的规定，要推进各级政府事权规范化、法律化，完善不同层级政府特别是中央和地方政府事权法律制度，强化中央政府宏观管理、制度设定职责和必要的执法权，强化省级政府统筹推进区域内基本公共服务均等化职责，强化市县政府执行职责。A项当选。

要对国务院部门行政审批涉及的中介服务事项进行全面清理。除法律、法规、国务院决

定和部门规章按照《行政许可法》有关行政许可条件要求规定的中介服务事项外，审批部门不得以任何形式要求申请人委托中介服务机构开展服务，也不得要求申请人提供相关中介服务材料。审批部门所属事业单位、主管的社会组织及其举办的企业，不得开展与本部门行政审批相关的中介服务，需要开展的应转企改制或与主管部门脱钩。对专业性强、市场暂时无力承接，短期内仍需由审批部门所属（主管）单位开展的中介服务，审批部门必须明确过渡期限。同时，审批部门不得以任何形式指定中介服务机构。行业协会商会类中介服务机构一律与审批部门脱钩，平等参与中介服务市场竞争。这些做法均有助于切断中介服务利益关联，符合法治政府的基本精神。B项当选。

《中共中央关于全面推进依法治国若干重大问题的决定》指出，要完善行政组织和行政程序法律制度，推进机构、职能、权限、程序、责任法定化。行政机关要坚持法定职责必须为、法无授权不可为，勇于负责、敢于担当，坚决纠正不作为、乱作为，坚决克服懒政、怠政，坚决惩处失职、渎职。行政机关不得法外设定权力，没有法律法规依据不得作出减损公民、法人和其他组织合法权益或者增加其义务的决定。推行政府权力清单制度，坚决消除权力设租寻租空间。C项当选。

要按照职权法定的原则，以清权厘权、减权简权、确权制权为目标，对各种行政权力进行全面梳理，明确地方各级政府及其工作部门依法能够行使的职权范围，编制权力目录；对保留的行政权力，按照规范运行和便民高效的原则，完善程序，明确办理期限、承办机构等事项，减少运转环节。D项当选。

答案 ABCD

132. 深入推进依法行政，要求健全依法决策机制。下列哪一做法不符合上述要求？（2016/1/4-单）

A. 甲省推行"重大决策风险评估"制度，将风险评估作为省政府决策的法定程序

B. 乙市聘请当地知名律师担任政府法律顾问，对重大决策进行事前合法性审查

C. 丙区因发改局局长立下"军令状"保证某重大项目不出问题，遂直接批准项目上马

D. 丁县教育局网上征求对学区调整、学校撤并等与群众切身利益相关事项的意见

解析 深入推进依法行政，加快建设法治政府必然要求健全依法决策机制。把公众参与、专家论证、风险评估、合法性审查、集体讨论决定确定为重大行政决策法定程序，确保决策制度科学、程序正当、过程公开、责任明确。建立行政机关内部重大决策合法性审查机制，未经合法性审查或经审查不合法的，不得提交讨论。可见，对于重大决策进行风险评估、合法性审查、引入公众参与符合依法决策的要求。A、B、D项没有争议，不当选。C项明示系项目属于"重大项目"，因此仅仅因为发改局局长一个人"立下军令状"就直接批准上马，而不进行相关论证、评估、审查、集体讨论决定等法定程序，很明显是错误的。C项符合题意，当选。

答案 C

133. 依法行政是依法治国的一个关键环节，是法治国家对政府行政活动的基本要求。依法行政要求行政机关必须诚实守信。下列哪一行为违反了诚实守信原则？（2014/1/4-单）

A. 某县发生煤矿重大安全事故，政府部门通报了相关情况，防止了现场矛盾激化

B. 某市政府在招商引资过程中承诺给予优惠，因国家政策变化推迟兑现

C. 某县政府因县内其他民生投资导致资金紧张，未按合同及时支付相关企业的市政工程建设款项

D. 某区政府经过法定程序对已经公布的城建规划予以变更

解析 依法行政并不反对调整政策，只是要求调整不能是随意的，必须给出充分的理由、遵循相应的程序。A项与诚实信用原则无关。B项呈现了"国家政策变化"的外部原因、D项

说明了"经过法定程序",这都是正确的标志。而 C 项则明示了"未按合同及时支付",且理由只是"其他民生投资导致资金紧张",很显然违反了诚实信用原则。因此，C 项当选，A、B、D 项不当选。

答案 C

134. 某市建立并推行"重大决策合法性审查"制度，将其作为市委、市政府重大决策的前置程序。对此，下列哪一说法是错误的？（2017/1/3-单）

A. 有利于确保决策的科学性和正当性

B. 是健全依法决策的重要措施

C. 是以法治方式推动发展的一种表现

D. 可以代替公众参与和集体讨论

解析 为保证科学决策、民主决策、依法决策，应当把公众参与、专家论证、风险评估、合法性审查、集体讨论决定确定为重大行政决策法定程序，确保决策制度科学、程序正当、过程公开、责任明确。建立行政机关内部重大决策合法性审查机制，未经合法性审查或经审查不合法的，不得提交讨论。题干中，该市建立并推行"重大决策合法性审查"制度，将其作为市委、市政府重大决策的前置程序，属于健全依法决策的重要措施，以法治方式推动决策、促进社会发展，有利于确保决策的科学性和正当性。A、B、C 项正确，不当选。

但是，必须注意到，合法性审查机制只是重大行政决策诸多法定程序之一，除了合法性审查之外，公众参与、专家论证、风险评估、集体讨论决定等机制也是必不可少的，不能以合法性审查替代其他决策机制。D 项错误明显，当选。

答案 D

135. 梁某欲将儿子转到离家较近的学校上小学，学校要求其提供无违法犯罪记录证明。梁某找到户籍地派出所，民警告之，公安机关已不再出具无违法犯罪记录证明等 18 类证明。考虑到梁某的难处，民警仍出具了证明，

并附言一句："请问学校，难道父母有犯罪记录，就可以剥夺小孩读书的权利吗？"对此，下列哪一说法是正确的？（2017/1/4-单）

A. 公安机关不再出具无违法犯罪记录证明，将减损公民合法权益

B. 民警的附言客观上起到了普法作用，符合"谁执法谁普法"的要求

C. 派出所对学校的要求提出质疑，不符合文明执法的要求

D. 梁某要求派出所出具已明令不再出具的证明，其法治意识不强

解析 全面推进依法治国，要求完善行政组织和行政程序法律制度，推进机构、职能、权限、程序、责任法定化。行政机关要坚持法定职责必须为、法无授权不可为，勇于负责、敢于担当，坚决纠正不作为、乱作为，坚决克服懒政、怠政，坚决惩处失职、渎职。行政机关不得法外设定权力，没有法律法规依据不得作出减损公民、法人和其他组织合法权益或者增加其义务的决定。推行政府权力清单制度，坚决消除权力设租寻租空间。

本题中，因为没有法律法规的依据，公安机关不再出具无违法犯罪记录证明，这是法无授权不可为的要求，是保障公民合法权益的体现。A 项错误。

学校要求梁某提供无违法犯罪记录证明，梁某要求派出所出具证明实在是被迫无奈而非自愿，因此说梁某法治意识不强没有根据。D 项错误。

考虑到梁某的难处，民警基于便民利民的精神，仍出具了证明，并附言一句："请问学校，难道父母有犯罪记录，就可以剥夺小孩读书的权利吗？"此一附言质疑学校要求的合理性，并以委婉的方式告诉学校，家长有无犯罪记录与小孩的受教育权之间在法律上没有合理的关联，属于无关因素，在客观上对学校起到了普法的作用，符合"谁执法谁普法"的要求，也符合文明执法的要求。B 项正确，C 项错误。

答案 B

136. 孙某是某部热播电视剧中的人物，在剧中的角色是一级政府部门的主要负责人。孙某每天按时上下班，一刻不耽误；不贪污，也不怎么干事。其座右铭是"无私者无畏"：只要不贪不占，就没什么好害怕的。对此，下列哪些说法是正确的？（2017/1/52-多）

A. 官员应依法全面履行职责，既不能乱作为，也不能不作为

B. 对不能依法办事，经批评教育仍不改正的官员应调离领导岗位

C. "庸官"即使不贪不占，其"懒政"也可能造成严重的社会后果

D. 官员不能仅满足于不腐败，而应积极为人民谋福利

解析 要完善行政组织和行政程序法律制度，推进机构、职能、权限、程序、责任法定化。行政机关要坚持法定职责必须为、法无授权不可为，勇于负责、敢于担当，坚决纠正不作为、乱作为，坚决克服懒政、怠政，坚决惩处失职、渎职。行政机关不得法外设定权力，没有法律法规依据不得作出减损公民、法人和其他组织合法权益或者增加其义务的决定。A项正确。

不管是乱作为，还是不作为，都没有体现法治的精神。"懒政""怠政"实质上就是我们平时说的"占着茅坑不拉屎"，占据着公共职位，浪费了公共资源，会造成严重的社会后果。C项正确。

在法律中，守法不仅包括消极被动的守法（不违法），还包括根据授权性法律规范积极主动地去行使自己的权利、实施法律；既包括履行义务，也包括行使权利。对于国家公权力机关及其工作人员而言，就意味着不仅不能贪污腐败，而且还应当积极行使公权力，为人民谋福利。D项正确。

党员干部是全面推进依法治国的重要组织者、推动者、实践者，要自觉提高运用法治思维和法治方式深化改革、推动发展、化解矛盾、维护稳定能力，高级干部尤其要以身作则、以上率下。把法治建设成效作为衡量各级领导班子和领导干部工作实绩重要内容，纳入政绩考核指标体系。把能不能遵守法律、依法办事作为考察干部重要内容，在相同条件下，优先提拔使用法治素养好、依法办事能力强的干部。对特权思想严重、法治观念淡薄的干部要批评教育，不改正的要调离领导岗位。B项正确。

答案 ABCD

137. 2018年9月6日上午8时50分许，沈阳市公安局交通警察局蓝盾骑警大队二中队交警张帅和辅警张东东在黄河北大街执行巡逻勤务时，发现一辆无牌摩托车。张帅立即命令该摩托车驾驶员李某停车，但李某不仅拒绝停车，还加速驶入非机动车道逃避检查，并将驾驶警用摩托车进行拦截的张东东撞倒，造成张东东小腿受伤。眼看交警把自己逃走的路线挡住了，李某朝着张东东挥了两拳，但这两拳都被张东东抬手架开。李某随后从衣兜里掏出一把水果刀，追、刺执勤民警。紧急情况下，张帅迅速用标准的执法用语疏散现场群众，保持安全距离："无关者请靠后，警方将要使用警械！""最后一次警告，把刀放下，否则使用警械！"张帅在现场提高武力戒备等级，依法对李某采取强制措施，最终将其制服，整个执法过程堪称一场"教科书式执法"。近日，由公安部主管、人民公安报主办的"中国警察网"在其官方微信上发布"2018年十个规范执法的瞬间"中，张帅的此次"教科书式执法"位列其中。关于此次"教科书式执法"，下列说法正确的有：

A. 张帅在此次执法过程中使用规范化的语言和程序，有助于树立执法权威

B. 严格、规范、公正、文明执法，本身就是一次生动的法治宣传教育活动，能够让群众从内心服从和遵从法律

C. "教科书式执法"有助于细化执法标准，严密执法程序，规范执法行为，切实从源头上减少和杜绝执法的随意性

D. 规范执法、严格执法与文明执法并不矛盾，

"教科书式执法"有助于规范执法人员的言行举止,有助于改进工作作风,树立服务型执法理念,提高执法水平和执法效率

解析 "教科书式执法"体现了执法的规范性,兼顾了严格执法与文明执法。执法人员在执法当中用非常规范化的语言和程序,一方面有助于维护执法的权威性、严肃性,规范执法行为,改进执法人员的工作作风,避免随意执法,提高执法效率;另一方面也有助于教育公民遵纪守法,让老百姓从内心服从和遵从法律,更好地树立行政执法的权威。A、B、C、D 项均正确。

答案 ABCD

138. 对领导干部干预司法活动、插手具体案件处理的行为作出禁止性规定,是保证公正司法的重要举措。对此,下列哪一说法是错误的?(2015/1/5-单)

A. 任何党政机关让司法机关做违反法定职责、有碍司法公正的事情,均属于干预司法的行为

B. 任何司法机关不接受对司法活动的干预,可以确保依法独立行使审判权和检察权

C. 任何领导干部在职务活动中均不得了解案件信息,以免干扰独立办案

D. 对非法干预司法机关办案,应给予党纪政纪处分,造成严重后果的依法追究刑事责任

解析 《中共中央关于全面推进依法治国若干重大问题的决定》要求:"各级党政机关和领导干部要支持法院、检察院依法独立公正行使职权。建立领导干部干预司法活动、插手具体案件处理的记录、通报和责任追究制度。任何党政机关和领导干部都不得让司法机关做违反法定职责、有碍司法公正的事情,任何司法机关都不得执行党政机关和领导干部违法干预司法活动的要求。对干预司法机关办案的,给予党纪政纪处分;造成冤假错案或者其他严重后果的,依法追究刑事责任。"让司法机关做违法的事肯定属于干预司法。A 项正确,不当选。强调司法机关免于干预,干预了之后要追究责

任,这些肯定是对的。B、D 项正确,不当选。但是 C 项过于绝对,属于法定职责范围的、合理地了解案件信息、督促案件及时公正处理的行为不属于干扰独立办案,不应被完全排除。C 项错误,当选。

答案 C

139. 增强全民法治观念,推进法治社会建设,使人民群众内心拥护法律,需要健全普法宣传教育机制。某市的下列哪一做法没有体现这一要求?(2015/1/7-单)

A. 通过《法在身边》电视节目、微信公众号等平台开展以案释法,进行普法教育

B. 印发法治宣传教育工作责任表,把普法工作全部委托给人民团体

C. 通过举办法治讲座、警示教育报告会等方式促进领导干部带头学法、模范守法

D. 在暑期组织"预防未成年人违法犯罪模拟法庭巡演",向青少年宣传《未成年人保护法》

解析 《中共中央关于全面推进依法治国若干重大问题的决定》要求:"健全普法宣传教育机制,各级党委和政府要加强对普法工作的领导,宣传、文化、教育部门和人民团体要在普法教育中发挥职能作用。实行国家机关'谁执法谁普法'的普法责任制,建立法官、检察官、行政执法人员、律师等以案释法制度,加强普法讲师团、普法志愿者队伍建设。把法治教育纳入精神文明创建内容,开展群众性法治文化活动,健全媒体公益普法制度,加强新媒体新技术在普法中的运用,提高普法实效。"可见,普法教育、法治讲座、向青少年宣传《未成年人保护法》等,都是必然正确的。因此,A、C、D 项不当选。

B 项中,"把普法工作全部委托给人民团体"这个行为明显不妥当,理由有二:①责任政府,该做的还是要做,不能撂挑子;②我们说过,谁执法谁普法,普法完全交给人民团体肯定不对。因此,B 项当选。

答案 B

140. 2011年7月，某市公安机关模仿诗歌《见与不见》的语言和风格，在官方网站上发布信息，敦促在逃人员投案自首："你逃，或者不逃，事就在那，不改不变。你跑，或者不跑，网就在那，不撤不去。你想，或者不想，法就在那，不偏不倚。你自首，或者不自首，警察就在那，不舍不弃。早日去投案，或者，惶惶终日，潜逃无聊，了结真好。"关于某市公安机关的做法，下列哪一说法是恰当的？（2011/1/8-单）

A. 公安机关有权减轻或免除对自首人员的处罚

B. 公安机关应以社会管理职能代替政治统治职能

C. 公安机关可以从实际工作出发，对法律予以行政解释

D. 公安机关可以创新工作手段、利用有效宣传形式，促进全面充分履职

解析 《刑法》第67条第1款规定："犯罪以后自动投案，如实供述自己的罪行的，是自首。对于自首的犯罪分子，可以从轻或者减轻处罚。其中，犯罪较轻的，可以免除处罚。"而从轻或者减轻处罚、免除处罚的决定权在人民法院手中，公安机关无权决定。A项不当选。

法的作用包括规范作用和社会作用，其中，社会作用又包括政治职能（通常说的阶级统治的职能）和社会职能（执行社会公共事务的职能）两个方面，二者均非常重要，不可相互替代。B项不当选。

所谓正式解释，也叫法定解释、有权解释，是指由特定的国家机关、官员或其他有解释权的人对法律作出的具有法律上约束力的解释。根据解释的国家机关的不同，法定解释又可以分为立法解释、司法解释和行政解释。在我国，普通公安机关没有行政解释权。C项不当选。

公安机关为促进全面充分履职，创新工作手段、利用各种有效宣传形式，是健康的做法。D项当选。

答案 D

141. 某县医院在2个月内连续发生5起"医闹"事件，当地公安部门开展了"打击医闹专项行动"，共处理涉嫌违法、犯罪人员24人，但"医闹"仍时有发生。之后，该县政府倡导发挥相对独立的第三方医患调处组织的作用，以政府购买服务的形式来解决问题。对此，下列哪一说法是正确的？（2017/1/6-单）

A. 第三方医患调处组织的处理决定具有国家强制力

B. "医闹"的解决依赖源头治理，国家机关不应介入

C. "医闹"的存在说明法律在矛盾化解中的权威地位仍待加强

D. 政府购买第三方服务不利于公正地解决医患矛盾

解析 我国当代社会呈现出社会层次立体化、社会主体多样化、社会利益差别化、社会矛盾复杂化的新格局，法治成为加强社会管理、实现社会善治的必然选择。必须坚持系统治理、依法治理、综合治理、源头治理，提高社会治理法治化水平。在此过程中，应当发挥人民团体和社会组织在法治社会建设中的积极作用。建立健全社会组织参与社会事务、维护公共利益、救助困难群众、帮教特殊人群、预防违法犯罪的机制和制度化渠道。支持行业协会商会类社会组织发挥行业自律和专业服务功能。发挥社会组织对其成员的行为导引、规则约束、权益维护作用。

引入第三方医患调处组织，发挥其积极作用，是公正地解决医患矛盾的有益途径。D项错误。但是，第三方医患调处组织属于社会组织，并非国家机关，自然不享有国家公权力，其决定不具有国家强制力。A项错误。

我们强调社会组织在法治社会建设中的积极作用，并不意味着将社会治理的所有问题全部交给社会组织，国家机关作为社会治理最重要的主体，当然不应袖手旁观。B项错误。

健全依法维权和化解纠纷机制，要强化法律在维护群众权益、化解社会矛盾中的权威地

位，引导和支持人们理性表达诉求、依法维护权益，解决好群众最关心最直接最现实的利益问题。必须改变那种大闹大解决、小闹小解决、不闹不解决的现象，让合理诉求通过法律程序不闹也能得到解决，让无理要求不仅不能通过闹得到满足，触犯了法律还要承担责任；改变那种"法不责众"的现象，无论是谁，只要违反了法律，都要严格执法，依法予以追究，切实树立和维护法律的权威性和严肃性。"医闹"现象的存在，恰恰说明法律在矛盾化解中的权威地位仍待加强。C 项正确。

答案 C

142. 某村通过修订村规民约改变"男尊女卑""男娶女嫁"的老习惯、老传统，创造出"女娶男"的婚礼形式，以解决上门女婿的村民待遇问题。关于村规民约，下列哪些说法是正确的？（2016/1/54-多）

A. 是完善村民自治、建设基层法治社会的有力抓手

B. 是乡村普法宣传教育的重要媒介，有助于在村民中培育规则意识

C. 具有"移风易俗"功能，既传承老传统，也创造新风尚

D. 可直接作为法院裁判上门女婿的村民待遇纠纷案件的法律依据

解析 村规民约，是指村民群众根据有关法律、法规、政策，结合本村实际制定的涉及村风民俗、社会公共道德、公共秩序、治安管理等方面的综合性规定，是全体村民共同利益的集中体现，是国家法律法规在最基层的具体体现，同时也是村民之间的契约。村规民约是村民进行自我管理、自我教育、自我约束的有效形式，属于《宪法》第 24 条第 1 款规定的"各种守则、公约"的一种。可见，A、B、C 项正确。

村规民约不具有明定的法律效力，因此属于非正式的法的渊源，不可直接作为法官裁判案件的法律根据。D 项错误。

答案 ABC

143. 中国古代有"厌讼"传统，老百姓万不得已才打官司。但随着经济社会发展，我国司法领域却出现了诉讼案件激增的现象。对此，下列哪一说法是错误的？（2016/1/6-单）

A. 相比古代而言，法律在现代社会中对保障人们的权利具有更重要的作用

B. 从理论上讲，当诉讼成本高于诉讼可能带来的收益时，更易形成"厌讼"的传统

C. 案件激增从一个侧面说明人民群众已逐渐树立起遇事找法、解决问题靠法的观念

D. 在法治社会，诉讼是解决纠纷的唯一合法途径

解析 法经历了在社会调控中从次要地位上升到首要地位的发展过程。一般来说，古代法学家更多强调道德在社会调控中的首要或主要地位，对法的强调也更多在其惩治功能上。而对借助法明确权利义务以实现对社会生活的全面调整则往往心存疑虑，甚至希望通过推行"德治"来去除刑罚，如中国历史上的"德主刑辅"。近现代后，法学家们一般都倾向于强调法律调整的突出作用，法治国成为普遍的政治主张。我国当下，要增强全民法治观念，推进法治社会建设，必须健全依法维权和化解纠纷机制，强化法律在维护群众权益、化解社会矛盾中的权威地位，引导和支持人们理性表达诉求、依法维护权益，解决好群众最关心最直接最现实的利益问题。A 项正确，不当选。

任何人都是趋利避害的理性动物，因此当诉讼成本高于诉讼可能带来的收益时，人们就更容易"惧讼""厌讼"。B 项明显正确，不当选。

在我国古代，老百姓万不得已才打官司。但在当代，随着经济社会发展，我国司法领域出现了诉讼案件激增的现象，这在一定程度上说明社会主义法治建设取得了一定的成效，全社会法治观念明显增强。当前，学法尊法守法用法的社会氛围和办事依法、遇事找法、解决问题用法、化解矛盾靠法的良好法治环境初步形成，这为全面推进依法治国、建设社会主义法治国家奠定了坚实的社会基础。C 项正确，

不当选。

全面推进依法治国，必须健全社会矛盾纠纷预防化解机制，完善调解、仲裁、行政裁决、行政复议、诉讼等有机衔接、相互协调的多元化纠纷解决机制。充分发挥不同纠纷解决制度的优势。要引导当事人根据矛盾纠纷的性质和类型选择最适当的纠纷解决途径，充分发挥不同纠纷解决制度在化解特定类型矛盾纠纷中的作用。可见，就解决纠纷而言，诉讼只是现代社会多元化的纠纷解决手段之一，而不是唯一。D项明显错误，当选。

答案 D

144. 人民调解制度是我国的创举，被西方国家誉为法治的"东方经验"。关于人民调解，下列哪些说法是正确的？（2016/1/55-多）

A. 人民调解员不属于法治工作队伍，但仍然在法治建设中起着重要作用

B. 法院应当重视已确认效力的调解协议的执行，防止调解过的纠纷再次涌入法院

C. 人民调解制度能够缓解群众日益增长的司法需求与国家司法资源不足之间的矛盾

D. 人民调解组织化解纠纷的主要优势是不拘泥于法律规定，不依赖专业法律知识

解析 我国的调解制度主要由三个部分组成：①法院调解，亦称诉讼调解，是指在人民法院的主持下通过说服教育，促使双方当事人达成和解协议的活动；②行政调解，是指在具有调解纠纷职能的国家行政机关主持下对纠纷进行调解的活动；③人民调解，是指在人民调解委员会主持下，依法对民间纠纷当事人说服劝解、消除纷争的一种群众自治活动。根据宪法、民事诉讼法、人民调解委员会组织条例的规定，人民调解委员会是调解民间纠纷的群众性组织，在基层人民政府和基层司法行政机关指导下进行工作。

法治工作队伍包括法治专门队伍和法律服务队伍，是国家治理队伍的一支重要力量，处于法治实践的最前沿。其中，法治专门队伍包括立法队伍、行政执法队伍、司法队伍；而律师、公证员、基层法律服务工作者、人民调解员、法律服务志愿者等均属于法律服务队伍。A项错误。

《人民调解法》第33条第1、2款规定，经人民调解委员会调解达成调解协议后，双方当事人认为有必要的，可以自调解协议生效之日起30日内共同向人民法院申请司法确认，人民法院应当及时对调解协议进行审查，依法确认调解协议的效力。人民法院依法确认调解协议有效，一方当事人拒绝履行或者未全部履行的，对方当事人可以向人民法院申请强制执行。B项正确。

人民调解是人民群众自我管理、自我教育的好形式，它有助于增进人民团结、维护社会安定、减少纠纷、预防犯罪，有助于缓解群众日益增长的司法需求与国家司法资源不足之间的矛盾。C项正确。

《人民调解法》第3条规定，人民调解委员会调解民间纠纷，应当遵循下列原则：①在当事人自愿、平等的基础上进行调解；②不违背法律、法规和国家政策；③尊重当事人的权利，不得因调解而阻止当事人依法通过仲裁、行政、司法等途径维护自己的权利。D项错误。

答案 BC

145. 鹿某为引起政府对其利益诉求的重视，以生产、生活和科研需要为由，在2年内向十几个行政机关提起近百次与其实际利益诉求无关的政府信息公开申请，在接到公开答复后又反复提起行政复议和行政诉讼，向相关部门施加压力。对此，下列哪些说法是正确的？（2017/1/53-多）

A. 鹿某为向相关部门施压而恶意提起政府信息公开申请的做法不符合法治精神

B. 滥用知情权和诉权造成了行政和司法资源的浪费

C. 法治国家以权利为本位，公民行使权利时不受任何限制

D. 诉求即使合理合法，也应按照法律规定和程序寻求解决

解析 改革法院案件受理制度，变立案审查制为立案登记制，对人民法院依法应该受理的案件，做到有案必立、有诉必理，保障当事人诉权，避免有案不立，有效化解群众诉讼难的难题。立案登记制可以化解"立案难"的问题，但也带来了违法诉讼、滥用诉权等新问题。缠诉、滥诉的行为基于不当的目的，不必要地耗费国家珍贵的行政和司法资源，并不符合法治精神。因此，必须加大对虚假诉讼、恶意诉讼、无理缠诉行为的惩治力度。A、B项正确。

针对虚假诉讼、恶意诉讼等问题，北京市的昌平、海淀、东城等三家法院作为试点法院，已开始探索试行以要求当事人签署诚信诉讼承诺书的方式，起到主动告知、警示的作用，倡导大家理性诉讼，从源头上预防不诚信诉讼的行为。除了签署诚信诉讼承诺书之外，北京四中院还建立了滥诉人员清单，对于起诉缺乏诉的利益、诉讼目的不具有正当性、有违诚实信用原则的起诉人，滥用诉权引起程序空转，导致司法资源浪费，增加对方当事人诉累，并被多次驳回起诉的当事人，列入滥诉人员清单。对列入该清单的人员，如果其提起诉讼，将面临更严格的立案审查。法治国家的确是以权利为本位的，但是这并不意味着公民的权利及其行使不受到任何的限制。C项错误；D项明显符合法治的精神，正确。

答案 ABD

146. 全面依法治国，要求推进覆盖城乡居民的公共法律服务体系建设。下列哪些做法体现了上述要求？（2017/1/54-多）
A. 甲市整合政府和社会调解资源，建立"一站式"纠纷解决平台
B. 乙社区设置法律服务机器人，存储海量法律法规和专业信息供居民查询
C. 丙省建立法律服务志愿者微信群，打通服务群众的"最后一米"
D. 丁县推行"一村一律师"，律师结对贫困村，为村民提供免费法律咨询

解析 推进覆盖城乡居民的公共法律服务体系建设，加强民生领域法律服务。我国的法律服务主要包括律师、公证、调解、基层法律服务、法律援助等。A、B、C、D项均是便民利民的好举措，帮助人民群众在遇到法律问题或权利受到侵害时获得及时有效的法律服务，当选。

答案 ABCD

147. 20世纪60年代初，浙江省诸暨市枫桥镇干部群众创造了发动和依靠群众，坚持矛盾不上交，就地解决，实现"捕人少，治安好"的"枫桥经验"。为此，1963年，毛泽东同志就曾亲笔批示"要各地仿效，经过试点，推广去做"。"枫桥经验"由此成为全国政法战线一个脍炙人口的典型。关于"枫桥经验"，下列说法正确的有：
A. 在我国，法治建设应当坚持群众路线，从群众中来，到群众中去
B. 法治建设应当坚持为了人民、依靠人民、造福人民、保护人民，以保障人民根本权益为出发点和落脚点
C. 在基层社会管理中，应当充分发挥党的政治优势，依靠基层组织和广大群众，就地解决当地发生的各种矛盾、化解纠纷，最大限度地把问题解决在萌芽状态
D. 在正确处理人民内部矛盾方面，应当以完善的制度为保障，健全矛盾纠纷排查调处工作机制，狠抓落实责任制，努力做到组织建设走在工作前，预测工作走在预防前，预防工作走在调解前，调解工作走在激化前

解析 "枫桥经验"涉及如下几个方面的重要经验：①发动和依靠群众，理顺群众情绪，化解矛盾纠纷，使具体的改革和发展措施为广大群众所理解、所拥护、所参与；②就地解决矛盾；③事先预防为主，尽量把矛盾解决在萌芽状态；④一切为了群众，以保障人民根本权益为出发点和落脚点；⑤重心下移，力量下沉，工作重点要放在基层；⑥切实加强以党支部为核心的基层法治队伍建设。A、B、C、D项均正确。

答案 ABCD

148. 根据中国特色社会主义法治理论有关内容，关于加强法治工作队伍建设，下列哪些表述是正确的？（2015/1/83 改编-多）

A. 全面推进依法治国，必须大力提高法治工作队伍思想政治素质、业务工作能力、职业道德水准

B. 建立法律职业人员统一职前培训制度和在职法官、检察官、警官、律师同堂培训制度，有利于他们形成共同的法律信仰、职业操守和提高业务素质、职业技能

C. 加强律师职业道德建设，需要进一步健全完善律师职业道德规范制度体系、教育培训及考核机制

D. 为推动法律服务志愿者队伍建设和鼓励志愿者发挥作用，可采取自愿无偿和最低成本方式提供社会法律服务

解析 全面推进依法治国，必须大力提高法治工作队伍思想政治素质、业务工作能力、职业道德水准，着力建设一支忠于党、忠于国家、忠于人民、忠于法律的社会主义法治工作队伍，为加快建设社会主义法治国家提供有力的人才保障。可见，A 项正确。

全面推进依法治国，必须推进法治专门队伍革命化、正规化、专业化、职业化，提高职业素养和专业水平。《法治中国建设规划（2020～2025 年）》强调，要完善法律职业准入、资格管理制度，建立法律职业人员统一职前培训制度和在职法官、检察官、警官、律师同堂培训制度。法律职业人员的统一职前培训和同堂培训，一方面，有助于提高法律职业人员的业务素质、职业技能；另一方面，也有助于他们

形成共同的法律信仰、职业操守，养成共同的法治思维，聚焦共性话题，形成统一的执法司法理念和办案标准尺度，统一证据标准，实现同案同判，有力推进法律职业共同体的一体化建设。可见，B 项正确。

职业道德建设是律师队伍建设的重大问题，关系到律师工作的质量和生命。必须紧紧围绕社会主义核心价值体系的要求，全面贯彻落实中央关于深化律师制度改革的部署，坚持不懈地大力加强律师职业道德建设，健全完善加强律师职业道德建设长效机制，进一步提高广大律师职业道德素质，进一步规范执业行为、严肃执业纪律，切实解决在当前执业活动中存在的突出问题，努力建设一支政治坚定、法律精通、维护正义、恪守诚信的高素质律师队伍。而要健全完善进一步加强律师职业道德建设的长效机制，包括：①健全完善律师职业道德规范制度体系；②健全完善律师职业道德教育培训机制；③健全完善律师践行职业道德的监督管理机制；④健全完善律师遵守职业道德的考核奖惩机制；⑤健全完善律师职业道德建设扶持保障政策。可见，C 项正确。

《中共中央关于全面推进依法治国若干重大问题的决定》强调："发展公证员、基层法律服务工作者、人民调解员队伍。推动法律服务志愿者队伍建设。建立激励法律服务人才跨区域流动机制，逐步解决基层和欠发达地区法律服务资源不足和高端人才匮乏问题。"志愿服务是要强化和激励，自然不宜完全以"自愿无偿""最低成本"的方式来完成。可见，D 项错误。

答案 ABC

习近平法治思想的实践要求 第7讲

习近平法治思想的实践要求 专题 24

149. 关于正确处理政治和法治的关系，下列说法不正确的是：

A. 有什么样的政治就有什么样的法治，政治制度和政治模式必然反映在以宪法为统领的法律制度体系上，体现在立法、执法、司法、守法等法治实践之中

B. "党大还是法大"是一个政治陷阱，是一个伪命题

C. 对各级党政组织、各级领导干部来说，"权大还是法大"也是一个伪命题

D. 党的政策是国家法律的先导和指引，是立法的依据和执法司法的重要指导

解析 有什么样的政治就有什么样的法治，政治制度和政治模式必然反映在以宪法为统领的法律制度体系上，体现在立法、执法、司法、守法等法治实践之中。习近平总书记指出："法治当中有政治，没有脱离政治的法治。""每一种法治形态背后都有一套政治理论，每一种法治模式当中都有一种政治逻辑，每一条法治道路底下都有一种政治立场。"A 项正确，不当选。

习近平总书记强调："'党大还是法大'是一个政治陷阱，是一个伪命题。对这个问题，我们不能含糊其辞、语焉不详，要明确予以回答。""如果说'党大还是法大'是一个伪命题，那么对各级党政组织、各级领导干部来说，权大还是法大则是一个真命题。"各级领导干部尤其要弄明白法律规定怎么用权，什么事能

干，什么事不能干，把权力运行的规矩立起来、讲起来、守起来，真正做到谁拿法律当儿戏，谁就必然要受到法律的惩罚。B 项正确，不当选；C 项错误，当选。

党的政策是国家法律的先导和指引，是立法的依据和执法司法的重要指导。要善于通过法定程序使党的政策成为国家意志、形成法律，并通过法律保障党的政策有效实施，从而确保党发挥总揽全局、协调各方的领导核心作用。D 项正确，不当选。

答案 C

150. 关于正确处理改革和法治的关系，下列说法不正确的有：

A. 要发挥法治对改革的引领和推动作用，确保重大改革于法有据，做到在法治的轨道上推进改革

B. 立法要主动适应改革需要，积极发挥引导、推动、规范、保障改革的作用

C. 对实践证明已经比较成熟的改革经验和行之有效的改革举措，要尽快上升为法律，先推行改革，再修订、解释或者废止原有法律

D. 立足新发展阶段，贯彻"发展要上、法治要让"的基本原则，对不适应改革要求的现行法律法规，要及时修改或废止，不能让一些过时的法律条款成为改革的"绊马索"

解析 正确处理改革和法治的关系，一方面，

要在法治的轨道上推进改革，发挥法治对改革的引领和推动作用，确保重大改革于法有据；另一方面，立法要主动适应改革需要，积极发挥引导、推动、规范、保障改革的作用。A、B项正确，不当选。

对实践证明已经比较成熟的改革经验和行之有效的改革举措，要尽快上升为法律，先修订、解释或者废止原有法律之后再推行改革。C项错误，当选。

对不适应改革要求的现行法律法规，要及时修改或废止，不能让一些过时的法律条款成为改革的"绊马索"。立足新发展阶段，必须坚持以法治为引领，坚决纠正"发展要上、法治要让"的认识误区，杜绝立法上"放水"、执法上"放弃"的乱象，用法治更好地促进发展，实现经济高质量发展。D项错误，当选。

答案 CD

151. 关于正确处理依法治国和以德治国的关系，下列说法正确的有：

A. 法是自律，德是他律，需要二者并用、双管齐下

B. 中国特色社会主义法治道路的一个鲜明特点，就是坚持依法治国与以德治国相结合，既重视发挥法律的规范作用，又重视发挥道德的教化作用

C. 要在道德体系中体现法治要求，发挥道德对法治的滋养作用，努力使道德体系同社会主义法律规范相衔接、相协调、相促进

D. 立法、执法、司法都要体现社会主义道德要求，都要把社会主义核心价值观贯穿其中

解析 法是他律，德是自律，需要二者并用、双管齐下。A项错误。

中国特色社会主义法治道路的一个鲜明特点，就是坚持依法治国与以德治国相结合，既重视发挥法律的规范作用，又重视发挥道德的教化作用，这是历史经验的总结，也是对治国理政规律的深刻把握。B项正确。

坚持依法治国和以德治国相结合，就要重视发挥道德的教化作用，提高全社会文明程度，

为全面依法治国创造良好人文环境。要在道德体系中体现法治要求，发挥道德对法治的滋养作用，努力使道德体系同社会主义法律规范相衔接、相协调、相促进。C项正确。

要把道德要求贯彻到法治建设中。以法治承载道德理念，道德才有可靠制度支撑。法律法规要树立鲜明道德导向，弘扬美德义行，立法、执法、司法都要体现社会主义道德要求，都要把社会主义核心价值观贯穿其中，使社会主义法治成为良法善治。D项正确。

答案 BCD

152. 关于正确处理依法治国和依规治党的关系，下列说法正确的有：

A. 依规管党治党是依法治国的重要前提和政治保障

B. 党内法规体系是中国特色社会主义法治体系重要组成部分

C. 党内法规是党的中央组织、中央纪律检查委员会以及党中央工作机关和省、自治区、直辖市党委制定的

D. 党内法规体系是以党章为根本，以民主集中制为核心，以准则、条例等中央党内法规为主干，由各领域各层级党内法规制度组成的有机统一整体

解析 依法治国、依法执政，既要求党依据宪法法律治国理政，也要求党依据党内法规管党治党。依规管党治党是依法治国的重要前提和政治保障。只有把党建设好，国家才能治理好。A项正确。

中国特色社会主义法治体系包括五个方面，党内法规体系是其中重要的组成部分。B项正确。

党内法规是党的中央组织、中央纪律检查委员会以及党中央工作机关和省、自治区、直辖市党委制定的体现党的统一意志、规范党的领导和党的建设活动、依靠党的纪律保证实施的专门规章制度。C项正确。

党内法规体系是以党章为根本，以民主集中制为核心，以准则、条例等中央党内法规为

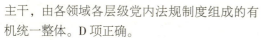

主干，由各领域各层级党内法规制度组成的有机统一整体。D 项正确。

答案 ABCD

153. 有研究表明，在实施行贿犯罪的企业中，有一部分企业是由于担心竞争对手提前行贿，自己不行贿就会"输在起跑线上"，才实施了行贿行为。对此，下列哪些说法是正确的？（2017/1/51-多）

A. 市场环境不良是企业行贿的诱因，应适当减轻对此类犯罪的处罚

B. 应健全以公平为核心的市场法律制度，维护公平竞争的市场秩序

C. 应加快反腐败立法，从源头上堵塞企业行贿的漏洞

D. 必须强化对公权力的制约，核心是正确处理政府和市场的关系

解析 社会主义市场经济本质上是法治经济。使市场在资源配置中起决定性作用和更好发挥政府作用，必须以保护产权、维护契约、统一市场、平等交换、公平竞争、有效监管为基本导向，完善社会主义市场经济法律制度。健全以公平为核心原则的产权保护制度，加强对各种所有制经济组织和自然人财产权的保护，清理有违公平的法律法规条款。就本题而言，一些实施行贿犯罪的企业，其行贿的目的是担心竞争对手的行贿行为导致自己无法参与公平竞争。这类行贿的目的不是获得额外的优待，而只是获得公平竞争的机会。可以说，不良的市场环境是部分企业行贿的诱因之一，我们要藉此反思既有的市场环境和市场法律制度，健全以公平为核心的市场法律制度，维护公平竞争的市场秩序，但市场环境不佳不能成为涉案主体免责的法定事由。A 项错误，B 项正确。

从题干中也可以看出，企业积极地参与行贿，恰好说明在目前某些领域的资源配置中，是公权力而非市场在发挥决定性作用。我们应当强化对公权力的制约，厘清政府和市场的关系；同时，加快推进反腐败国家立法，完善惩治和预防腐败体系，形成不敢腐、不能腐、不

想腐的有效机制，坚决遏制和预防腐败现象。C、D 项正确。

答案 BCD

154. 程某利用私家车从事网约车服务，遭客管中心查处。执法人员认为程某的行为属于以"黑车"非法营运，遂依该省《道路运输条例》对其处以 2 万元罚款。对此，下列哪些说法是正确的？（2017/1/55-多）

A. 当新经营模式出现时，不应一概将其排斥在市场之外

B. 程某受到处罚，体现了"法无授权不可为"的法治原则

C. 科学技术的进步对治理体系和治理能力提出了更高要求

D. 对新事物以禁代管、以罚代管，这是缺乏法治思维的表现

解析 社会在不断地发展进步，新的事物、新的问题层出不穷，对国家治理体系和治理能力提出了更高的要求。所以相应地，法律也要与时俱进，主动适应改革和经济社会发展需要。当出现了新的事物、新的现象时，法律不应一概将其排斥于被保护的范围之外；对新事物以禁代管、以罚代管，一禁了之、一罚了之，貌似釜底抽薪一劳永逸，实则反映出工作方法的粗暴，不符合法治的要求。A、C、D 项正确。

法治的基本精神可以概括为：对于公权力，法无授权不可为；对于私主体，法不禁止即自由。B 项错误。

答案 ACD

155. 关于法与道德的关系的论述，下列各项正确的是：

A. 强调依法治国和以德治国相结合，这就意味着在新的历史时期应当让法与道德达到浑然一体的状态

B. 在推进全面依法治国的过程中，必须坚持法律中心主义，让法律在社会生活中发挥更为重要的作用

C. 推进全面依法治国，发挥法律在推动社会发展与进步方面的力量，意味着法律有能力超出社会发展需要创造或"改变"社会

D. 坚持宪法和法律至上，意味着一切国家机关和武装力量、各政党和社会团体、各企业事业组织都必须遵守宪法和法律

解析 中国特色社会主义法治理论要求我们反对法律中心主义和法律万能论的错误，实现依法治国和以德治国相结合。但是，在近现代，明确法与道德的界限，"法是最低限度的道德"成为通说，不可能要求二者之间达到浑然一体、彼此不分的状态。A项错误。

B项错误严重，应当反对法律中心主义立场，认识到法律不是万能的，有其范围和限度。

法律以社会为基础，不可能超出社会发展需要创造或"改变"社会。C项错误。

宪法和法律至上，就意味着在我国，宪法和法律具有最高的权威性，任何主体不得有超越宪法和法律的特权。D项正确。

答案 D

宪法的概念　专题 **25**

156. 宪法作为国家的根本法，与"国家"有着内在的逻辑。在不同的宪法条文中，"国家"一词的内涵与表现形式是不尽相同的。关于"国家"一词的含义，下列说法正确的有：

A. "国家和社会帮助安排盲、聋、哑和其他有残疾的公民的劳动、生活和教育。"其中的"国家"指的是整个统一的政治实体

B. "1840 年以后，封建的中国逐渐变成半殖民地、半封建的国家。"其中的"国家"指的是与"社会"相对的意义上的国家

C. "国家在民族自治地方开发资源、建设企业的时候，应当照顾民族自治地方的利益。"其中的"国家"指的是与"地方"相对的意义上的国家

D. "中华人民共和国全国人民代表大会是最高国家权力机关。"其中的"国家"指的是整个统一的政治实体，特别是主权权力意义上（对内）的国家

解析 在分析国家的含义和功能时，应结合宪法文本的具体条款与含义进行综合判断，不能把国家的概念绝对化。在我国宪法文本上，"国家"一词的含义主要包括：

（1）在统一的政治共同体意义上使用的"国家"。"国家"一词最常用的用法就是表示整个统一的政治实体，具体又可以分为主权意义上（对外）的国家和主权权力意义上（对内）的国家两种。前者如我国《宪法》序言第二自然段规定："1840 年以后，封建的中国逐渐变成半殖民地、半封建的国家。中国人民为国家独立、民族解放和民主自由进行了前仆后继的英勇奋斗。"《宪法》第 67 条规定："全国人民代表大会常务委员会行使下列职权：……⑲在全国人民代表大会闭会期间，如果遇到国家遭受武装侵犯或者必须履行国际间共同防止侵略的条约的情况，决定战争状态的宣布；……"后者常常使用的表达方式是"国家的权力""国家机关""国家机构""国家工作人员""国家权力机关""国家行政机关"等。B 项错误，D 项正确。

（2）在与社会相对的意义上使用的"国家"。"国家"一词经常与社会相对应，使用"国家和社会"等表达方式。例如，《宪法》第 45 条规定："中华人民共和国公民在年老、疾病或者丧失劳动能力的情况下，有从国家和社会获得物质帮助的权利。国家发展为公民享受这些权利所需要的社会保险、社会救济和医疗卫生事业。国家和社会保障残废军人的生活，抚恤烈士家属，优待军人家属。国家和社会帮助安排盲、聋、哑和其他有残疾的公民的劳动、生活和教育。"A 项错误。

（3）在与地方相对的意义上使用的"国家"。"国家"有时还与地方相对应，这时其含

义主要是指中央。例如，《宪法》第118条规定："民族自治地方的自治机关在国家计划的指导下，自主地安排和管理地方性的经济建设事业。国家在民族自治地方开发资源、建设企业的时候，应当照顾民族自治地方的利益。"C项正确。

答案 CD

157. 关于我国宪法文本中的法律，下列理解不正确的有：

A. 《宪法》序言规定："本宪法以法律的形式确认了中国各族人民奋斗的成果，规定了国家的根本制度和根本任务……"其中的"法律"是指狭义的法律

B. 根据《宪法》第67条第7项的规定，全国人大常委会有权撤销国务院制定的同宪法、法律相抵触的行政法规、决定和命令。其中的"法律"仅指全国人大及其常委会制定的法律

C. 《宪法》第16条第2款规定："国有企业依照法律规定，通过职工代表大会和其他形式，实行民主管理。"其中的"法律"应当作广义理解

D. 《宪法》第10条第4款规定："任何组织或者个人不得侵占、买卖或者以其他形式非法转让土地。土地的使用权可以依照法律的规定转让。"其中的"法律"是指法的一般特征

解析 我国宪法文本中的"法律"可能存在下列三种情况：

（1）以"以法律的形式""法律效力"的形式出现时，通常指法的一般特征，即具有一般性、规范性、抽象性、强制性等。

（2）宪法和法律连在一起使用时，"法律"通常指由全国人大及其常委会制定的法律；法律与行政法规等相连使用时，"法律"仅指全国人大及其常委会制定的法律。

（3）宪法文本有时采用了"依照法律规定""依照法律""依照……法律的规定"等表述，此时的"法律"通常是指全国人大及其常

委会制定的法律。

因此，A、C、D项错误，当选；B项正确，不当选。

答案 ACD

158. 根据宪法分类理论，下列哪一选项是正确的？（2012/1/21-单）

A. 成文宪法也叫文书宪法，只有一个书面文件

B. 1215年的《自由大宪章》是英国宪法的组成部分

C. 1830年法国宪法是钦定宪法

D. 柔性宪法也具有最高法律效力

解析 成文宪法，是指具有统一法典形式的宪法，但并不意味着只有一个书面文件。例如，法国1875年宪法，就是由《参议院组织法》《政权组织法》《国家政权机关相互关系法》三个宪法性文件组成。A项错误。

英国是典型的不成文宪法国家。英国宪法的主体由各个不同历史时期颁布的宪法性文件构成，包括1215年的《自由大宪章》、1628年的《权利请愿书》、1679年的《人身保护法》、1689年的《权利法案》、1701年的《王位继承法》、1911年的《国会法》、1918年的《国民参政法》、1928年的《男女选举平等法》、1969年的《人民代表法》等。B项正确。

钦定宪法，是指由君主或以君主的名义制定和颁布的宪法。协定宪法，是指由君主与国民或者国民的代表机关协商制定的宪法。协定宪法往往是阶级妥协的产物。在新兴资产阶级尚无足够力量推翻君主统治，而封建君主又不能实行绝对专制统治的情况下，协定宪法也就成为必然。例如，1215年的《自由大宪章》就是英王约翰在贵族、教士、骑士和城市市民的强大压力下签署的；法国1830年宪法就是在1830年革命中，国会同国王路易·菲利浦共同颁布的；等等。C项错误。

柔性宪法，是指制定、修改的机关和程序与一般法律相同的宪法。在柔性宪法国家，由于宪法和法律由同一机关根据同样的程序制定或者修改，因而它们的法律效力和权威并无差

异。实行不成文宪法的国家往往也是柔性宪法的国家，英国即其典型。D 项错误。

答案 B

159. 成文宪法和不成文宪法是英国宪法学家提出的一种宪法分类。关于成文宪法和不成文宪法的理解，下列哪一选项是正确的？（2017/1/21-单）

A. 不成文宪法的特点是其内容不见于制定法

B. 宪法典的名称中必然含有"宪法"字样

C. 美国作为典型的成文宪法国家，不存在宪法惯例

D. 在程序上，英国不成文宪法的内容可像普通法律一样被修改或者废除

解析 英国学者 J. 蒲莱士最早提出，根据宪法是否具有统一法典的形式，将其区分为成文法与不成文宪法。其中，成文宪法，又称为文书宪法或制定宪法，是指具有统一法典形式的宪法。该宪法典一般在名称中便含有"宪法"字样，但也有例外。例如，德国宪法，名称便是"基本法"。B 项错误。

世界历史上第一部成文宪法是 1787 年《美国宪法》，欧洲大陆第一部成文宪法是 1791 年《法国宪法》。世界上绝大多数国家都是成文宪法国家，但是成文宪法国家只是有统一的宪法典而已，并不是指所有的宪法规范仅仅存在于宪法典当中，其他的宪法渊源也是必要的，如宪法判例、宪法惯例、国际条约等。C 项错误。

不成文宪法则没有统一的宪法典，发挥宪法作用的规范存在于多种法律文书、宪法判例或宪法惯例之中。可见，不成文宪法的内容还是会以法律文书的方式表现出来，只是没有统一的宪法典。A 项错误。

世界上不成文宪法国家主要有英国、新西兰、以色列、沙特阿拉伯等少数国家。在英国，宪法制定、修改的机关和程序与一般法律相同，效力亦无差异。D 项正确。

答案 D

宪法的历史发展 专题 26

160. 关于中国宪法的历史发展，下列说法正确的有：

A. 1908 年《钦定宪法大纲》是中国历史上第一部宪法性文件，分为"君上大权"和"臣民权利义务"两大部分

B. 1911 年《宪法重大信条十九条》是清政府最后一部宪法性文件

C. 1912 年《中华民国临时约法》是中国历史上唯一一部具有资产阶级共和国性质的宪法性文件

D. 1949 年《中国人民政治协商会议共同纲领》规定，中华人民共和国的国家政权属于人民；国家最高政权机关为全国人民代表大会，在其闭会期间，中央人民政府为行使国家政权的最高机关；在普选的全国人民代表大会

召开以前，由中国人民政治协商会议的全体会议执行全国人民代表大会的职权

解析 1908 年《钦定宪法大纲》是中国历史上第一部宪法性文件，共 23 条，分为"君上大权"和"臣民权利义务"两大部分。其中，"君上大权"14 条，为正文的主体部分；"臣民权利义务"9 条，为正文的附录部分。A 项正确。

答案 ABCD

161. 下列有关中国宪法发展史的表述，何者为正确？（2005/1/94-任）

A. 《中华民国临时约法》是中国历史上唯一的一部资产阶级共和国性质的宪法性文件

B. 1949 年《中国人民政治协商会议共同纲领》是中国历史上的第一部社会主义类型

的宪法

C. 1982年宪法是中华人民共和国成立后制定的第三部宪法

D.《钦定宪法大纲》是中国历史上的第一部宪法性文件

解析《中华民国临时约法》是以孙中山为首的民族资产阶级推翻清朝封建统治之后，制定的第一部也是唯一一部资产阶级共和国性质的宪法性文件。A项正确。

1949年《中国人民政治协商会议共同纲领》（以下简称《共同纲领》）的性质是新民主主义，而非社会主义。中国历史上的第一部社会主义类型的宪法是1954年《宪法》。B项错误。

1982年《宪法》是新中国成立以来颁布的第四部宪法。C项错误。

《钦定宪法大纲》是中国历史上第一部具有近代意义宪法性质的宪法性文件，其颁布标志着近代意义的宪法在中国出现。D项正确。

答案 AD

162. 关于《共同纲领》和1954年《宪法》，下列说法正确的有：

A.《共同纲领》和1954年《宪法》都具有规范性和纲领性

B.《共同纲领》的效力高于1954年《宪法》

C.《共同纲领》是新中国第一部宪法性文件

D. 1954年《宪法》是刚性宪法

解析 所谓的纲领性，是指明确表达对未来目标的追求，确认国家的发展目标和宏观发展思路。《共同纲领》和1954年《宪法》都具有指引未来的属性。A项正确。

1954年《宪法》具有最高法律效力。B项错误。

《共同纲领》并不是正式宪法，而是发挥着临时宪法作用的一部宪法性文件。C项正确。

1954年《宪法》是由特定机关依照特殊的程序制定的，具有最高的法律效力，属于刚性宪法。D项正确。

答案 ACD

163. 关于1949年《共同纲领》，下列说法不正确的有：

A. 该文件是由第一届全国人大第一次全体会议通过的

B. 在新中国成立初期，该文件发挥着临时宪法的作用

C. 该文件具有社会主义性质

D. 该文件规定，国家的最高政权机关为中国人民政治协商会议的全体会议

解析 1949年9月21日，中国人民政治协商会议第一届全体会议在北平中南海怀仁堂隆重开幕，会议代行全国人民代表大会的职权，通过了具有临时宪法性质的《共同纲领》，选举产生了中央人民政府委员会，宣告了中华人民共和国的成立。A项错误，当选；B项正确，不当选。

《共同纲领》是新民主主义性质的宪法性文件，体现的是多个阶级的共同意志。C项错误，当选。

《共同纲领》规定，中华人民共和国的国家政权属于人民；国家最高政权机关为全国人民代表大会，在其闭会期间，中央人民政府为行使国家政权的最高机关；在普选的全国人民代表大会召开以前，由中国人民政治协商会议的全体会议执行全国人民代表大会的职权。D项错误，当选。

答案 ACD

164. 关于现行《宪法》序言的修改，下列说法正确的是：

A. 1993年《宪法修正案》增加规定"我国将长期处于社会主义初级阶段"

B. 1999年《宪法修正案》将"发展社会主义市场经济"作为一项重要的国家任务写进《宪法》序言

C. 2004年《宪法修正案》在《宪法》序言中指导思想部分增加了"'三个代表'重要思想、科学发展观"

D. 2018年《宪法修正案》在《宪法》序言

关于爱国统一战线组成结构的表述中增加"社会主义事业的建设者""致力于中华民族伟大复兴的爱国者"

解析 1993 年《宪法修正案》增加规定"我国正处于社会主义初级阶段","我国将长期处于社会主义初级阶段"的表述是 1999 年《宪法修正案》的内容。A 项错误。

1993 年《宪法修正案》将"计划经济"修改为"社会主义市场经济",1999 年《宪法修正案》将"发展社会主义市场经济"作为一项重要的国家任务写进《宪法》序言。B 项正确。

2004 年《宪法修正案》在《宪法》序言中只增加"'三个代表'重要思想"这一指导思想,"科学发展观"是在 2018 年《宪法修正案》中增加的。C 项错误。

"社会主义事业的建设者"进入爱国统一战线是在 2004 年,2018 年《宪法修正案》在统一战线的组成人员中增加了"致力于中华民族伟大复兴的爱国者"。D 项错误。

答案 B

165. 关于宪法的历史发展,下列哪一选项是不正确的?（2014/1/21-单）

A. 资本主义商品经济的普遍化发展,是近代宪法产生的经济基础

B. 1787 年美国宪法是世界历史上的第一部成文宪法

C. 1918 年《苏俄宪法》和 1919 年德国《魏玛宪法》的颁布,标志着现代宪法的产生

D. 行政权力的扩大是中国宪法发展的趋势

解析 我国宪法的发展趋势主要表现为如下六个方面:①行政权力将受到限制,行政指导在经济管理中的作用日益重要;②司法权将得到强化;③中共领导的多党合作与政治协商制度将得到进一步加强和发展;④公民基本权利将得到重大发展;⑤宪法监督制度将进一步完善;⑥宪法的灵活性将进一步增强。D 项错误,当选;其他三项均正确,不当选。

[未来命题趋势预测] "我国宪法的发展趋势"

这一知识点为首次考查,今后一定会再考查,请考生注意。1918 年《苏俄宪法》和 1919 年德国《魏玛宪法》的颁布,标志着现代宪法的产生,这一知识点作为常识,也是第一次出现在法考的试卷中,请考生务必牢记。

答案 D

设题陷阱及常见错误分析

许多考生认为,美国宪法是 1789 年的,而非 1787 年的,因此选择 B 项,这是一种典型的误解。其实,1787 年美国宪法和 1789 年美国宪法是同一部宪法,只不过 1787 年是该宪法制定的时间,1789 年是其正式生效的时间。

166. 关于现代宪法的发展趋势,下列哪些说法是正确的?（2010/1/60-多）

A. 重视保障人权是宪法发展的共识

B. 重视宪法实施保障,专门宪法监督成为宪法发展的潮流

C. 通过加强司法审查弱化行政权力逐步成为宪法发展的方向

D. 寻求与国际法相结合成为宪法发展的趋势

解析 现代宪法越来越重视公民基本权利的保护,主要表现为:①宪法对经济和文化权利的规定,是对以往只规定政治权利和自由权的发展;②宪法对社会权利的规定;③宪法对环境权的规定。A 项正确。

宪法保障加强,建立专门的宪法监督机关成为一种潮流。B 项正确。

现代宪法在对社会制度的安排上,加强行政权力及中央集权的趋势明显。行政权扩大的表现:①行政权干预立法权;②紧急命令权;③委托立法权,即行政机关经委托享有一定的立法权。C 项错误。

宪法发展的国际化趋势也进一步扩大,主要表现为:①对国际法的直接承认和接受;②对国家主权作有条件的限制;③人权是国际法的一个重要领域,围绕人权问题签署了许多公约。D 项正确。

答案 ABD

167. 当代宪法呈现出多种发展趋势，下列哪些选项体现了宪法在配置国家权力方面的发展趋势？（2006/1/57-多）

A. 行政权力扩大

B. 中央权力扩大

C. 议会主权

D. 地方自治

解析 当代宪法呈现出多种发展趋势，主要表现为：①行政权力扩大和中央集权的趋势明显；②宪法内容更加丰富完备；③重视公民基本权利的保护；④重视宪法保障；⑤宪法发展国际化趋势加强；⑥形式上的发展趋势（如宪法渊源的多样化趋势和宪法修改）比较频繁。A、B项当选，C、D项不当选。

答案 AB

168. 宪法的制定是指制宪主体按照一定程序创制宪法的活动。关于宪法的制定，下列哪一选项是正确的？（2015/1/20-单）

A. 制宪权和修宪权是具有相同性质的根源性的国家权力

B. 人民可以通过对宪法草案发表意见来参与制宪的过程

C. 宪法的制定由全国人民代表大会以全体代表的2/3以上的多数通过

D. 1954年《宪法》通过后，由中华人民共和国主席根据全国人民代表大会的决定公布

解析 修宪权依据制宪权而产生，受制宪权约束，不得违背制宪权的基本精神和原则。可见，二者性质并不相同。制宪权和修宪权的共同点在于，二者都是根源性的国家权力，是能够创造立法权、行政权、司法权等其他具体组织性的国家权力的权力。A项错误。

人民既可能直接参与制宪过程，也可能间接参与制宪过程，即可能通过各种制宪机构

（如宪法起草机关、宪法通过机关等）来完成制宪活动。B项正确。

我国的制宪主体是人民，制宪机关是第一届全国人大第一次全体会议。我国1954年《宪法》是第一届全国人大第一次全体会议以全国人大公告的形式公布的，自通过之日起生效。C、D项错误。

答案 B

169. 根据宪法和法律的规定，下列哪些选项是错误的？（2007/1/64-多）

A. 2004年宪法修正案明确规定"非公有制经济的从业人员"是"我国社会主义事业的建设者"

B. 1999年宪法修正案明确规定非公有制经济是社会主义市场经济的组成部分

C. 1999年宪法修正案将国家保障公民的合法的私有财产权神圣不可侵犯写进宪法

D. 1988年宪法修正案明确规定集体土地所有权可以依法出租或者转让

解析 各年《宪法修正案》的具体内容为历年考查重点和难点，请考生务必结合授课口诀记忆。

2004年《宪法修正案》将"社会主义事业的建设者"加入了统一战线，但并没有对其内涵和范围作出明确规定。A项错误，当选。

1999年《宪法修正案》将非公有制经济的地位规定为"是社会主义市场经济的重要组成部分"。B项正确，不当选。

规定保护公民的私有财产权的是2004年《宪法修正案》，其中规定了"公民的合法的私有财产不受侵犯"。C项错误，当选。

1988年《宪法修正案》仅仅规定"土地的使用权可以依照法律的规定转让"，而不是"所有权"。D项错误，当选。

答案 ACD

宪法的基本原则 专题 27

170. 我国宪法规定了"一切权力属于人民"的原则。关于这一规定的理解，下列选项正确的是：（2016/1/91-任）

A. 国家的一切权力来自并且属于人民

B. "一切权力属于人民"仅体现在直接选举制度之中

C. 我国的人民代表大会制度以"一切权力属于人民"为前提

D. "一切权力属于人民"贯穿于我国国家和社会生活的各领域

解析 "一切权力属于人民"的原则简称人民主权原则，这一原则是现代宪法为国家组织规定的一个基本原则，它主要阐明了国家权力的来源和归属的问题。因此，"一切权力属于人民"意味着国家的一切权力来自并且属于人民。A 项正确。

《宪法》第 2 条第 3 款规定："人民依照法律规定，通过各种途径和形式，管理国家事务，管理经济和文化事业，管理社会事务。"这充分说明"一切权力属于人民"贯穿于我国国家和社会生活的方方面面，体现在国家和社会生活的各个领域、各个层次和各个方面，而不是仅体现在直接选举制度之中，更何况间接选举也体现人民主权原则。B 项错误，D 项正确。

《宪法》第 2 条第 1、2 款规定："中华人民共和国的一切权力属于人民。人民行使国家权力的机关是全国人民代表大会和地方各级人民代表大会。"从这个意义上说，人民代表大会制度以主权在民为逻辑起点，而人民主权构成了人民代表大会制度的最核心的基本原则。这说明我国的人民代表大会制度以"一切权力属于人民"为逻辑前提。C 项正确。

答案 ACD

171. 权力制约是依法治国的关键环节。下列哪些选项体现了我国宪法规定的权力制约原则？（2011/1/59-多）

A. 全国人大和地方各级人大由民主选举产生，对人民负责，受人民监督

B. 法院、检察院和公安机关办理刑事案件，应当分工负责，互相配合，互相制约

C. 地方各级人大及其常委会依法对"一府两院"监督

D. 法院对法律合宪性审查

解析 权力制约原则，是指国家权力的各个部分之间相互监督、彼此牵制，从而保障公民权利的原则。它既包括公民权利对国家权力的制约，也包括国家权力相互之间的制约。在社会主义国家的宪法中，权力制约原则主要表现为监督原则。具体而言，其在我国宪法中主要表现为三个方面：①人民对国家权力活动的监督制度，既包括人民对国家权力机关活动的直接监督，也包括人民首先选举各级人民代表大会，再由后者对国家行政机关、监察机关、审判机关和检察机关进行监督；②宪法规定的个别公民对于国家机关及其工作人员的监督权，主要包括批评建议、申诉、检举和控告权；③不同国家机关之间、国家机关内部不同的监督形式，如公检法在办理刑事案件中的分工负责、互相配合、互相制约。A、B、C 项当选。

就 D 项而言，因为我国的宪法实施保障模式属于立法机关保障模式，即由全国人大及其常委会监督宪法的实施，审查各种法律文件的合宪性，所以我国法院没有对法律进行合宪性审查的权力。D 项不当选。

答案 ABC

 点睛之笔

我国法院对法律无合宪性审查权。

28 专题 **宪法的渊源与宪法典的结构**

172. 宪法的渊源即宪法的表现形式。关于宪法渊源，下列哪一表述是错误的？（2015/1/21-单）

A. 一国宪法究竟采取哪些表现形式，取决于历史传统和现实状况等多种因素

B. 宪法惯例实质上是一种宪法和法律条文无明确规定、但被普遍遵循的政治行为规范

C. 宪法性法律是指国家立法机关为实施宪法典而制定的调整宪法关系的法律

D. 有些成文宪法国家的法院基于对宪法的解释而形成的判例也构成该国的宪法渊源

解析 所谓的宪法渊源就是宪法的表现形式。一国的宪法采取哪些表现形式，取决于其本国的历史传统和现实政治状况等综合因素。A项正确，不当选。

宪法惯例，是指宪法条文虽无明确规定，但在实际政治生活中已经存在，并为国家机关、政党及公众所普遍遵循，且实际上与宪法具有同等效力的习惯或传统。宪法惯例的特点是：①无具体法律形式，散见于法院的判例及政治实践之中；②内容涉及最根本的宪法问题；③依靠社会舆论而非国家强制力保障实施。B项正确，不当选。

宪法性法律主要有两种情况：①在不成文宪法国家，国家最根本、最重要的问题不采用宪法典的形式，而是由多部单行法律文书予以规定；②在成文宪法国家，既存在根本法意义上的宪法，即宪法典，又存在部门法意义上的宪法，即普通法律中具体规定宪法内容的法律，如组织法、选举法、代表法、代议机关议事规则等。C项说宪法性法律是"为实施宪法典而制定的"，明显错误，英国就有宪法性法律，但没有宪法典，当选。

宪法判例，是指宪法条文无明文规定，而由司法机关在审判实践中逐渐形成并具有实质

性宪法效力的判例。它也包括两种情况：①在不成文宪法国家，法律没有明文规定的前提下，判决乃是宪法的表现形式之一；②在某些成文宪法国家，法院享有宪法解释权，其判决对下级法院具有拘束力。D项正确，不当选。

答案 C

173. 关于宪法表现形式的说法，下列哪些选项是正确的？（2010/1/62-多）

A. 宪法典是所有国家宪法结构体系的核心，均具有内容完整、逻辑严谨的特征

B. 宪法判例主要存在于普通法系国家，这些国家具有"遵从先例"的司法传统

C. 宪法判例在美国只能通过联邦最高法院新的宪法判例才能推翻

D. 宪法判例在英国有着调整英王、议会、内阁之间关系的决定性作用

解析 在成文宪法国家，宪法典是宪法结构体系的核心，具有内容完整、逻辑结构严谨的特点。但在不成文宪法国家，不存在形式上的宪法典，所以不能说宪法典是所有国家宪法结构体系的核心。A项错误。

宪法判例，是指宪法条文无明文规定，而由司法机关在审判实践中逐渐形成并具有实质性宪法效力的判例。宪法判例主要存在于普通法法系国家，这些国家有"遵从先例"的传统，宪法判例通过约束法院进而对其他宪法主体产生约束力。在英国，因为没有宪法典，所以宪法性法律、宪法判例以及宪法惯例在调整英王、议会、内阁等国家机构之间的关系方面发挥着决定性作用。B、D项正确。

在美国，联邦最高法院的宪法判例，除了能通过新的宪法判例加以推翻之外，宪法修正案也是推翻最高法院宪法判例的民主途径。C项错误。

答案 BD

174. 综观世界各国成文宪法，结构上一般包括序言、正文和附则三大部分。对此，下列哪一表述是正确的？（2016/1/21-单）

A. 世界各国宪法序言的长短大致相当

B. 我国宪法附则的效力具有特定性和临时性两大特点

C. 国家和社会生活诸方面的基本原则一般规定在序言之中

D. 新中国前三部宪法的正文中均将国家机构置于公民的基本权利和义务之前

解析 从形式上看，各国宪法序言的长短不尽相同。美国宪法的序言只有一段话，我国宪法序言有 13 个自然段。A 项错误。

我国现行《宪法》包括序言、正文两大部分，没有规定附则。B 项错误。

宪法序言规定的内容是多种多样的，其基本特点是体现了宪法基本理念和精神。简言之，宪法序言是宪法精神和内容的高度概括，其内容包括揭示制宪的机关和依据、揭示制宪的基本原则、揭示制宪的目的和价值体系等。国家和社会生活诸方面的基本原则主要规定在正文第一章的总纲部分。C 项错误。

新中国成立后的前三部宪法均将国家机构置于公民的基本权利和义务之前，1982 年《宪法》调整了这种结构，将公民的基本权利和义务一章提到国家机构之前。这一调整充分表明，对公民权利的保护居于宪法的核心地位，合理定位了公民与国家之间的关系，符合人民主权原则。D 项正确。

答案 D

宪法的作用、宪法规范与宪法效力 专题 29

175. 关于宪法在立法中的作用，下列哪一说法是不正确的？（2010/1/19-单）

A. 宪法确立了法律体系的基本目标

B. 宪法确立了立法的统一基础

C. 宪法规定了完善的立法体制与具体规划

D. 宪法规定了解决法律体系内部冲突的基本机制

解析 宪法是国家根本法，不可能事无巨细地规定所有内容，所以其条文具有抽象性、宏观性和稳定性。宪法在对国家机构职权的规定中确立了基本的立法体制以及法律体系内部冲突的基本解决机制，但并未确立具体的立法规划，因为立法规划是随着国家社会的不断发展而变化的。如果已经有了完善的立法体制和具体规划，那么就不需要再制定《立法法》等法律了。C 项错误，当选。

答案 C

176. 关于宪法规范，下列哪一说法是不正确的？（2013/1/22-单）

A. 具有最高法律效力

B. 在我国的表现形式主要有宪法典、宪法性法律、宪法惯例和宪法判例

C. 是国家制定或认可的、宪法主体参与国家和社会生活最基本社会关系的行为规范

D. 权利性规范与义务性规范相互结合为一体，是我国宪法规范的鲜明特色

解析 宪法规范是宪法最基本的要素和最基本的构成单位，是由国家制定或认可的、宪法主体参与国家和社会生活最基本社会关系的行为规范。C 项正确，不当选。

A 项明显正确，不当选。

宪法的渊源主要有宪法典、宪法性法律、宪法惯例、宪法判例、国际条约和国际习惯等。但我国没有宪法判例。B 项错误，当选。

在我国宪法中，存在一些权利性规范与义务性规范相互结合为一体的规定。例如，《宪法》规定，中华人民共和国公民有劳动的权利和义务；中华人民共和国公民有受教育的权利和义务。在这类规范中，权利与义务互为一体，

表现其特殊的调整方式。在宪法运行中，权利性规范与义务性规范是结合在一起的。特定的宪法规范既是对权利的保障，同时也是对特定国家行为的一种限制。D项正确，不当选。

答案 B

177. 关于宪法效力的说法，下列选项正确的是：（2014/1/94-任）

A. 宪法修正案与宪法具有同等效力
B. 宪法不适用于定居国外的公民
C. 在一定条件下，外国人和法人也能成为某些基本权利的主体
D. 宪法作为整体的效力及于该国所有领域

解析 宪法修正案乃是宪法修改的一种方式，其构成现行《宪法》的有机组成部分。所以，一旦生效通过，其与宪法具有同等效力。A项正确。

中国宪法适用于所有中国公民。而且，我国宪法明确规定了对于华侨的正当权益的保护。华侨，是指定居在国外的中国公民，他们也受中国宪法的保护。B项错误。

外国人和法人在一定的条件下成为行使某些基本权利的主体，在享有基本权利的范围内，宪法效力适用于外国人和法人的活动。C项正确。

任何一个主权国家的宪法的空间效力都及于国土的所有领域，这是由主权的唯一性和不可分割性所决定的，也是由宪法的根本法地位所决定的。D项正确。

答案 ACD

178. 我国《立法法》明确规定："宪法具有最高的法律效力，一切法律、行政法规、地方性法规、自治条例和单行条例、规章都不得同宪法相抵触。"关于这一规定的理解，下列哪一选项是正确的？（2016/1/22-单）

A. 该条文中两处"法律"均指全国人大及其常委会制定的法律
B. 宪法只能通过法律和行政法规等下位法才能发挥它的约束力

C. 宪法的最高法律效力只是针对最高立法机关的立法活动而言的
D. 维护宪法的最高法律效力需要完善相应的宪法审查或者监督制度

解析 题干中第一处"法律效力"中的"法律"泛指法的一般特征，即具有一般性、规范性、抽象性、强制性等；第二处"法律"与行政法规等相连使用，仅指全国人大及其常委会制定的法律，即狭义的法律。A项错误。

宪法效力具有最高性与直接性。在整个法律体系中，宪法效力是最高的，其不仅成为立法的基础，同时对立法行为与依据宪法进行的各种行为产生直接的约束力。我国《宪法》序言最后一个自然段明确规定了这一点。可见，宪法也具有直接约束力。B项错误。

宪法的最高法律效力包括三个方面含义：①宪法是制定普通法律的依据，普通法律是宪法的具体化；②任何普通法律都不得与宪法的内容、原则和精神相违背；③宪法是一切国家机关、社会团体和全体公民的最高行为准则。C项错误。

维护宪法的最高法律效力需要完善相应的宪法审查或者监督制度，追究和纠正一切违反宪法的行为，捍卫宪法的尊严，保证宪法的实施。D项正确。

答案 D

179. 关于我国宪法对领土的效力，下列表述正确的是：（2012/1/89-任）

A. 领土包括一个国家的陆地、河流、湖泊、内海、领海以及它们的底床、底土和上空（领空）
B. 领土是国家的构成要素之一，是国家行使主权的空间，也是国家行使主权的对象
C. 《宪法》在国土所有领域的适用上无任何差异
D. 《宪法》的空间效力及于国土全部领域，是由主权的唯一性和不可分割性决定的

解析 领土包括一个国家的陆地、河流、湖泊、内海、领海以及它们的底床、底土和上空（领

空），是主权国管辖的国家全部疆域。A 项正确。

领土是国家的构成要素之一，是国家行使主权的空间，也是国家行使主权的对象。B 项正确。

任何一个主权国家的宪法的空间效力都及于国土的所有领域，这是由主权的唯一性和不可分割性所决定的，也是由宪法的根本法地位所决定的。D 项正确。

宪法是一个整体，具有一种主权意义上的不可分割性。由于宪法本身的综合性和价值多元性，宪法在不同领域的适用上是有所差异的。例如，在不同的经济形态之间、在普通行政区和民族自治地方之间当然有所区别，但这种区别绝不是说宪法在某些区域有效力而在某些区域没有效力。宪法是一个整体，任何组成部分上的特殊性都不意味着对这个整体的否定，宪法作为整体的效力是及于中华人民共和国的所有领域的。C 项错误。

答案 ABD

180. 最高法院印发的《人民法院民事裁判文书制作规范》规定："裁判文书不得引用宪法……作为裁判依据，但其体现的原则和精神可以在说理部分予以阐述。"关于该规定，下列哪一说法是正确的？（2017/1/22-单）

A. 裁判文书中不得出现宪法条文
B. 当事人不得援引宪法作为主张的依据
C. 宪法对裁判文书不具有约束力
D. 法院不得直接适用宪法对案件作出判决

解析 我国目前尚欠缺具有实效性的宪法审查制度，在此背景下，具有高度原则性和抽象性的宪法规范无法藉由宪法实践问题的解决而得以具体化。最高人民法院《人民法院民事裁判文书制作规范》中所呈现的立场仅仅是强调法院目前不宜直接适用宪法对案件作出判决，也就是说，宪法规范不得作为实质性的裁判依据，而并不能说明宪法规范对法院及其裁判文书没有约束力。作为根本法、最高法，宪法当然具有普遍的最高效力，当事人可以援引宪法作为自己主张的依据，法院也可以引用宪法作为说理的证据。D 项正确。

答案 D

181. 宪法效力是指宪法作为法律规范所具有的约束力与强制性。关于我国宪法效力，下列哪一选项是不正确的？（2011/1/23-单）

A. 侨居国外的华侨受中国宪法保护
B. 宪法的效力及于中华人民共和国的所有领域
C. 宪法的最高法律效力首先源于宪法的正当性
D. 宪法对法院的审判活动没有约束力

解析 由于宪法规定宪法的效力适用于所有中国公民，因此侨居在国外的华侨也受中国宪法保护。A 项正确，不当选。

宪法的效力及于中华人民共和国的所有领域。B 项正确，不当选。

宪法之所以具有最高法律效力，首先是因为宪法具有正当性基础，即：①宪法制定权的正当性；②宪法内容的合理性；③宪法程序的正当性。C 项正确，不当选。

根据《宪法》序言的明确规定，一切国家机关（包括法院）都必须以宪法为根本的活动准则。另外，根据《宪法》第 5 条第 4 款的规定，一切国家机关都必须遵守宪法和法律。因此，宪法对法院的审判活动当然具有约束力。D 项错误，当选。

答案 D

第9讲 宪法的实施及其保障

  30 专题 宪法的修改与解释

182. 关于我国宪法修改，下列哪一选项是正确的？（2014/1/22-单）

A. 我国修宪实践中既有对宪法的部分修改，也有对宪法的全面修改

B. 经1/10以上的全国人大代表提议，可以启动宪法修改程序

C. 全国人大常委会是法定的修宪主体

D. 宪法修正案是我国宪法规定的宪法修改方式

解析 我国的修宪实践中，1975年、1978年和1982年均属于全面修改，1988年、1993年、1999年、2004年和2018年则属于部分修改。A项正确。

宪法修正案的提案主体包括全国人大常委会或者1/5以上的全国人大代表。B项错误。

全国人大是我国法定的修宪主体，全国人大常委会只是修宪的提案主体。C项错误。

宪法修正案并非宪法明文规定，而是规定在《全国人民代表大会议事规则》（以下简称《全国人大议事规则》）当中。D项错误。

答案 A

设题陷阱及常见错误分析

关于制宪主体、制宪机关、修宪主体、修宪提案主体、释宪主体之间的区别一定要掌握，绝对是命题中的热门。

183. 关于我国《宪法》的修改，下列哪些说法是错误的？

A. 《宪法》没有专章规定修改程序

B. 《宪法》规定的修宪机关是全国人民代表大会

C. 《立法法》规定，宪法修正案由国家主席签署主席令予以公布

D. 《全国人大议事规则》规定，宪法修改以无记名投票方式表决

E. 宪法修正案的草案具有最高法律效力

解析 在《宪法》中，没有对《宪法》的修改程序作专章的规定。A项正确，不当选。

根据《宪法》第62条的规定，全国人民代表大会行使下列职权：①修改宪法；……由此可知，我国拥有宪法修改权的机关是全国人民代表大会。B项正确，不当选。

根据《立法法》第28条的规定，全国人民代表大会通过的法律由国家主席签署主席令予以公布。但是，根据《全国人大议事规则》第63条的规定，宪法修正案以全国人民代表大会公告予以公布。C项错误，当选。

根据《全国人大议事规则》第60条第1、2款的规定，会议表决议案采用无记名按表决器方式。如表决器系统在使用中发生故障，采用举手方式。宪法的修改，采用无记名投票方

式表决。D 项正确，不当选。

宪法修正案的草案尚未通过、公布，不具有法律效力。E 项错误，当选。

答案 CE

184. 宪法修改是指有权机关依照一定的程序变更宪法内容的行为。关于宪法的修改，下列选项正确的是：(2016/1/93-任)

A. 凡宪法规范与社会生活发生冲突时，必须进行宪法修改

B. 我国宪法的修改可由 1/5 以上的全国人大代表提议

C. 宪法修正案由全国人民代表大会公告公布施行

D. 我国 1988 年《宪法修正案》规定，土地的使用权可依照法律法规的规定转让

解析 宪法修改的基本原因主要表现在两个方面：①为了使宪法的规定适应社会实际的发展和变化；②为了弥补宪法规范在实施过程中出现的漏洞。但是，当宪法规范与社会生活发生冲突时，除了宪法修改，还可能通过宪法解释的方式来解决矛盾。A 项错误。

根据现行《宪法》第 64 条第 1 款的规定，宪法的修改，由全国人大常委会或者 1/5 以上的全国人大代表提议。B 项正确。

在我国，现行《宪法》并未明确规定宪法修正案的公布机关。《全国人大议事规则》第 63 条规定："全国人民代表大会通过的宪法修正案，以全国人民代表大会公告予以公布。" C 项正确。

1988 年《宪法修正案》规定，土地的使用权可以依照"法律"的规定转让，可见"法规"并非土地使用权转让的依据。D 项错误。

答案 BC

185. 宪法解释是保障宪法实施的一种手段和措施。关于宪法解释，下列选项正确的是：
(2015/1/94 改编-任)

A. 由司法机关解释宪法的做法源于美国，也以美国为典型代表

B. 德国的宪法解释机关必须结合具体案件对宪法含义进行说明

C. 我国的宪法解释机关对宪法的解释具有最高的、普遍的约束力

D. 我国国务院在制定行政法规时，必然涉及对宪法含义的理解，但无权解释宪法

E. 国务院、中央军委有权向全国人大常委会提出宪法解释的要求

解析 由司法机关按照司法程序解释宪法的体制源于美国。1803 年，美国联邦最高法院首席法官马歇尔在马伯里诉麦迪逊一案中确立了"违宪的法律不是法律""阐释宪法是法官的职责"的宪法规则，从此开创了司法审查制度的先河。目前，世界上有 60 多个国家采用司法机关解释宪法的制度。A 项正确。

德国的宪法解释属于宪法法院模式，不一定非得结合具体个案才开展解释。只有美国的司法解释模式才需要结合司法个案开展解释。B 项错误。

全国人大常委会既可以在出现具体宪法争议时解释宪法，也可以在没有出现宪法争议时抽象地解释宪法，它对宪法的解释应当具有最高的、普遍的约束力。C 项正确。

我国由全国人大常委会解释宪法，属于立法机关解释宪法的体制。这种体制首先是在 1978 年《宪法》中予以确认规定的，在此之前的历部宪法均没有关于宪法解释的规定。D 项正确。

根据《立法法》的规定，国务院、中央军委、国家监察委、最高法、最高检、全国人大各专门委员会、各省级人大常委会可以向全国人大常委会提出法律解释的要求。但是，不论是《宪法》，还是《立法法》，均没有规定有权向全国人大常委会提出宪法解释的要求的主体。E 项错误。

答案 ACD

31 专题 **宪法监督**

186. 律师潘某认为《母婴保健法》与《婚姻登记条例》关于婚前检查的规定存在冲突，遂向全国人大常委会书面提出了进行审查的建议。对此，下列哪一说法是错误的？（2015/1/11 改编-单）

A. 《母婴保健法》的法律效力高于《婚姻登记条例》

B. 如全国人大常委会审查后认定存在冲突，则有权改变或撤销《婚姻登记条例》

C. 全国人大相关专门委员会、常务委员会工作机构需向潘某反馈审查情况

D. 潘某提出审查建议的行为属于社会监督

解 析 《母婴保健法》是全国人大常委会制定的法律，《婚姻登记条例》是国务院制定的行政法规，法律的效力高于行政法规。A 项正确，不当选。

B 项涉及规范性文件的审查，全国人大常委会和国务院之间是监督关系，只能撤销而不能改变。B 项错误，当选。

《立法法》规定了对于提出审查建议的主体的反馈工作。《立法法》第 113 条规定："全国人民代表大会有关的专门委员会、常务委员会工作机构应当按照规定要求，将审查情况向提出审查建议的国家机关、社会团体、企业事业组织以及公民反馈，并可以向社会公开。"C 项正确，不当选。

法律监督分为国家监督和社会监督。国家监督，是指国家机关运用国家公权力实施的监督。社会监督，是指公民、法人、其他社会主体实施的监督。D 项正确，不当选。

答 案 B

187. 根据《立法法》和相关法律的规定，下列哪些选项是不正确的？（2014/1/61 改编-多）

A. 国务院和地方各级政府可以向全国人大常委会提出法律解释的要求

B. 经授权，行政法规可设定限制公民人身自由的强制措施

C. 专门委员会审议法律案的时候，应邀请提案人列席会议，听取其意见

D. 地方各级人大有权撤销本级政府制定的不适当的决定和命令

解 析 国务院、中央军事委员会、国家监察委员会、最高人民法院、最高人民检察院、全国人大各专门委员会以及省、自治区、直辖市的人大常委会可以向全国人大常委会提出法律解释的要求。可见，有权提出法律解释要求的有七个主体，不包括地方各级政府。A 项错误，当选。

根据《立法法》的规定，限制人身自由的强制措施属于绝对保留的范畴，不能授权。B 项错误，当选。

根据《立法法》的规定，专门委员会审议法律案的时候，"可以"邀请提案人列席会议，听取其意见。可见，不是"应"邀请。C 项错误，当选。

根据《地方各级人民代表大会和地方各级人民政府组织法》（以下简称《地方组织法》）第 11 条第 11 项的规定，县级以上的地方各级人大有权撤销本级政府制定的不适当的决定和命令。根据《地方组织法》第 12 条第 1 款第 10 项的规定，乡、民族乡、镇的人大有权撤销乡、民族乡、镇政府制定的不适当的决定和命令。D 项正确，不当选。

答 案 ABC

188. 根据省政府制定的地方规章，省质监部门对生产销售不合格产品的某公司予以行政处罚。被处罚人认为，该省政府规章违反《产品质量法》规定，不能作为处罚依据，遂向法院起诉，请求撤销该行政处罚。关于对该省政府规章是否违法的认定及其处理，下

列哪一选项是正确的？（2012/1/25-单）

A. 由审理案件的法院进行审查并宣告其是否有效

B. 由该省人大审查是否违法并作出是否改变或者撤销的决定

C. 由国务院将其提交全国人大常委会进行审查并作出是否撤销的决定

D. 由该省人大常委会审查其是否违法并作出是否撤销的决定

解析 我国法院无权对政府制定的规章进行审查并宣告其是否有效。A 项错误。

地方人大一般只有权改变或者撤销它的常委会制定的和批准的不适当的地方性法规。B 项错误。

对于省政府制定的不适当的规章，一般而言，应当由本级人大常委会予以撤销，或者由上级政府来改变或撤销。对于省政府制定的规章，国务院作为其上级行政机关，有权直接改变或撤销，没必要将其提交全国人大常委会进行审查。C 项错误。

对于地方政府制定的规章，本级人大常委会有权审查其是否违法并作出是否撤销的决定。D 项正确。

答案 D

189. 某设区的市的市政府依法制定了《关于加强历史文化保护的决定》。关于该决定，下列哪些选项是正确的？（2015/1/65-多）

A. 市人大常委会认为该决定不适当，可以提请上级人大常委会撤销

B. 法院在审理案件时发现该决定与上位法不一致，可以作出合法性解释

C. 与文化部有关文化保护的规定具有同等效力，在各自的权限范围内施行

D. 与文化部有关文化保护的规定之间对同一事项的规定不一致时，由国务院裁决

解析 地方人大常委会有权撤销本级政府制定的不适当的规章。本题中，市人大常委会自己就可以撤销，没必要非得提请上级来撤销。A 项错误。

在我国，普通法院没有正式的法律解释权。B 项错误。

部门规章和地方政府规章在效力上处于同一位阶。C 项正确。

部门规章之间、部门规章与地方政府规章之间对同一事项的规定不一致时，由国务院裁决。D 项正确。

答案 CD

190. 根据《宪法》和法律，关于我国宪法监督方式的说法，下列选项正确的是：（2016/1/94-任）

A. 地方性法规报全国人大常委会和国务院备案，属于事后审查

B. 自治区人大制定的自治条例报全国人大常委会批准后生效，属于事先审查

C. 全国人大常委会应国务院的书面审查要求对某地方性法规进行审查，属于附带性审查

D. 全国人大常委会只有在相关主体提出对某规范性文件进行审查的要求或建议时才启动审查程序

解析 在宪法监督的方式上，我国采取事先审查与事后审查相结合的方式。事先审查，是指在规范性文件生效之前便进行合宪性审查，如"批准"；事后审查，是指在规范性文件生效之后再进行合宪性审查，如"备案""改变""撤销"。A、B 项正确。

附带性审查，是指司法机关在审理案件过程中，因提出对所适用的法律、法规和法律性文件是否违宪的问题，而对该法律、法规和法律性文件所进行的合宪性审查。附带性审查往往以争讼事件为前提，所审查的也是与诉讼有关的法律、法规和法律性文件。全国人大常委会的审查并不属于附带性审查。C 项错误。

根据《立法法》第 111 条第 1 款的规定，全国人大专门委员会、常委会工作机构可以对报送备案的规范性文件进行主动审查。可见，全国人大常委会除了根据要求或建议进行被动审查之外，还可以主动启动审查程序。D 项

错误。

答案 AB

191. 根据《立法法》的规定，关于规范性文件的备案审查制度，下列哪些选项是正确的？（2017/1/66 改编-多）

A. 全国人大有关的专门委员会可对报送备案的规范性文件进行主动审查

B. 自治县人大制定的自治条例与单行条例应按程序报全国人大常委会和国务院备案

C. 设区的市市政府制定的规章应报本级人大常委会、市所在的省级人大常委会和政府、国务院备案

D. 全国人大宪法和法律委员会经审查认为地方性法规同宪法相抵触而制定机关不予修改的，应向委员长会议提出予以撤销的议案或者建议

E. 国务院制定的某行政法规，应当在公布后的 30 日内报全国人大常委会备案

解析 《立法法》第 111 条规定，全国人民代表大会专门委员会、常务委员会工作机构可以对报送备案的行政法规、地方性法规、自治条例和单行条例等进行主动审查，并可以根据需要进行专项审查。国务院备案审查工作机构可以对报送备案的地方性法规、自治条例和单行条例，部门规章和省、自治区、直辖市的人民政府制定的规章进行主动审查，并可以根据需要进行专项审查。A 项正确。

《立法法》第 109 条规定，行政法规、地方性法规、自治条例和单行条例、规章应当在公布后的 30 日内依照下列规定报有关机关备案：①行政法规报全国人民代表大会常务委员会备案。②省、自治区、直辖市的人民代表大会及其常务委员会制定的地方性法规，报全国人民代表大会常务委员会和国务院备案；设区的市、自治州的人民代表大会及其常务委员会制定的地方性法规，由省、自治区的人民代表大会常务委员会报全国人民代表大会常务委员会和国务院备案。③自治州、自治县的人民代

表大会制定的自治条例和单行条例，由省、自治区、直辖市的人民代表大会常务委员会报全国人民代表大会常务委员会和国务院备案；自治条例、单行条例报送备案时，应当说明对法律、行政法规、地方性法规作出变通的情况。④部门规章和地方政府规章报国务院备案；地方政府规章应当同时报本级人民代表大会常务委员会备案；设区的市、自治州的人民政府制定的规章应当同时报省、自治区的人民代表大会常务委员会和人民政府备案。⑤根据授权制定的法规应当报授权决定规定的机关备案；经济特区法规、浦东新区法规、海南自由贸易港法规报送备案时，应当说明变通的情况。B、C、E 项正确。

《立法法》第 112 条规定，全国人民代表大会专门委员会、常务委员会工作机构在审查中认为行政法规、地方性法规、自治条例和单行条例同宪法或者法律相抵触，或者存在合宪性、合法性问题的，可以向制定机关提出书面审查意见；也可以由宪法和法律委员会与有关的专门委员会、常务委员会工作机构召开联合审查会议，要求制定机关到会说明情况，再向制定机关提出书面审查意见。制定机关应当在 2 个月内研究提出是否修改或者废止的意见，并向全国人民代表大会宪法和法律委员会、有关的专门委员会或者常务委员会工作机构反馈。全国人民代表大会宪法和法律委员会、有关的专门委员会、常务委员会工作机构根据前款规定，向制定机关提出审查意见，制定机关按照所提意见对行政法规、地方性法规、自治条例和单行条例进行修改或者废止的，审查终止。全国人民代表大会宪法和法律委员会、有关的专门委员会、常务委员会工作机构经审查认为行政法规、地方性法规、自治条例和单行条例同宪法或者法律相抵触，或者存在合宪性、合法性问题需要修改或者废止，而制定机关不予修改或者废止的，应当向委员长会议提出予以撤销的议案、建议，由委员长会议决定提请常务委员会会议审议决定。D 项正确。

答案 ABCDE

国家的基本制度（上） 第 *10* 讲

政治、经济、文化、社会制度 专题 **32**

192. 根据《宪法》，关于中国人民政治协商会议，下列哪些选项是正确的？（2013/1/62-多）

A. 中国人民政治协商会议是具有广泛代表性的统一战线组织

B. 中国人民政治协商会议是重要的国家机关

C. 中国共产党领导的多党合作和政治协商制度将长期存在和发展

D. 中国共产党领导的爱国统一战线将继续巩固和发展

解析 中国人民政治协商会议是爱国统一战线的组织形式。从本质上讲，中国人民政治协商会议不是国家机关。但是，中国人民政治协商会议也不同于一般的人民团体，它同我国国家权力机关的活动有着极为密切的联系。B 项错误，A、C、D 项正确。

答案 ACD

193. 我国宪法序言规定："中国共产党领导的多党合作和政治协商制度将长期存在和发展。"关于中国人民政治协商会议，下列选项正确的是：（2017/1/91-任）

A. 由党派团体和界别代表组成，政协委员由选举产生

B. 全国政协委员列席全国人大的各种会议

C. 是中国共产党领导的多党合作和政治协商

制度的重要机构

D. 中国人民政治协商会议全国委员会和各地方委员会是国家权力机关

解析 中国人民政治协商会议不是国家机关，它由党派团体和界别代表组成，政协委员不是由选举产生的，而是由各党派团体协商产生的。A 项错误。

我国在长期的政治实践中，形成了人民代表大会和人民政协会议同期召开大会、各级政协委员被邀请列席人大全体会议的惯例，也就是通常所说的"两会"。B 项错误。

中国人民政治协商会议是中国共产党领导的多党合作和政治协商制度的重要机构，是爱国统一战线的组织形式。C 项正确。

在我国，全国人大和地方各级人大是国家权力机关。D 项错误。

答案 C

194. 根据《宪法》规定，关于我国基本经济制度的说法，下列选项正确的是：（2014/1/95-任）

A. 国家实行社会主义市场经济

B. 国有企业在法律规定范围内和政府统一安排下，开展管理经营

C. 集体经济组织实行家庭承包经营为基础、统分结合的双层经营体制

D. 土地的使用权可以依照法律的规定转让

解析 1993年，全国人大通过了对1982年《宪法》第15条的修正案，明确规定"国家实行社会主义市场经济"；1999年，全国人大再次通过对1982年《宪法》序言的修正案，将"发展社会主义市场经济"作为一项重要的国家任务写进《宪法》。A项正确。

1993年，全国人大通过的《宪法修正案》将"国营经济"修改为"国有经济"。其原因之一在于，随着经济体制改革的不断深入，许多大中型全民所有制企业经营体制发生了变化，不再由国家统一进行经营管理。现行《宪法》第16条第1款也规定："国有企业在法律规定的范围内有权自主经营。"可见，B项所言，国有企业的经营管理由政府统一安排，很明显是不妥当的。

集体经济组织可以分为城市集体经济组织和农村集体经济组织两大类。《宪法》第8条第1款规定："农村集体经济组织实行家庭承包经营为基础、统分结合的双层经营体制。……"C项错误。

1988年《宪法修正案》第2条将1982年《宪法》第10条第4款修改为："任何组织或个人不得侵占、买卖或者以其他形式非法转让土地。土地的使用权可以依照法律的规定转让。"D项正确。

答案 AD

195. 社会主义公有制是我国经济制度的基础。根据现行《宪法》的规定，关于基本经济制度的表述，下列哪一选项是正确的？（2016/1/23-单）

A. 国家财产主要由国有企业组成

B. 城市的土地属于国家所有

C. 农村和城市郊区的土地都属于集体所有

D. 国营经济是社会主义全民所有制经济，是国民经济中的主导力量

解析 在我国，国有企业和国有自然资源是国家财产的主要部分。此外，国家机关、事业单位、部队等全民单位的财产也是国有财产的重要组成部分。A项错误。

根据《宪法》第10条第1、2款的规定，城市的土地属于国家所有；农村和城市郊区的土地原则上属于集体所有，但法律规定属于国家所有的，属于国家所有。B项正确，C项错误。

在1993年以前，社会主义全民所有制经济一般被称为国营经济。1993年3月29日第八届全国人民代表大会第一次会议通过的《宪法修正案》将"国营经济"修改为"国有经济"。国有经济，即社会主义全民所有制经济，是国民经济中的主导力量。国家保障国有经济的巩固和发展。D项错误。

答案 B

196. 张家村与李家村毗邻，李家村的用水取自流经张家村的小河，多年来两村经常因用水问题发生冲突。2001年春，为根本解决问题，县政府决定将这条小河的水流交给乡水管站统一调配。张家村人认为：小河历史上就属于张家村所有，县政府无权将这条河的水流交乡水管站统一调配，遂将县政府告上法院。请问：根据现行宪法和法律，下列哪一说法是正确的？（2002/1/6-单）

A. 张家村告得有理，因为水流属于村民集体所有，政府无权收归国有

B. 张家村告得有理，因为这条小河的河床属于张家村集体所有，这条小河里的水流当然也属于村民集体支配

C. 县政府的决定合法，因为水流属于国家所有，政府当然有权调配河水的供应

D. 县政府的决定合法，因为水流虽然居于张家村所有，但李家村人也应享有喝水用水的权利，为解决李家村用水问题，政府可以将水流供应统一调配

解析 《宪法》第9条规定："矿藏、水流、森林、山岭、草原、荒地、滩涂等自然资源，都属于国家所有，即全民所有；由法律规定属于集体所有的森林和山岭、草原、荒地、滩涂除外。国家保障自然资源的合理利用，保护珍贵

的动物和植物。禁止任何组织或者个人用任何手段侵占或者破坏自然资源。"因此，水流属于国家所有，政府有权根据需要合理调配水流的供给。C 项正确，A、B、D 项错误。

答案 C

197. 关于国家文化制度，下列哪些表述是正确的？（2015/1/62-多）

A. 我国宪法所规定的文化制度包含了爱国统一战线的内容

B. 国家鼓励自学成才，鼓励社会力量依照法律规定举办各种教育事业

C. 是否较为系统地规定文化制度，是社会主义宪法区别于资本主义宪法的重要标志之一

D. 公民道德教育的目的在于培养有理想、有道德、有文化、有纪律的社会主义公民

解析 爱国统一战线是我国人民民主专政制度的主要特色之一，属于政治制度。A 项错误。

现行《宪法》第 19 条第 3 款规定："国家发展各种教育设施，扫除文盲，对工人、农民、国家工作人员和其他劳动者进行政治、文化、科学、技术、业务的教育，鼓励自学成才。"B项正确。

近代意义的宪法产生以来，虽然各国宪法在不同时期的规定有很大差异，但文化制度一直是宪法不可缺少的重要内容。《魏玛宪法》第一次系统规定了文化制度，其是典型的资本主义宪法。C 项错误。

现行《宪法》第 24 条规定："国家通过普及理想教育、道德教育、文化教育、纪律和法制教育，通过在城乡不同范围的群众中制定和执行各种守则、公约，加强社会主义精神文明的建设。国家倡导社会主义核心价值观，提倡爱祖国、爱人民、爱劳动、爱科学、爱社会主义的公德，在人民中进行爱国主义、集体主义和国际主义、共产主义的教育，进行辩证唯物主义和历史唯物主义的教育，反对资本主义的、封建主义的和其他的腐朽思想。"D 项正确。

答案 BD

198. 关于宪法与文化制度的关系，下列哪一选项是不正确的？（2012/1/23-单）

A. 宪法规定的文化制度是基本文化制度

B. 《魏玛宪法》第一次比较全面系统规定了文化制度

C. 宪法规定的公民文化教育权利是文化制度的重要内容

D. 保护知识产权是我国宪法规定的基本文化权利

解析 宪法规定一国最基本的政治、经济、文化制度，因此，宪法规定的文化制度当然是基本文化制度。A 项正确，不当选。

1919 年德国《魏玛宪法》不仅详尽地规定了公民的文化权利，而且还明确地规定了国家的基本文化政策。这部宪法第一次比较全面系统地规定了文化制度，后为许多资本主义国家宪法所效仿。B 项正确，不当选。

文化制度范围广泛，既包括有关公民文化权利的规定，也包括有关国家文化政策的规定。C 项正确，不当选。

我国宪法没有规定知识产权。D 项错误，当选。

答案 D

199. 我国的基本社会制度是基于经济、政治、文化、社会、生态文明五位一体的社会主义建设的需要，在社会领域所建构的制度体系。关于国家的基本社会制度，下列哪些选项是正确的？（2016/1/62-多）

A. 我国的基本社会制度是国家的根本制度

B. 社会保障制度是我国基本社会制度的核心内容

C. 职工的工作时间和休假制度是我国基本社会制度的重要内容

D. 加强社会法的实施是发展与完善我国基本社会制度的重要途径

解析 《宪法》第 1 条第 2 款规定："社会主义制度是中华人民共和国的根本制度。中国共产党领导是中国特色社会主义最本质的特征。禁

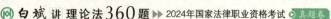
止任何组织或者个人破坏社会主义制度。"A 项错误。

社会保障制度是基本社会制度的核心内容，甚至说，狭义上的社会制度就是指社会保障制度。B 项正确。

我国现行《宪法》对基本社会制度的规定主要包括以下方面：①社会保障制度；②医疗卫生事业；③劳动保障制度；④人才培养制度；⑤计划生育制度；⑥社会秩序及安全维护制度。就劳动保障制度而言，职工的工作时间和休假制度由宪法加以明确规定。《宪法》第43条规定："中华人民共和国劳动者有休息的权利。国家发展劳动者休息和休养的设施，规定职工的工作时间和休假制度。"C 项正确。

随着社会的发展、"法律社会化"现象的出现，又形成了一种新的法律，即社会法，如社会保障法等。加强社会法的实施顺理成章地成为发展与完善我国基本社会制度的重要途径。D 项正确。

答案 BCD

国家的基本制度（下） 第11讲

人民代表大会制度 专题 33

200. 人民代表大会制度是我国的根本政治制度。关于人民代表大会制度，下列表述正确的是：（2017/1/92 改编–任）

A. 国家的一切权力属于人民，这是人民代表大会制度的核心内容和根本准则

B. 各级人大都由民主选举产生，对人民负责，受人民监督

C. "一府一委两院"都由人大产生，对它负责，受它监督

D. 人民代表大会制度是实现社会主义民主的唯一形式

解析 我国的一切权力属于人民，这是我国政治制度的核心内容和根本准则。A项正确。

人民代表大会制度是我国的根本政治制度。各级人大是人民行使国家权力的机关，其通过民主选举产生，对人民负责，受人民监督。B项正确。

国家行政机关、监察机关、审判机关、检察机关都由人大产生，对人大负责，受人大监督。C项正确。

人民代表大会制度是实现社会主义民主的重要形式，但不能说是唯一形式。D项错误。

答案 ABC

选举制度 专题 34

201. 根据《选举法》和相关法律的规定，关于选举的主持机构，下列哪一选项是正确的？（2016/1/24–单）

A. 乡镇选举委员会的组成人员由不设区的市、市辖区、县、自治县的人大常委会任命

B. 县级人大常委会主持本级人大代表的选举

C. 省人大在选举全国人大代表时，由省人大常委会主持

D. 选举委员会的组成人员为代表候选人的，

应当向选民说明情况

解析 在实行直接选举的地方，设立选举委员会主持本级人大代表的选举。不设区的市、市辖区、县、自治县的选举委员会的组成人员由本级人大常委会任命；乡、民族乡、镇的选举委员会的组成人员由不设区的市、市辖区、县、自治县的人大常委会任命。A项正确。

县级人大代表选举属于直接选举，根据A项的理由可知，直接选举由本地选举委员会主

持。B项错误。

县级以上的地方各级人大在选举上一级人大代表时，由各该级人大主席团主持。省级人大在选举全国人大代表时，其主持机关是该省人大主席团。C项错误。

《全国人民代表大会和地方各级人民代表大会选举法》（以下简称《选举法》）第10条第2款规定："选举委员会的组成人员为代表候选人的，应当辞去选举委员会的职务。"D项错误。

答案 A

202. 根据《选举法》的规定，关于选举制度，下列哪些选项是正确的？（2014/1/62－多）

A. 全国人大和地方人大的选举经费，列入财政预算，由中央财政统一开支

B. 全国人大常委会主持香港特别行政区全国人大代表选举会议第一次会议，选举主席团，之后由主席团主持选举

C. 县级以上地方各级人民代表大会举行会议的时候，1/3以上代表联名，可以提出对由该级人民代表大会选出的上一级人大代表的罢免案

D. 选民或者代表10人以上联名，可以推荐代表候选人

解析 全国人大和地方各级人大的选举经费，列入财政预算，由国库开支。A项错误。

《香港特别行政区选举第十四届全国人民代表大会代表的办法》第6条规定："选举会议第一次会议由全国人民代表大会常务委员会召集，根据全国人民代表大会常务委员会委员长会议的提名，推选19名选举会议成员组成主席团。主席团从其成员中推选常务主席1人。主席团主持选举会议。主席团常务主席主持主席团会议。"根据原文的表述，选举会议第一次会议由全国人大常委会"召集"，而不是"主持"。因此，B项不够精确。

县级以上地方各级人大举行会议的时候，主席团或者1/10以上代表联名，可以提出对由

该级人大选出的上一级人大代表的罢免案。C项错误。

根据《选举法》第30条第1、2款的规定，全国和地方各级人大的代表候选人，按选区或者选举单位提名产生。各政党、各人民团体，可以联合或者单独推荐代表候选人。选民或者代表，10人以上联名，也可以推荐代表候选人。D项正确。

因为本题是多选题，至少有两项是正确的，A、C项明显错误，B项错误的隐蔽性较高，所以答案圈定为B、D项。

答案 BD

203. 在直接选举的投票过程中，下列做法符合《选举法》规定的是：

A. 选民赵某因残疾没有能力填写选票，于是委托其7岁的儿子代写。选举委员会认为，其子不具有选民资格，因而认定赵某的选票为无效票

B. 选民王某是文盲，没有能力填写选票，于是委托其妻子代写。选举委员会认为，该委托未经其同意，因而认定王某的选票为无效票

C. 在选举期间，选民刘某外出打工，于是书面委托其妻子代为投票。选举委员会认为，该委托未经其同意，因而认定刘某的选票为无效票

D. 在选举期间，选民秦某外出就医，其父亲、哥哥和妻子随同陪护。于是，经选举委员会同意，他们书面委托秦某的母亲代为投票

解析 选民如果是文盲或者因残疾不能写选票，可以委托他信任的人代写，未成年人亦可，且不需要经过选举委员会同意。A、B项不当选。

选举期间外出，经选举委员会同意，可以书面委托其他选民代为投票，但每一选民接受的委托不得超过3人。可见，委托投票需要选举委员会同意，C项当选；D项中，秦某的母亲接受的委托超过了3人，不当选。

答案 C

设题陷阱及常见错误分析

> 每一选票所选的人数，多于规定应选代表人数的作废，等于或者少于规定应选代表人数的有效。

204. 甲市乙县人民代表大会在选举本县的市人大代表时，乙县多名人大代表接受甲市人大代表候选人的贿赂。对此，下列哪些说法是正确的？（2015/1/63-多）

A. 乙县选民有权罢免受贿的该县人大代表

B. 乙县受贿的人大代表应向其所在选区的选民提出辞职

C. 甲市人大代表候选人行贿行为属于破坏选举的行为，应承担法律责任

D. 在选举过程中，如乙县人大主席团发现有贿选行为应及时依法调查处理

解析 全国和地方各级人民代表大会的代表，受选民和原选举单位的监督。选民或者选举单位都有权罢免自己选出的代表。对于县级的人民代表大会代表，原选区选民50人以上联名，对于乡级的人民代表大会代表，原选区选民30人以上联名，可以向县级的人民代表大会常务委员会书面提出罢免要求。A项正确。

根据《选举法》第55条的规定，全国人民代表大会代表，省、自治区、直辖市、设区的市、自治州的人民代表大会代表，可以向选举他的人民代表大会的常务委员会书面提出辞职。常务委员会接受辞职，须经常务委员会组成人员的过半数通过。接受辞职的决议，须报送上一级人民代表大会常务委员会备案、公告。县级的人民代表大会代表可以向本级人民代表大会常务委员会书面提出辞职，乡级的人民代表大会代表可以向本级人民代表大会书面提出辞职。县级的人民代表大会常务委员会接受辞职，须经常务委员会组成人员的过半数通过。乡级的人民代表大会接受辞职，须经人民代表大会过半数的代表通过。接受辞职的，应当予以公告。可见，县级人大代表辞职是向人大常委会提出。B项错误。

贿选行为必然属于破坏选举的行为。C项正确。

根据《选举法》第59条的规定，主持选举的机构发现有破坏选举的行为或者收到对破坏选举行为的举报，应当及时依法调查处理；需要追究法律责任的，及时移送有关机关予以处理。根据题意可知，本次选举的主持机构是县级人大主席团。D项正确。

答案 ACD

205. 根据《宪法》和法律的规定，关于选举程序，下列哪些选项是正确的？（2013/1/60-多）

A. 乡级人大接受代表辞职，须经本级人民代表大会过半数的代表通过

B. 经原选区选民30人以上联名，可以向县级的人民代表大会常务委员会书面提出罢免乡级人大代表的要求

C. 罢免县级人民代表大会代表，须经原选区2/3以上的选民通过

D. 补选出缺的代表时，代表候选人的名额必须多于应选代表的名额

解析 乡级的人大代表可向本级人大书面提出辞职。乡级人大接受代表辞职，须经代表的过半数通过。A项正确。

根据《选举法》第50条第1款的规定，B项正确。

罢免直接选举的代表，须经原选区过半数的选民通过。C项错误。

补选出缺的代表时，既可以差额选举，也可以等额选举。D项错误。

[相关法条]《选举法》

第55条 全国人民代表大会代表，省、自治区、直辖市、设区的市、自治州的人民代表大会代表，可以向选举他的人民代表大会的常务委员会书面提出辞职。常务委员会接受辞职，须经常务委员会组成人员的过半数通过。接受辞职的决议，须报送上一级人民代表大会常务委员会备案、公告。

县级的人民代表大会代表可以向本级人民

代表大会常务委员会书面提出辞职，乡级的人民代表大会代表可以向本级人民代表大会书面提出辞职。县级的人民代表大会常务委员会接受辞职，须经常务委员会组成人员的过半数通过。乡级的人民代表大会接受辞职，须经人民代表大会过半数的代表通过。接受辞职的，应当予以公告。

第57条第1~4款 代表在任期内，因故出缺，由原选区或者原选举单位补选。

地方各级人民代表大会代表在任期内调离或者迁出本行政区域的，其代表资格自行终止，缺额另行补选。

县级以上的地方各级人民代表大会闭会期间，可以由本级人民代表大会常务委员会补选上一级人民代表大会代表。

补选出缺的代表时，代表候选人的名额可以多于应选代表的名额，也可以同应选代表的名额相等。补选的具体办法，由省、自治区、直辖市的人民代表大会常务委员会规定。

答案 AB

206. 关于特别行政区全国人大代表的选举工作，下列说法正确的是：

A. 在特别行政区成立全国人大代表选举会议，名单由全国人大常委会公布

B. 全国人大代表选举会议的各次会议由主席团主持

C. 代表候选人由选举会议成员10人以上、不超过20人提名

D. 投票时，每一选票所选的人数，等于或者少于应选代表名额的有效，多于应选代表名额的作废

E. 代表候选人获得选举会议全体成员过半数的选票时，始得当选

解析 特别行政区全国人大代表的选举，应当首先在特别行政区成立全国人大代表选举会议。选举会议名单由全国人大常委会公布。A项正确。

全国人大代表选举会议的第一次会议由全国人大常委会主持，第一次会议选举"选举会

议"成员组成主席团，由主席团主持特别行政区全国人大代表的选举。B项错误。

代表候选人由选举会议成员10人以上提名；联名提名不得超过应选人数；候选人应多于应选名额，进行差额选举。C项错误。

选举采用无记名投票的方式；每一选票所选的人数，等于应选代表名额的有效，多于或者少于应选代表名额的作废；代表候选人获得参加投票的选举会议成员过半数的选票时，始得当选。D、E项错误。

答案 A

207. 关于县乡人大代表的选举工作，下列说法正确的有：

A. 乡级人大代表的具体名额，由县级选举委员会确定，并报上一级人大常委会备案

B. 选举委员会的组成人员为代表候选人的，应当辞去选举委员会的职务

C. 县级人大代表的具体名额，由设区的市级人大常委会确定，报省级人大常委会备案

D. 乡级选举委员会受县级人大常委会领导

解析 《选举法》第13条规定："……设区的市、自治州和县级的人民代表大会代表的具体名额，由省、自治区、直辖市的人民代表大会常务委员会依照本法确定，报全国人民代表大会常务委员会备案。乡级的人民代表大会代表的具体名额，由县级的人民代表大会常务委员会依照本法确定，报上一级人民代表大会常务委员会备案。"A、C项错误。

选举委员会的组成人员为代表候选人的，应当辞去选举委员会的职务。B项正确。

县、乡两级选举委员会由县级人大常委会任免，受其领导。D项正确。

答案 BD

208. 《选举法》以专章规定了对代表的监督、罢免和补选的措施。关于代表的罢免，下列哪些选项符合《选举法》的规定？（2008延/1/64-多）

A. 罢免直接选举产生的代表须经原选区过半

数的选民通过

B. 罢免直接选举产生的代表，须将决议报送上一级人大常委会备案

C. 罢免间接选举产生的代表须经原选举单位过半数的代表通过

D. 罢免间接选举产生的代表，在代表大会闭会期间，须经常委会成员 2/3 多数通过

解析 根据《选举法》第 53 条第 1 款的规定，罢免县级和乡级的人大代表，须经原选区过半数的选民通过。A 项当选。

根据《选举法》第 53 条第 2 款的规定，罢免间接选举产生的代表，在各该级人大过半数的代表或其常委会组成人员的过半数通过之后，才需要报送上一级人大常委会备案、公告。B、D 项不当选，C 项当选。

[相关法条]《选举法》

第 49 条 全国和地方各级人民代表大会的代表，受选民和原选举单位的监督。选民或者选举单位都有权罢免自己选出的代表。

第 50 条 对于县级的人民代表大会代表，原选区选民 50 人以上联名，对于乡级的人民代表大会代表，原选区选民 30 人以上联名，可以向县级的人民代表大会常务委员会书面提出罢免要求。

罢免要求应当写明罢免理由。被提出罢免的代表有权在选民会议上提出申辩意见，也可以书面提出申辩意见。

县级的人民代表大会常务委员会应当将罢免要求和被提出罢免的代表的书面申辩意见印发原选区选民。

表决罢免要求，由县级的人民代表大会常务委员会派有关负责人员主持。

第 51 条 县级以上的地方各级人民代表大会举行会议的时候，主席团或者 1/10 以上代表联名，可以提出对由该级人民代表大会选出的上一级人民代表大会代表的罢免案。在人民代表大会闭会期间，县级以上的地方各级人民代表大会常务委员会主任会议或者常务委员会 1/5 以上组成人员联名，可以向常务委员会提出对由该级人民代表大会选出的上一级人民代表大

会代表的罢免案。罢免案应当写明罢免理由。

县级以上的地方各级人民代表大会举行会议的时候，被提出罢免的代表有权在主席团会议和大会全体会议上提出申辩意见，或者书面提出申辩意见，由主席团印发会议。罢免案经会议审议后，由主席团提请全体会议表决。

县级以上的地方各级人民代表大会常务委员会举行会议的时候，被提出罢免的代表有权在主任会议和常务委员会全体会议上提出申辩意见，或者书面提出申辩意见，由主任会议印发会议。罢免案经会议审议后，由主任会议提请全体会议表决。

第 52 条 罢免代表采用无记名的表决方式。

第 53 条 罢免县级和乡级的人民代表大会代表，须经原选区过半数的选民通过。

罢免由县级以上的地方各级人民代表大会选出的代表，须经各该级人民代表大会过半数的代表通过；在代表大会闭会期间，须经常务委员会组成人员的过半数通过。罢免的决议，须报送上一级人民代表大会常务委员会备案、公告。

第 54 条 县级以上的各级人民代表大会常务委员会组成人员，县级以上的各级人民代表大会专门委员会成员的代表职务被罢免的，其常务委员会组成人员或者专门委员会成员的职务相应撤销，由主席团或者常务委员会予以公告。

乡、民族乡、镇的人民代表大会主席、副主席的代表职务被罢免的，其主席、副主席的职务相应撤销，由主席团予以公告。

答案 AC

209. 选民王某，35 岁，外出打工期间本村进行乡人民代表的选举。王某因路途遥远和工作繁忙不能回村参加选举，于是打电话嘱咐 14 岁的儿子帮他投本村李叔 1 票。根据上述情形，下列哪些说法是正确的？（2005/1/61-多）

A. 王某仅以电话通知受托人的方式，尚不能发生有效的委托投票授权

B. 王某必须同时以电话通知受托人和村民委员会，才能发生有效的委托投票授权

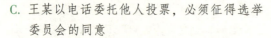

C. 王某以电话委托他人投票，必须征得选举委员会的同意

D. 王某不能电话委托儿子投票，因为儿子还没有选举权

解析《选举法》第42条规定："选民如果在选举期间外出，经选举委员会同意，可以书面委托其他选民代为投票。每一选民接受的委托不得超过3人，并应当按照委托人的意愿代为投票。"本案中，王某以电话委托投票是不合法的，应以书面方式委托，而且王某的儿子年仅14岁，没有选举权，不能作为选民。A、D项正确。

[相关法条]《选举法》

第40条第2款 选民如果是文盲或者因残疾不能写选票的，可以委托他信任的人代写。

第42条 选民如果在选举期间外出，经选举委员会同意，可以书面委托其他选民代为投票。每一选民接受的委托不得超过3人，并应当按照委托人的意愿代为投票。

答案 AD

 专题 **国家结构形式**

210. 根据《宪法》规定，关于行政建置和行政区划，下列选项正确的是：(2014/1/96-任)

A. 全国人大批准省、自治区、直辖市的建置

B. 全国人大常委会批准省、自治区、直辖市的区域划分

C. 国务院批准自治州、自治县的建置和区域划分

D. 省、直辖市、地级市的人民政府决定乡、民族乡、镇的建置和区域划分

解析 省、自治区、直辖市的设立、撤销、更名，特别行政区的成立，应由全国人大审议决定。A项正确。

省、自治区、直辖市行政区域界线的变更，自治州、县、自治县、市、市辖区的设立、撤销、更名或者隶属关系的变更，自治州、自治县的行政区域界线的变更，县、市的行政区域界线的重大变更，都须经国务院审批。B项错误，C项正确。

县、市、市辖区部分行政区域界线的变更，由国务院授权省、自治区、直辖市人民政府审批。而乡、民族乡、镇的设立、撤销、更名或者行政区域界线的变更，则由省、自治区、直辖市人民政府审批，地级市的人民政府无权决定。D项错误。

答案 AC

 一招制敌

在行政区划的审批过程中，全国人大常委会和地级市的人民政府无权决定。

 专题 **民族区域自治制度**

211. 根据《宪法》和法律的规定，关于民族自治地方自治权，下列哪一表述是正确的？(2015/1/24-单)

A. 自治权由民族自治地方的权力机关、行政机关、审判机关和检察机关行使

B. 自治州人民政府可以制定政府规章对国务院部门规章的规定进行变通

C. 自治条例可以依照当地民族的特点对宪法、法律和行政法规的规定进行变通

D. 自治县制定的单行条例须报省级人大常委会批准后生效，并报全国人大常委会备案

解析 民族自治地方的自治机关只有人大和政

府，司法机关没有自治权。A项错误。

《民族区域自治法》第20条规定，上级国家机关的决议、决定、命令和指示，如有不适合民族自治地方实际情况的，自治机关可以报经该上级国家机关批准，变通执行或者停止执行；该上级国家机关应当在收到报告之日起60日内给予答复。自治州人民政府作为自治机关，当然有权变通，但是国务院各部委和地方政府属于同级，不存在上下级关系。B项错误。

根据《宪法》和法律的规定，民族自治法规有三种内容不能变通：①《宪法》和《民族区域自治法》的规定；②法律或行政法规的基本原则；③有关法律、行政法规专门就民族自治地方所作的规定。可见，C项中宪法的规定不能变通，错误。

根据《民族区域自治法》第19条的规定，自治州、自治县的自治条例和单行条例报省级人大常委会批准后生效，并报全国人大常委会和国务院备案。所以D项不全面，缺了国务院。根据《立法法》第109条第3项的规定，自治州、自治县的自治条例和单行条例，由省级人大常委会报全国人大常委会和国务院备案。此条款体现了备案的间接性，D项也没有体现。

因此，A、B、C、D项均有缺陷，但相对而言D项的错误比较轻微。

答案 D

212. 根据《宪法》和法律的规定，关于民族区域自治制度，下列哪些选项是正确的？（2014/1/63-多）

A. 民族自治地方法院的审判工作，受最高法院和上级法院监督

B. 民族自治地方的政府首长由实行区域自治的民族的公民担任，实行首长负责制

C. 民族自治区的自治条例和单行条例报全国人大批准后生效

D. 民族自治地方自主决定本地区人口政策，不实行计划生育

解析 根据《民族区域自治法》第46条的规定，民族自治地方的人民法院和人民检察院对

本级人民代表大会及其常务委员会负责。民族自治地方的人民检察院并对上级人民检察院负责。民族自治地方人民法院的审判工作，受最高人民法院和上级人民法院监督。民族自治地方的人民检察院的工作，受最高人民检察院和上级人民检察院领导。民族自治地方的人民法院和人民检察院的领导成员和工作人员中，应当有实行区域自治的民族的人员。A项正确。

根据《民族区域自治法》第17条第1款的规定，自治区主席、自治州州长、自治县县长由实行区域自治的民族的公民担任。自治区、自治州、自治县的人民政府的其他组成人员，应当合理配备实行区域自治的民族和其他少数民族的人员。B项正确。

根据《民族区域自治法》第19条的规定，民族自治地方的人民代表大会有权依照当地民族的政治、经济和文化的特点，制定自治条例和单行条例。自治区的自治条例和单行条例，报全国人民代表大会常务委员会批准后生效。自治州、自治县的自治条例和单行条例报省、自治区、直辖市的人民代表大会常务委员会批准后生效，并报全国人民代表大会常务委员会和国务院备案。可见，自治区的自治法规的批准主体是全国人大常委会。C项错误。

根据《民族区域自治法》第44条的规定，民族自治地方实行计划生育和优生优育，提高各民族人口素质。民族自治地方的自治机关根据法律规定，结合本地方的实际情况，制定实行计划生育的办法。D项错误。

答案 AB

213. 根据《宪法》和《民族区域自治法》的规定，下列选项不正确的是：（2011/1/87-任）

A. 民族区域自治以少数民族聚居区为基础，是民族自治与区域自治的结合

B. 民族自治地方的国家机关既是地方国家机关，又是自治机关

C. 上级国家机关应该在收到自治机关变通执行或者停止有关决议、决定执行的报告之

日起60日内给予答复

D. 自治地方的自治机关依照国家规定，可以和外国进行教育、科技、文化等方面的交流

解 析 民族区域自治以少数民族聚居区而非散居区为基础，而且是民族自治与区域自治的结合，并非单纯的民族自治。A项正确，不当选。

根据《宪法》和《民族区域自治法》的规定，民族自治地方的自治机关是人民代表大会和人民政府，而民族自治地方的人民法院和人民检察院等国家机关虽是地方国家机关，但不是自治机关。B项错误，当选。

《民族区域自治法》第20条规定："上级国家机关的决议、决定、命令和指示，如有不适合民族自治地方实际情况的，自治机关可以报经该上级国家机关批准，变通执行或者停止执行；该上级国家机关应当在收到报告之日起60日内给予答复。"C项正确，不当选。

根据《民族区域自治法》第42条第2款的规定，依照国家规定可以和国外进行教育、科技、文化等方面的交流的主体并不是D项中表述的"自治地方的自治机关"，而只是"自治区、自治州的自治机关"，自治县的自治机关并无此项权力。D项错误，当选。

答 案 BD

214. 根据我国民族区域自治制度，关于民族自治县，下列哪一选项是错误的？（2017/1/23-单）

A. 自治机关保障本地方各民族都有保持或改革自己风俗习惯的自由

B. 经国务院批准，可开辟对外贸易口岸

C. 县人大常委会中应有实行区域自治的民族的公民担任主任或者副主任

D. 县人大可自行变通或者停止执行上级国家机关的决议、决定、命令和指示

解 析《民族区域自治法》第20条规定，上级国家机关的决议、决定、命令和指示，如有不

适合民族自治地方实际情况的，自治机关可以报经该上级国家机关批准，变通执行或者停止执行；该上级国家机关应当在收到报告之日起60日内给予答复。可见，变通或者停止执行上级国家机关的决议、决定、命令和指示，需要经过该上级国家机关批准。D项错误，当选。

答 案 D

215. 某自治州要选举、任免自治州州长、人大常委会主任和副主任、监察委员会主任、中院院长、州检察院检察长。关于上述人员的选举与任免，下列说法正确的有：

A. 人大常委会主任必须是本自治民族的公民

B. 监察委员会主任和中院院长需要省级人大常委会批准

C. 州检察院检察长须由省检察院检察长报省级人大常委会批准

D. 自治州州长必须是本自治民族的公民

解 析《民族区域自治法》第16条第3款规定："民族自治地方的人民代表大会常务委员会中应当有实行区域自治的民族的公民担任主任或者副主任。"可见，人大常委会主任或者副主任中有本自治民族的公民即可。A项错误。

监察委主任、中院院长由本级人大选举产生，不需要报省级人大常委会批准。B项错误。

《地方组织法》第11条规定："县级以上的地方各级人民代表大会行使下列职权：……⑥选举本级监察委员会主任、人民法院院长和人民检察院检察长；选出的人民检察院检察长，须报经上一级人民检察院检察长提请该级人民代表大会常务委员会批准；……"可见，自治州的检察长在经人大选出之后，需要报经省检察院检察长提请省级人大常委会批准。C项正确。

根据《民族区域自治法》第17条第1款的规定，自治区主席、自治州州长、自治县县长由实行区域自治的民族的公民担任。可见，自治州州长必须是本自治民族的公民。D项正确。

答 案 CD

特别行政区制度 专题

216. 根据《香港特别行政区维护国家安全法》（以下简称《香港维护国安法》）的规定，下列哪些说法是不正确的？

A. 香港特别行政区对与香港特别行政区有关的国家安全事务负有根本责任

B. 香港特别行政区维护国家安全委员会主席由中央派出，成员包括行政长官、政务司长、财政司长、律政司长等人，工作信息应当公开

C. 对于香港特别行政区管辖的危害国家安全犯罪案件，未经律政司长书面同意，任何人不得就案件提出检控

D. 驻香港特别行政区维护国家安全公署及其人员依法执行职务的行为，不受香港特别行政区管辖

解析 《香港维护国安法》第3条第1、2款规定："中央人民政府对香港特别行政区有关的国家安全事务负有根本责任。香港特别行政区负有维护国家安全的宪制责任，应当履行维护国家安全的职责。"可见，A项错误，负有根本责任的是中央人民政府，当选。

《香港维护国安法》第13条第1款规定："香港特别行政区维护国家安全委员会由行政长官担任主席，成员包括政务司长、财政司长、律政司长、保安局局长、警务处处长、本法第16条规定的警务处维护国家安全部门的负责人、入境事务处处长、海关关长和行政长官办公室主任。"可见，B项错误，当选。

《香港维护国安法》第41条第1、2款规定："香港特别行政区管辖危害国家安全犯罪案件的立案侦查、检控、审判和刑罚的执行等诉讼程序事宜，适用本法和香港特别行政区本地法律。未经律政司长书面同意，任何人不得就危害国家安全犯罪案件提出检控。但该规定不影响就有关犯罪依法逮捕犯罪嫌疑人并将其羁押，也不影响该等犯罪嫌疑人申请保释。"可见，C项正确，不当选。

《香港维护国安法》第60条第1、2款规定："驻香港特别行政区维护国家安全公署及其人员依据本法执行职务的行为，不受香港特别行政区管辖。持有驻香港特别行政区维护国家安全公署制发的证件或者证明文件的人员和车辆等在执行职务时不受香港特别行政区执法人员检查、搜查和扣押。"可见，D项正确，不当选。

答案 AB

217. 根据《香港特别行政区基本法》及其附件一、附件二的规定，关于香港特别行政区行政长官和候选人资格审查委员会，下列说法正确的有：

A. 香港特别行政区行政长官是通过选举或者协商产生的，由中央人民政府任命

B. 香港特别行政区候选人资格审查委员会审查选举委员会委员候选人、特首候选人、立法会议员候选人的资格

C. 立法会主席由立法会议员选举产生

D. 选举委员会的总召集人由担任国家领导职务的选举委员会委员担任

解析 《香港特别行政区基本法》第45条第1款规定："香港特别行政区行政长官在当地通过选举或协商产生，由中央人民政府任命。"A项正确。

根据《全国人民代表大会关于完善香港特别行政区选举制度的决定》的规定，设立香港特别行政区候选人资格审查委员会，负责审查并确认选举委员会委员候选人、行政长官候选人和立法会议员候选人的资格。B项正确。

《香港特别行政区基本法》第71条第1款规定："香港特别行政区立法会主席由立法会议员互选产生。"C项正确。

根据全国人大常委会于2021年3月30日公布的《香港特别行政区基本法》附件一的规定，选举委员会设召集人制度，负责必要时召

集选举委员会会议，办理有关事宜。总召集人由担任国家领导职务的选举委员会委员担任。D项正确。

答案 ABCD

218. 根据《香港特别行政区基本法》的规定，关于行政长官，下列说法不正确的有：

A. 担任行政长官，应当年满45周岁，在香港连续居住满20年

B. 行政长官有权解释《香港特别行政区基本法》

C. 行政长官是由一个有广泛代表性的提名委员会按民主程序提名后普选产生的

D. 在行政长官弹劾程序中，如果调查委员会认为有足够证据构成指控，可提出弹劾案，报请立法会决定免去行政长官的职务

解析 《香港特别行政区基本法》第44条规定："香港特别行政区行政长官由年满40周岁，在香港通常居住连续满20年并在外国无居留权的香港特别行政区永久性居民中的中国公民担任。"A项错误，当选。

《香港特别行政区基本法》第158条规定："本法的解释权属于全国人民代表大会常务委员会。全国人民代表大会常务委员会授权香港特别行政区法院在审理案件时对本法关于香港特别行政区自治范围内的条款自行解释。香港特别行政区法院在审理案件时对本法的其他条款也可解释。但如香港特别行政区法院在审理案件时需要对本法关于中央人民政府管理的事务或中央和香港特别行政区关系的条款进行解释，而该条款的解释又影响到案件的判决，在对该案件作出不可上诉的终局判决前，应由香港特别行政区终审法院请全国人民代表大会常务委员会对有关条款作出解释。如全国人民代表大会常务委员会作出解释，香港特别行政区法院在引用该条款时，应以全国人民代表大会常务委员会的解释为准。但在此以前作出的判决不受影响。全国人民代表大会常务委员会在对本法进行解释前，征询其所属的香港特别行政区基本法委员会的意见。"可见，行政长官无权解释《香港特别行政区基本法》。B项

错误，当选。

《香港特别行政区基本法》第45条规定："香港特别行政区行政长官在当地通过选举或协商产生，由中央人民政府任命。行政长官的产生办法根据香港特别行政区的实际情况和循序渐进的原则而规定，最终达至由一个有广泛代表性的提名委员会按民主程序提名后普选产生的目标。行政长官产生的具体办法由附件一《香港特别行政区行政长官的产生办法》规定。"可见，普选产生只是目标，目前仍然沿用由行政长官选举委员会选举产生、由中央人民政府任命的办法。根据《香港特别行政区基本法》和目前有关法律的规定，任何香港特别行政区永久性居民中的中国公民，没有外国居留权、年满40周岁并在香港特别行政区通常居住连续不少于20年的，均有资格被提名为候选人。候选人提名表格须由不少于150名选举委员会委员签署提名，每名选举委员只可以提名1名候选人。竞选人在提名期内向选举事务处提交超过150名选举委员会委员签署的提名表格并获得确认有效后，由近1200名选举委员组成的选举委员会，以无记名投票方式选举产生香港特别行政区行政长官人选，并报请中央人民政府任命。第五届行政长官便是通过这一程序产生的。C项错误，当选。

《香港特别行政区基本法》第73条第9项规定："如立法会全体议员的1/4联合动议，指控行政长官有严重违法或渎职行为而不辞职，经立法会通过进行调查，立法会可委托终审法院首席法官负责组成独立的调查委员会，并担任主席。调查委员会负责进行调查，并向立法会提出报告。如该调查委员会认为有足够证据构成上述指控，立法会以全体议员2/3多数通过，可提出弹劾案，报请中央人民政府决定。"D项错误，当选。

答案 ABCD

219. 根据《香港特别行政区基本法》的规定，关于香港特别行政区法官的任免，下列说法正确的是：

A. 香港特别行政区法院的法官，根据当地法官或法律界及其他方面知名人士推荐，由行政长官任命

B. 香港特别行政区法院的法官在年满60周岁的情况下，行政长官可根据终审法院首席法官任命的不少于3名当地法官组成的审议庭的建议，予以免职

C. 香港特别行政区终审法院和高等法院的所有法官，都应由在外国无居留权的香港特别行政区永久性居民中的中国公民担任

D. 香港特别行政区的法官和其他司法人员，可以从其他普通法适用地区聘用

解析 《香港特别行政区基本法》第88条规定："香港特别行政区法院的法官，根据当地法官和法律界及其他方面知名人士组成的独立委员会推荐，由行政长官任命。"可见，有权推荐法官的是一个独立委员会。A项错误。

《香港特别行政区基本法》第89条规定："香港特别行政区法院的法官只有在无力履行职责或行为不检的情况下，行政长官才可根据终审法院首席法官任命的不少于3名当地法官组成的审议庭的建议，予以免职。香港特别行政区终审法院的首席法官只有在无力履行职责或行为不检的情况下，行政长官才可任命不少于5名当地法官组成的审议庭进行审议，并可根据其建议，依照本法规定的程序，予以免职。"可见，年满60周岁并非将法官免职的法定条件。B项错误。

《香港特别行政区基本法》第90条规定："香港特别行政区终审法院和高等法院的首席法官，应由在外国无居留权的香港特别行政区永久性居民中的中国公民担任。除本法第88条和第89条规定的程序外，香港特别行政区终审法院的法官和高等法院首席法官的任命或免职，还须由行政长官征得立法会同意，并报全国人民代表大会常务委员会备案。"可见，不是"所有法官"。C项错误。

《香港特别行政区基本法》第92条规定："香港特别行政区的法官和其他司法人员，应根据其本人的司法和专业才能选用，并可从其

他普通法适用地区聘用。"D项正确。

答案 D

220. 根据《宪法》和法律的规定，关于特别行政区，下列哪一选项是正确的？（2014/1/23-单）

A. 澳门特别行政区财政收入全部由其自行支配，不上缴中央人民政府

B. 澳门特别行政区立法会举行会议的法定人数为不少于全体议员的2/3

C. 非中国籍的香港特别行政区永久性居民不得当选为香港特别行政区立法会议员

D. 香港特别行政区廉政公署独立工作，对香港特别行政区立法会负责

解析 澳门特别行政区通用自己的货币，财政独立，收入全部用于自身需要，不上缴中央人民政府。A项正确。

澳门特别行政区立法会举行会议的法定人数为不少于全体议员的1/2。B项错误。

香港特别行政区立法会由在外国无居留权的香港特别行政区永久性居民中的中国公民组成。但非中国籍的香港特别行政区永久性居民和在外国有居留权的香港特别行政区永久性居民也可以当选为香港特别行政区立法会议员，其所占比例不得超过立法会全体议员的20%。澳门特别行政区立法会议员不要求当选者"无外国居留权"，也不要求其是"中国公民"。C项错误。

香港特别行政区设立廉政公署和审计署，独立工作，对行政长官负责。D项错误。

[未来命题趋势预测] 特别行政区的财政权只有两个考点：①货币发行权；②财政独立，收入全部用于自身需要，不上缴中央人民政府。请考生熟记。

答案 A

✎ **设题陷阱及常见错误分析**

全国人大所有的会议都需有2/3以上的代表出席始得举行，此点仅局限于全国人大的会议，其他会议均是过半数。

221. 澳门特别行政区依照《澳门基本法》的规定实行高度自治，享有行政管理权、立法权、独立的司法权和终审权。关于中央和澳门特别行政区的关系，下列哪一选项是正确的？（2016/1/25-单）

A. 全国性法律一般情况下是澳门特别行政区的法律渊源

B. 澳门特别行政区终审法院法官的任命和免职须报全国人大常委会备案

C. 澳门特别行政区立法机关制定的法律须报全国人大常委会批准后生效

D.《澳门基本法》在澳门特别行政区的法律体系中处于最高地位，反映的是澳门特别行政区同胞的意志

解析 全国性法律是全国人大及其常委会制定的法律。由于特别行政区将保持其原有的法律制度，因而全国性法律一般不在特别行政区实施。但特别行政区作为中华人民共和国不可分离的一部分，有些体现国家主权和统一的全国性法律又有必要在特别行政区实施。可见，一般情况下，全国性法律不是澳门特别行政区的法律渊源。A项错误。

根据《澳门特别行政区基本法》第 87 条第 3、4 款的规定，终审法院法官的免职由行政长官根据澳门特别行政区立法会议员组成的审议委员会的建议决定。终审法院法官的任免须报全国人大常委会备案。B项正确。

根据《澳门特别行政区基本法》的规定，澳门特别行政区立法会制定的法律须由行政长官签署、公布方有法律效力，并须报全国人大常委会备案，备案不影响该法律的生效。C项错误。

在我国社会主义法律体系中，基本法的地位仅低于宪法，但在特别行政区法律体系中，基本法又处于最高的法律地位。但是，特别行政区基本法是根据我国宪法、由全国人大制定的一部基本法律，它反映了包括香港同胞和澳门同胞在内的全国人民的意志和利益。D项错误。

答案 B

222. 根据《香港特别行政区基本法》的规定，立法会议员具有下列哪些情况时，立法会主席会宣告其丧失立法会议员的资格？

A. 就职宣誓时，故意以不庄重的方式宣誓

B. 在特别行政区政府担任公务人员

C. 经法庭裁定偿还债务而不履行

D. 获得外国居留权

解析 根据《全国人民代表大会常务委员会关于〈中华人民共和国香港特别行政区基本法〉第一百零四条的解释》的规定，在就职宣誓时，宣誓人故意宣读与法定誓言不一致的誓言或者以任何不真诚、不庄重的方式宣誓，也属于拒绝宣誓，所作宣誓无效，宣誓人即丧失就任该条所列相应公职的资格。就职宣誓不符合要求，即不能就任立法会议员。也就是说，不是担任了立法会议员之后被宣告丧失资格，而是本来就没有担任。A项不当选。

《香港特别行政区基本法》第 79 条规定，香港特别行政区立法会议员如有下列情况之一，由立法会主席宣告其丧失立法会议员的资格：①因严重疾病或其他情况无力履行职务；②未得到立法会主席的同意，连续 3 个月不出席会议而无合理解释者；③丧失和放弃香港特别行政区永久性居民的身份；④接受政府的委任而出任公务人员；⑤破产或经法庭裁定偿还债务而不履行；⑥在香港特别行政区区内或区外被判犯有刑事罪行，判处监禁 1 个月以上，并经立法会出席会议的议员 2/3 通过解除其职务；⑦行为不检或违反誓言而经立法会出席会议的议员 2/3 通过谴责。B、C项当选。

香港特别行政区立法会由在外国无居留权的香港特别行政区永久性居民中的中国公民组成。但非中国籍的香港特别行政区永久性居民和在外国有居留权的香港特别行政区永久性居民也可以当选为香港特别行政区立法会议员，其所占比例不得超过立法会全体议员的 20%。可见，获得外国居留权原则上不影响担任立法会议员。D项不当选。

答案 BC

223. 根据《宪法》和《香港特别行政区基本法》规定，下列哪一选项是正确的？（2017/1/24-单）

A. 行政长官就法院在审理案件中涉及的国防、外交等国家行为的事实问题发出的证明文件，对法院无约束力

B. 行政长官对立法会以不少于全体议员 2/3 多数再次通过的原法案，必须在 1 个月内签署公布

C. 香港特别行政区可与全国其他地区的司法机关通过协商依法进行司法方面的联系和相互提供协助

D. 行政长官仅从行政机关的主要官员和社会人士中委任行政会议的成员

解析 特别行政区法院对国防、外交等国家行为无管辖权。其在审理案件中遇有涉及国防、外交等国家行为的事实问题，应取得行政长官就该等问题发出的证明文件，上述文件对法院有约束力。行政长官在发出证明文件前，须取得中央人民政府的证明书。A 项错误。

立法会通过的法案，须经行政长官签署、公布，方能生效。行政长官如认为立法会通过的法案不符合特别行政区的整体利益，可在 3 个月内（澳门是 90 日内）将法案发回立法会重议，立法会如以不少于全体议员 2/3 多数再次通过原案，行政长官必须在 1 个月内（澳门是 30 日内）签署公布或解散立法会。解散立法会后，重选的立法会仍以全体议员 2/3 多数通过所争议的原案，而行政长官仍拒绝签署的，行政长官必须辞职。B 项错误。

根据《香港特别行政区基本法》第 95 条的规定，香港特别行政区可与全国其他地区的司法机关通过协商依法进行司法方面的联系和相互提供协助。C 项正确。

行政会议的职能是协助行政长官决策，其成员由行政长官从行政机关的主要官员、立法会议员、社会人士中委任。D 项错误。

答案 C

224. 2021 年 9 月，新选举制度下的首场选举——2021 年香港特别行政区选举委员会界别分组一般选举成功举行，一个体现"爱国者治港"原则要求的全新的选举委员会顺利诞生。关于香港特别行政区选举委员会委员，下列说法正确的有：

A. 香港特别行政区选举委员会委员涉及工商、金融界等六大界别

B. 香港特别行政区选举委员会委员必须要代表香港特别行政区整体的社会利益

C. 行政长官由香港特别行政区选举委员会选举选出，由中央人民政府任命

D. 香港特别行政区选举委员会委员必须为香港特别行政区永久性居民

解析 香港特别行政区行政长官由选举委员会选出，由中央人民政府任命。而选举委员会则由五个界别各 300 人组成，所有的委员都必须由香港特别行政区永久性居民担任，每届任期 5 年。因此，A 项错误，不是六个界别；C、D 项正确。

香港特别行政区选举委员会委员需要能够代表香港特别行政区社会各阶层、各界别、各方面以及外来投资者的共同利益，即代表香港特别行政区整体的社会利益。因此，B 项正确。

答案 BCD

基层群众性自治组织　专题 38

225.《宪法》第 111 条第 1 款规定："城市和农村按居民居住地区设立的居民委员会或者村民委员会是基层群众性自治组织。居民委员会、村民委员会的主任、副主任和委员由居民选举。居民委员会、村民委员会同基层政权的相互关系由法律规定。"关于基层自

治，下列说法正确的有：

A. 乡、镇政府属于基层群众性自治组织

B. "居民委员会、村民委员会同基层政权的相互关系由法律规定"，这句话里面的法律是指狭义上的法律

C. 基层政权包括乡、民族乡、镇一级政府

D. 村民委员会协助乡、民族乡、镇的人民政府开展工作

解析 基层群众性自治组织是指居民委员会和村民委员会，乡、镇政府属于政府。A项错误。

宪法文本中采用"依照法律规定""依照法律"等表述时，此时的"法律"通常是指全国人大及其常委会制定的法律。B项正确。

基层政权包括城市基层政权和农村基层政权两部分。按照《宪法》和《地方组织法》的规定，在城市，其指不设区的市、市辖区人民政府及其派出机关；在农村，其指乡、民族乡、镇人民政府。C项正确。

《村民委员会组织法》第5条第2款规定："村民委员会协助乡、民族乡、镇的人民政府开展工作。"D项正确。

答案 BCD

226. 根据《村民委员会组织法》的规定，下列哪一选项是正确的？（2012/1/26-单）

A. 村民委员会每届任期3年，村民委员会成员连续任职不得超过2届

B. 罢免村民委员会成员，须经投票的村民过半数通过

C. 村民委员会选举由乡镇政府主持

D. 村民委员会成员丧失行为能力的，其职务自行终止

解析 村民委员会每届任期5年，但村民委员会成员可以连选连任。A项错误。

村民委员会成员的选举和罢免均采双过半制。B项错误。

村民委员会的选举工作由村民选举委员会主持。C项错误。

村民委员会成员丧失行为能力或者被判处刑罚的，其职务自行终止。D项正确。

[相关法条]《村民委员会组织法》

第11条 村民委员会主任、副主任和委员，由村民直接选举产生。任何组织或者个人不得指定、委派或者撤换村民委员会成员。

村民委员会每届任期5年，届满应当及时举行换届选举。村民委员会成员可以连选连任。

第12条第1款 村民委员会的选举，由村民选举委员会主持。

第16条 本村1/5以上有选举权的村民或者1/3以上的村民代表联名，可以提出罢免村民委员会成员的要求，并说明要求罢免的理由。被提出罢免的村民委员会成员有权提出申辩意见。

罢免村民委员会成员，须有登记参加选举的村民过半数投票，并须经投票的村民过半数通过。

第18条 村民委员会成员丧失行为能力或者被判处刑罚的，其职务自行终止。

答案 D

227. 某村村委会未经村民会议讨论，制定了土地承包经营方案，侵害了村民的合法权益，引发了村民的强烈不满。根据《村民委员会组织法》的规定，下列哪些做法是正确的？（2015/1/64-多）

A. 村民会议有权撤销该方案

B. 由该村所在地的乡镇级政府责令改正

C. 受侵害的村民可以申请法院予以撤销

D. 村民代表可以就此联名提出罢免村委会成员的要求

解析 村委会向村民会议负责并报告工作。村民会议有权审议村委会的年度工作报告，评议村委会成员的工作；有权撤销或者变更村委会不适当的决定；有权撤销或者变更村民代表会议不适当的决定。村民会议可以授权村民代表会议审议村委会的年度工作报告，评议村委会成员的工作，撤销或者变更村委会不适当的决定。A项正确。

根据《村民委员会组织法》第36条第2款的规定，村委会不依照法律、法规的规定履行法定义务的，由乡、民族乡、镇的人民政府责

令改正。B 项正确。

村委会或者村委会成员作出的决定侵害村民合法权益的，受侵害的村民可以申请人民法院予以撤销，责任人依法承担法律责任。C 项正确。

本村 1/5 以上有选举权的村民或者 1/3 以上的村民代表联名，可以提出罢免村委会成员的要求，并说明要求罢免的理由。被提出罢免的成员有权提出申辩意见。罢免村委会成员也采 "双过半制"，须有登记参加选举的村民过半数投票，并须经投票的村民过半数通过。D 项正确。

答案 ABCD

228. 某乡政府为有效指导、支持和帮助村民委员会的工作，根据相关法律法规，结合本乡实际作出了下列规定，其中哪一规定是合法的？（2016/1/26-单）

A. 村委会的年度工作报告由乡政府审议
B. 村民会议制定和修改的村民自治章程和村规民约，报乡政府备案
C. 对登记参加选举的村民名单有异议并提出申诉的，由乡政府作出处理并公布处理结果
D. 村委会组成人员违法犯罪不能继续任职的，由乡政府任命新的成员暂时代理至本届村委会任期届满

解析 村民会议审议村委会的年度工作报告，评议村委会成员的工作。村委会属于基层群众性自治组织，乡政府无权审议其年度工作报告。A 项不当选。

村民自治章程、村规民约由村民会议制定和修改，并报乡、民族乡、镇的人民政府备案。村民自治章程、村规民约以及村民会议或者村民代表会议的决定不得与宪法、法律、法规和国家的政策相抵触，不得有侵犯村民的人身权利、民主权利和合法财产权利的内容；否则，由乡、民族乡、镇的人民政府责令改正。B 项当选。

根据《村民委员会组织法》第 14 条第 2 款的规定，对登记参加选举的村民名单有异议的，

应当自名单公布之日起 5 日内向村民选举委员会申诉，村民选举委员会应当自收到申诉之日起 3 日内作出处理决定，并公布处理结果。C 项不当选。

根据《村民委员会组织法》第 18 条的规定，村委会成员丧失行为能力或者被判处刑罚的，其职务自行终止。根据《村民委员会组织法》第 11 条第 1 款的规定，任何组织或者个人不得指定、委派或者撤换村委会成员。D 项不当选。

答案 B

229. 杨某与户籍在甲村的村民王某登记结婚后，与甲村村委会签订了 "不享受本村村民待遇" 的 "入户协议"。此后，杨某将户籍迁入甲村，但与王某长期在外务工。甲村村委会任期届满进行换届选举，杨某和王某要求参加选举。对此，下列说法正确的是：（2017/1/93-任）

A. 王某因未在甲村居住，故不得被列入参加选举的村民名单
B. 杨某因与甲村村委会签订了 "入户协议"，故不享有村委会选举的被选举权
C. 杨某经甲村村民会议或村民代表会议同意之后方可参加选举
D. 选举前应当对杨某进行登记，将其列入参加选举的村民名单

解析 村委会选举前，应当对下列人员进行登记，列入参加选举的村民名单：①户籍在本村并且在本村居住的村民；②户籍在本村，不在本村居住，本人表示参加选举的村民；③户籍不在本村，在本村居住 1 年以上，本人申请参加选举，并且经村民会议或者村民代表会议同意参加选举的公民。此外，已在户籍所在村或者居住村登记参加选举的村民，不得再参加其他地方村委会的选举。本案中，杨某的户籍在甲村，不在甲村居住，但本人表示参加选举，则应当列入参加选举的村民名单，不需要经甲村村民会议或村民代表会议同意。A、C 项错误，D 项正确。

村委会成员由年满18周岁且未被剥夺政治权利的村民直接选举产生。杨某符合参选条件，村委会不能藉由"入户协议"剥夺杨某的选举权。B项错误。

答案 D

230. 根据《宪法》和法律的规定，关于基层群众自治，下列哪一选项是正确的？（2014/1/25-单）

A. 村民委员会的设立、撤销，由乡镇政府提出，经村民会议讨论同意，报县级政府批准

B. 有关征地补偿费用的使用和分配方案，经村民会议讨论通过后，报乡镇政府批准

C. 居民公约由居民会议讨论通过后，报不设区的市、市辖区或者它的派出机关批准

D. 居民委员会的设立、撤销，由不设区的市、市辖区政府提出，报市政府批准

解析 城市和农村按居民居住地区设立的居民委员会或者村民委员会是基层群众性自治组织。村民委员会的设立、撤销、范围调整，由乡、民族乡、镇的人民政府提出，经村民会议讨论同意，报县级人民政府批准。A项正确。

根据《村民委员会组织法》第24条第1款的规定，征地补偿费的使用、分配方案等涉及村民利益的事项，必须经村民会议讨论决定方可办理。可见，村民委员会属于基层群众性自治组织，除组织外，相关事项不需要报政府批准。B项错误。

居民公约由居民会议讨论制定，报不设区的市、市辖区的人民政府或者它的派出机关备案，由居民委员会监督执行。C项错误。

居民委员会的设立、撤销、规模调整，由不设区的市、市辖区的人民政府决定。D项错误。

[未来命题趋势预测]村民会议可以制定和修改村民自治章程、村规民约，并报乡、民族乡、镇的人民政府备案。可见，制定村规民约、居民公约属于村民、居民自治权力的范畴，不需要报送政府批准，只需报送备案即可。

答案 A

231. 根据《宪法》和《村民委员会组织法》的规定，下列哪些选项是正确的？（2011/1/63-多）

A. 村民会议由本村18周岁以上，没有被剥夺政治权利的村民组成

B. 乡、民族乡、镇的人民政府不得干预依法属于村民自治范围内的事项

C. 罢免村民委员会成员，须经参加投票的村民过半数通过

D. 村民委员会成员实行任期和离任经济责任审计

解析 村民会议是由本村18周岁以上的村民自然组成的，不涉及选举和被选举的问题，因此不要求"没有被剥夺政治权利"。"年满18周岁且没有被剥夺政治权利"是参加村民委员会选举的主体资格要求。A项错误。

根据《村民委员会组织法》第5条第1款的规定，乡、民族乡、镇的人民政府对村民委员会的工作给予指导、支持和帮助，但是不得干预依法属于村民自治范围内的事项。B项正确。

根据《村民委员会组织法》第16条第2款的规定，罢免村民委员会成员采"双过半制"，即须有登记参加选举的村民过半数投票，并须经投票的村民过半数通过。C项错误。

根据《村民委员会组织法》第35条第1款的规定，村民委员会成员实行任期和离任经济责任审计。D项正确。

[相关法条]《村民委员会组织法》

第21条 村民会议由本村18周岁以上的村民组成。

村民会议由村民委员会召集。有1/10以上的村民或者1/3以上的村民代表提议，应当召集村民会议。召集村民会议，应当提前10天通知村民。

第35条 村民委员会成员实行任期和离任经济责任审计，审计包括下列事项：

（一）本村财务收支情况；

（二）本村债权债务情况；

（三）政府拨付和接受社会捐赠的资金、物资管理使用情况；

（四）本村生产经营和建设项目的发包管理以及公益事业建设项目招标投标情况；

（五）本村资金管理使用以及本村集体资产、资源的承包、租赁、担保、出让情况，征地补偿费的使用、分配情况；

（六）本村 1/5 以上的村民要求审计的其他事项。

村民委员会成员的任期和离任经济责任审计，由县级人民政府农业部门、财政部门或者乡、民族乡、镇的人民政府负责组织，审计结果应当公布，其中离任经济责任审计结果应当在下一届村民委员会选举之前公布。

答案 BD

第 *12* 讲　公民的基本权利与义务

 39 专题　**公民基本权利与义务概述**

232. 基本权利的效力是指基本权利规范所产生的拘束力。关于基本权利效力，下列选项正确的是：（2017/1/94-任）

A. 基本权利规范对立法机关产生直接的拘束力

B. 基本权利规范对行政机关的活动和公务员的行为产生拘束力

C. 基本权利规范只有通过司法机关的司法活动才产生拘束力

D. 一些国家的宪法一定程度上承认基本权利规范对私人产生拘束力

解析 基本权利规范是在调整个人与国家关系或者个人与公权力关系的基础上产生的，这就决定了基本权利规范的效力主要及于国家或者行使公权力的主体（如立法机关、行政机关及其公务员、司法机关及其工作人员等），而不及于私人关系或者私法领域。但是进入现代社会以来，许多国家的宪法在一定程度上开始承认基本权利规范对私人产生拘束力。A、B、D项正确，C项错误。

答案 ABD

 40 专题　**我国公民的基本权利**

233. 法律格言说："法律不能使人人平等，但在法律面前人人是平等的。"关于该法律格言，下列哪一说法是正确的？（2014/1/9-单）

A. 每个人在法律面前事实上是平等的

B. 在任何时代和社会，法律面前人人平等都是一项基本法律原则

C. 法律可以解决现实中的一切不平等问题

D. 法律面前人人平等原则并不禁止在立法上作出合理区别的规定

解析 法的平等是一种规范上的平等，属于应然范畴，不是事实平等。A项错误。

　　法律面前人人平等只是人类社会发展到了近代资本主义社会之后才提出来的基本法律原则，在奴隶社会和封建社会不可能存在。B项错误。

　　社会主义法治理念不认同"法律万能"的思维偏向，强调要全面发挥各种社会规范的调整作用，综合协调地运用多元化的手段和方式来实现对国家的治理和管理，要坚持依法治国与以德治国的有机统一。可见，C项认为，法律可以解决一切不平等问题，犯了法律万能论的错误。

　　法律面前人人平等原则只是禁止不合理的差别对待，而不是禁止任何差别对待，合理的

差别对待是被允许的。D 项正确。

答案 D

---

234. 中华人民共和国公民在法律面前一律平等。关于平等权，下列哪一表述是错误的？（2015/1/25-单）

A. 我国宪法中存在一个关于平等权规定的完整规范系统

B. 犯罪嫌疑人的合法权利应该一律平等地受到法律保护

C. 在选举权领域，性别和年龄属于宪法所列举的禁止差别理由

D. 妇女享有同男子平等的权利，但对其特殊情况可予以特殊保护

解析 《宪法》第 34 条规定，中华人民共和国年满 18 周岁的公民，不分民族、种族、性别、职业、家庭出身、宗教信仰、教育程度、财产状况、居住期限，都有选举权和被选举权；但是依照法律被剥夺政治权利的人除外。可见，享有选举权和被选举权要求权利人年满 18 周岁，故而，立法者可以依据年龄对公民的选举权和被选举权进行差别对待。C 项错误，当选。

答案 C

---

235. 某县政府以较低补偿标准进行征地拆迁。张某因不同意该补偿标准，拒不拆迁自己的房屋。为此，县政府责令张某的儿子所在中学不为其办理新学期注册手续，并通知财政局解除张某的女婿李某（财政局工勤人员）与该局的劳动合同。张某最终被迫签署了拆迁协议。关于当事人被侵犯的权利，下列选项正确的是：（2015/1/92-任）

A. 张某的住宅不受侵犯权

B. 张某的财产权

C. 李某的劳动权

D. 张某儿子的受教育权

解析 本题中未涉及住宅的非法侵入、非法搜查的问题。A 项错误。

"张某最终被迫签署了拆迁协议"，很明显

其财产权受到了侵害。B 项正确。

"通知财政局解除张某的女婿李某（财政局工勤人员）与该局的劳动合同"，这种做法侵害了李某的劳动权。C 项正确。

县政府责令张某的儿子所在中学不为其办理新学期注册手续，这种做法侵害了其子的受教育权。D 项正确。

答案 BCD

---

236. 关于《宪法》对人身自由的规定，下列哪一选项是不正确的？（2013/1/25-单）

A. 禁止用任何方法对公民进行侮辱、诽谤和诬告陷害

B. 生命权是《宪法》明确规定的公民基本权利，属于广义的人身自由权

C. 禁止非法搜查公民身体

D. 禁止非法搜查或非法侵入公民住宅

解析 《宪法》没有明确规定生命权。B 项错误，当选。

[未来命题趋势预测] 考生需要熟悉现行《宪法》规定了哪些基本权利，没有规定哪些基本权利。

[相关法条] 《宪法》

第 37 条　中华人民共和国公民的人身自由不受侵犯。

任何公民，非经人民检察院批准或者决定或者人民法院决定，并由公安机关执行，不受逮捕。

禁止非法拘禁和以其他方法非法剥夺或者限制公民的人身自由，禁止非法搜查公民的身体。

第 38 条　中华人民共和国公民的人格尊严不受侵犯。禁止用任何方法对公民进行侮辱、诽谤和诬告陷害。

第 39 条　中华人民共和国公民的住宅不受侵犯。禁止非法搜查或者非法侵入公民的住宅。

第 40 条　中华人民共和国公民的通信自由和通信秘密受法律的保护。除因国家安全或者追查刑事犯罪的需要，由公安机关或者检察机关依照法律规定的程序对通信进行检查外，任何组织或者个人不得以任何理由侵犯公民的通信自由和通信秘密。

答案 B

237. 我国《宪法》第38条明确规定："中华人民共和国公民的人格尊严不受侵犯。"关于该条文所表现的宪法规范，下列哪些选项是正确的？（2015/1/61 改编-多）

A. 在性质上属于组织性规范

B. 通过《民法典》中有关姓名权的规定得到了间接实施

C. 法院在涉及公民名誉权的案件中可以直接据此作出判决

D. 与法律中的有关规定相结合构成一个有关人格尊严的规范体系

解析 宪法中既包括关于国家机构组织及其职权的规范（组织性规范），也包括关于公民基本权利的规范（人权规范）。题干中关于人格尊严的规定分明是人权规范，和国家机构组织无关。A 项错误。

就实施方式而言，其他法律的实施都具有直接性，但宪法的实施方式的间接性特点更为突出。这实际上是由宪法作为"母法"的特点所决定的。也就是说，宪法在实施过程中，主要是通过具体法律规范来作用于具体的人和事，国家的其他法律和法律性文件以宪法为基础并且不能与宪法相抵触。B 项正确。

在我国，法院不能直接引用宪法裁判案件。C 项错误。

《宪法》中的人格尊严条款与《民法典》中的人格权条款等一系列条款共同构成了一个有关人格尊严的完整规范体系。D 项正确。

答案 BD

238. 根据我国宪法规定，关于公民住宅不受侵犯，下列哪些选项是正确的？（2012/1/61 改编-多）

A. 该规定要求国家保障每个公民获得住宅的权利

B. 《治安管理处罚法》第40条规定，非法侵入他人住宅的，视情节给予不同时日的行政拘留和罚款。该条规定体现了宪法保障住宅不受侵犯的精神

C. 《刑事诉讼法》第71条规定，被取保候审的犯罪嫌疑人、被告人未经执行机关批准不得离开所居住的市、县。该条规定是对《宪法》规定的公民住宅不受侵犯的合理限制

D. 住宅自由不是绝对的，公安机关、检察机关为了收集犯罪证据、查获犯罪嫌疑人，严格依法对公民住宅进行搜查并不违宪

解析 住宅不受侵犯属于消极受益权，重在强调"不受侵犯"，即在没有法律的许可或者户主等居住者的同意的情况下，任何机关、团体或者个人都不能以任何形式，如随意进入、查封、搜查等"侵犯"公民的住宅。A 项错在将其理解为一种积极受益权。

《治安管理处罚法》依据《宪法》制定，其第40条相应地也体现了《宪法》中"住宅不受侵犯"的精神。B 项正确。

C 项中的取保候审与住宅不受侵犯没有关系，可以排除。

住宅自由可以依法限制。D 项正确。

答案 BD

239. 某市执法部门发布通告："为了进一步提升本市市容和环境卫生整体水平，根据相关规定，全市范围内禁止设置各类横幅标语。"根据该通告，关于禁设横幅标语，下列哪一说法是正确的？（2017/1/25-单）

A. 涉及公民的出版自由

B. 不构成对公民基本权利的限制

C. 在目的上具有正当性

D. 涉及宪法上的合理差别问题

解析 出版自由，是指通过公开出版物的形式，自由地表达对公共事务的见解和看法，是言论自由的自然延伸。本题中，设置各类横幅标语并非公开出版物，因此不涉及出版自由，而属于言论自由。A 项错误。

"为了进一步提升本市市容和环境卫生整体水平，根据相关规定，全市范围内禁止设置各类横幅标语。"很明显，该通告限制了各类横幅标语的设置，即限制了言论自由。B 项错误。

对于横幅标语的该项禁止，乃是为了进一步提升本市市容和环境卫生整体水平，该目的的确具有正当性。C 项正确。

合理差别涉及的是平等的问题，本题中并未涉及平等对待的问题。D 项错误。

答案 C

240. 张某对当地镇政府干部王某的工作提出激烈批评，引起群众热议，被公安机关以诽谤他人为由行政拘留 5 日。张某的精神因此受到严重打击，事后相继申请行政复议和提起行政诉讼，法院依法撤销了公安机关《行政处罚决定书》。随后，张某申请国家赔偿。根据《宪法》和法律的规定，关于本案的分析，下列哪些选项是正确的？（2016/1/63-多）

A. 王某因工作受到批评，人格尊严受到侵犯
B. 张某的人身自由受到侵犯
C. 张某的监督权受到侵犯
D. 张某有权获得精神损害抚慰金

解析 监督权是宪法赋予公民监督国家机关及其工作人员的活动的权利，其内容包括批评建议权、控告检举权和申诉权。本案中，张某批评王某，其实是张某行使监督权的表现。虽然公安机关错误地以诽谤他人为由行政拘留张某，但是，法院已经依法撤销了公安机关的这一行政处罚决定，这充分说明了张某并未捏造或者歪曲事实诬告陷害王某。因此，王某的人格尊严并未受到侵犯。A 项错误。

法考官方审定教材指出，人身自由，是指公民的身体不受非法侵犯，即不受非法限制、搜查、拘留和逮捕。题干表明，法院依法撤销了公安机关的行政处罚决定，这充分说明了公安机关行政拘留张某是违法的。因此，张某的人身自由受到了侵犯。B 项正确。

为了保障公民监督权的有效行使，《宪法》第 41 条第 1 款规定，中华人民共和国公民对于任何国家机关和国家工作人员，有提出批评和建议的权利；对于任何国家机关和国家工作人员的违法失职行为，有向有关国家机关提出申

诉、控告或者检举的权利，但是不得捏造或者歪曲事实进行诬告陷害。本案中，公安机关并未查清事实就对张某予以行政拘留，后该行政处罚决定被法院依法撤销，这说明公安机关的这一行政行为当然侵犯了张某的监督权。C 项正确。

宪法规定了公民的获得赔偿权。法考官方审定教材指出，现行的《国家赔偿法》在归责原则方面改变了之前采用的严格的违法归责原则，该法第 2 条第 1 款规定："国家机关和国家机关工作人员行使职权，有本法规定的侵犯公民、法人和其他组织合法权益的情形，造成损害的，受害人有依照本法取得国家赔偿的权利。"且其首次明确了致人精神损害，造成严重后果的，赔偿义务机关应当支付相应的"精神损害抚慰金"。D 项正确。

答案 BCD

241. 我国《宪法》第 13 条规定："公民的合法的私有财产不受侵犯。国家依照法律规定保护公民的私有财产权和继承权。"关于这一规定，下列哪些说法是正确的？（2017/1/61-多）

A. 国家不得侵犯公民的合法的私有财产权
B. 国家应当保护公民的合法的私有财产权不受他人侵犯
C. 对公民私有财产权和继承权的保护和限制属于法律保留的事项
D. 国家保护公民的合法的私有财产权，是我国基本经济制度的重要内容之一

解析 宪法中所规定的公民的基本权利，主要是针对国家公权力而言的。例如，《宪法》第 13 条第 1 款规定，"公民的合法的私有财产不受侵犯"，即强调公民的合法的私有财产免于国家的侵犯，是一种防御国家公权力的权利。A 项正确。

《宪法》第 13 条第 2 款还规定，"国家依照法律规定保护公民的私有财产权和继承权"，指明了国家不仅不能侵犯公民的私有财产权，而且还有义务保护公民的私有财产权免于其他

主体的侵犯，此即所谓国家保护义务理论所突出强调的。B项正确。

此外，《宪法》第13条第2款还特别强调，国家"依照法律规定"来保护公民的私有财产权和继承权，即说明相关事项属于法律保留范围。C项正确。

经济制度，是指一国通过宪法和法律调整的以生产资料所有制形式为核心的各种基本经济关系的规则、原则和政策的总称，包括生产资料所有制形式，各种经济成分的相互关系及其宪法地位，国家发展经济的基本方针、基本原则等内容。在我国，国家对社会主义公共财产和公民合法的私有财产的保护均属于我国经济制度的重要内容。D项正确。

答案 ABCD

 41 专题 我国公民的基本义务

242. 根据《宪法》的规定，关于公民纳税义务，下列哪些选项是正确的？（2012/1/62-多）

A. 国家在确定公民纳税义务时，要保证税制科学合理和税收负担公平

B. 要坚持税收法定原则，税收基本制度实行法律保留

C. 纳税义务直接涉及公民个人财产权，宪法纳税义务具有防止国家权力侵犯其财产权的属性

D. 履行纳税义务是公民享有其他权利的前提条件

解析 国家在确定公民纳税义务时，要保证税制科学合理和税收负担公平；既要保证国家财政需要，又要使纳税人有实际的承受能力。A项正确。

根据《立法法》的规定，税收基本制度只能由法律规定。B项正确。

纳税义务具有双重性：一方面，纳税是国家财政的主要来源，具有形成国家财力的属性，也是国家进行宏观调控的重要经济杠杆；另一方面，纳税义务具有防止国家权力侵犯公民个人财产权的属性。与纳税义务相对的是国家的课税权。依法纳税是保护公民个人财产权的重要保证。C项正确。

宪法并没有规定履行纳税义务是公民享有其他权利的前提条件。D项错误。

答案 ABC

243. 王某为某普通高校应届毕业生，23岁，尚未就业。根据《宪法》和法律的规定，关于王某的权利义务，下列哪一选项是正确的？（2014/1/24-单）

A. 无需承担纳税义务

B. 不得被征集服现役

C. 有选举权和被选举权

D. 有休息的权利

解析 根据《宪法》第56条的规定，中华人民共和国公民有依照法律纳税的义务。每个公民都是纳税人，此身份与是否直接向税务机关缴纳税款无关。A项错误。

在我国，依法被剥夺政治权利的人不得服兵役；应征公民被羁押，正在受侦查、起诉、审判的，或者被判处徒刑、拘役、管制正在服刑的，不征集服现役；应征公民是维持家庭生活的唯一劳动力或者是正在全日制学校就学的学生的，可以缓征。可见，23岁的王某已经从高校毕业，既不具备缓征的条件，也不满足不得服兵役、不征集服现役的情形，而属于应当被征集服现役的范围。B项错误。

选举权的普遍性要求，只要符合三大基本条件，就有选举权和被选举权，与是否就业无关。C项正确。

现行《宪法》第43条第1款规定，中华人民共和国劳动者有休息的权利。王某尚未就业，因此谈不上享有宪法上的休息的权利。D项错误。

答案 C

国家机构　第13讲

全国人民代表大会及其常务委员会　专题 42

244. 根据《全国人大议事规则》的规定，下列说法正确的是：

A. 全国人民代表大会通过的宪法修正案，由国家主席发布主席令予以公布

B. 全国人民代表大会决定任命的国务院总理，以全国人民代表大会公告予以公布；副总理、国务委员、各部部长、各委员会主任、中国人民银行行长、审计长、秘书长，由国家主席签署主席令任命并予以公布

C. 会议表决议案采用无记名按表决器方式；如表决器系统在使用中发生故障，采用举手方式

D. 代表在大会全体会议上发言的，每人可以发言2次，每次不超过10分钟

解析 《全国人大议事规则》第63条规定，全国人民代表大会通过的宪法修正案，以全国人民代表大会公告予以公布。A项错误。

《全国人大议事规则》第61条规定，全国人民代表大会选举产生的全国人民代表大会常务委员会委员长、副委员长、秘书长、委员，中华人民共和国主席、副主席，中央军事委员会主席，国家监察委员会主任，最高人民法院院长，最高人民检察院检察长，决定任命的中央军事委员会副主席、委员，通过的全国人民代表大会专门委员会成员，以全国人民代表大会公告予以公布。全国人民代表大会决定任命

的国务院总理、副总理、国务委员、各部部长、各委员会主任、中国人民银行行长、审计长、秘书长，由中华人民共和国主席根据全国人民代表大会的决定，签署主席令任命并予以公布。B项错误。

《全国人大议事规则》第60条第1款规定，会议表决议案采用无记名按表决器方式。如表决器系统在使用中发生故障，采用举手方式。C项正确。

《全国人大议事规则》第57条第1款规定，代表在大会全体会议上发言的，每人可以发言两次，第一次不超过10分钟，第二次不超过5分钟。《全国人大议事规则》第58条规定，主席团成员和代表团团长或者代表团推选的代表在主席团每次会议上发言的，每人可以就同一议题发言2次，第一次不超过15分钟，第二次不超过10分钟。经会议主持人许可，发言时间可以适当延长。D项错误。

答案 C

245. 根据《全国人民代表大会组织法》的规定，下列说法不正确的有：

A. 1/6的全国人民代表大会代表提议，可以临时召集全国人民代表大会会议

B. 全国人民代表大会每次会议举行预备会议，选举本次会议的主席团和秘书长，通过本次会议的议程和其他准备事项的决定

C. 全国人民代表大会主席团推选常务主席若
干人，负责召集并主持全国人民代表大会
的全体会议

D. 全国人民代表大会常务委员会委员长因为
健康情况不能工作或者缺位的时候，由常
务委员会在副委员长中选举一人继任委员
长的职位

解析 《全国人民代表大会组织法》（以下简称
《全国人大组织法》）第8条第2款规定，全
国人民代表大会会议每年举行1次，由全国人
民代表大会常务委员会召集。全国人民代表大
会常务委员会认为必要，或者有1/5以上的全
国人民代表大会代表提议，可以临时召集全国
人民代表大会会议。A项错误，需要1/5以上
的全国人民代表大会代表提议，当选。

《全国人大组织法》第11条第1款规定，
全国人民代表大会每次会议举行预备会议，选
举本次会议的主席团和秘书长，通过本次会议
的议程和其他准备事项的决定。B项正确，不
当选。

《全国人大组织法》第12条规定，主席团
主持全国人民代表大会会议。主席团推选常务
主席若干人，召集并主持主席团会议。主席团
推选主席团成员若干人分别担任每次大会全体
会议的执行主席，并指定其中一人担任全体会
议主持人。C项错误，当选。

《全国人大组织法》第24条规定，常务委
员会委员长主持常务委员会会议和常务委员会
的工作。副委员长、秘书长协助委员长工作。
副委员长受委员长的委托，可以代行委员长的
部分职权。委员长因为健康情况不能工作或者
缺位的时候，由常务委员会在副委员长中推选
一人代理委员长的职务，直到委员长恢复健康
或者全国人民代表大会选出新的委员长为止。
D项错误，当选。

答案 ACD

246. 关于中央国家机构组成人员的选举、
罢免、任免和辞职，根据《全国人大议事规
则》的规定，下列说法错误的有：

A. 全国人大全体会议选举或者表决任命案的
时候，设秘密写票处

B. 全国人大全体会议选举或者表决的结果，
由会议主持人当场宣布；候选人的得票
数，应当公布

C. 全国人大闭会期间，外交部部长提出辞职
的，由委员长会议将其辞职请求提请全国
人大常委会审议决定；常委会接受辞职
后，应当报请全国人大下次会议确认

D. 全国人大闭会期间，国务院总理缺位的，
全国人大常委会可以在国务院副总理中决
定代理人选

解析 《全国人大议事规则》第40条规定，全
国人民代表大会会议选举或者决定任命，采用
无记名投票方式。得票数超过全体代表的半数
的，始得当选或者通过。大会全体会议选举或
者表决任命案的时候，设秘密写票处。选举或
者表决结果，由会议主持人当场宣布。候选人
的得票数，应当公布。A、B项正确，不当选。

《全国人大议事规则》第43条第1~3款规
定，全国人民代表大会会议期间，全国人民代
表大会常务委员会的组成人员，中华人民共和
国主席、副主席，国务院的组成人员，中央军
事委员会的组成人员，国家监察委员会主任，
最高人民法院院长，最高人民检察院检察长，
全国人民代表大会专门委员会成员提出辞职的，
由主席团将其辞职请求交各代表团审议后，提
请大会全体会议决定；大会闭会期间提出辞职
的，由委员长会议将其辞职请求提请全国人民
代表大会常务委员会审议决定。全国人民代表
大会常务委员会接受全国人民代表大会常务委
员会委员长、副委员长、秘书长，中华人民共
和国主席、副主席，国务院总理、副总理、国
务委员，中央军事委员会主席，国家监察委员
会主任，最高人民法院院长，最高人民检察院
检察长辞职的，应当报请全国人民代表大会下
次会议确认。全国人民代表大会常务委员会接
受全国人民代表大会常务委员会委员辞职的，
应当向全国人民代表大会下次会议报告。可见，
向全国人大辞职有两个需要注意的点：①开会

期间由主席团交各代表团审议后提请大会全体会议决定。②闭会期间由委员长会议提请全国人大常委会审议决定，其中，接受领导人员的辞职的，应报请全国人大下次会议确认；接受全国人大常委会委员的辞职的，应当向全国人大下次会议报告；接受国务院正副总理、国务委员以外的组成人员辞职的，不需要报请全国人大下次会议确认。C 项错误，当选。

《全国人大议事规则》第 43 条第 4 款规定，全国人民代表大会闭会期间，国务院总理、中央军事委员会主席、国家监察委员会主任、最高人民法院院长、最高人民检察院检察长缺位的，全国人民代表大会常务委员会可以分别在国务院副总理、中央军事委员会副主席、国家监察委员会副主任、最高人民法院副院长、最高人民检察院副检察长中决定代理人选。D 项错误，当选。

答案 CD

247. 关于全国人民代表大会的专门委员会和调查委员会，下列说法不正确的有：

A. 各专门委员会受全国人民代表大会领导；在全国人民代表大会闭会期间，受全国人民代表大会常务委员会领导

B. 各专门委员会由主任委员、副主任委员若干人、委员若干人和秘书长组成

C. 在全国人民代表大会闭会期间，全国人民代表大会常务委员会可以任免专门委员会的组成人员，由委员长会议提名，常务委员会会议表决通过

D. 各专门委员会每届任期同全国人民代表大会每届任期相同，履行职责到下届全国人民代表大会产生新的专门委员会为止

E. 全国人民代表大会或者全国人民代表大会常务委员会都可以组织对于特定问题的调查委员会

解析 全国人民代表大会及其常务委员会和各专门委员会之间是领导与被领导的关系。A 项正确，不当选。

各专门委员会由主任委员、副主任委员若

干人和委员若干人组成。B 项错误，当选。

各专门委员会的主任委员、副主任委员和委员的人选由主席团在代表中提名，全国人民代表大会会议表决通过。在大会闭会期间，全国人民代表大会常务委员会可以任免专门委员会的副主任委员和委员，由委员长会议提名，常务委员会会议表决通过。C 项错误，当选。

《全国人大组织法》第 35 条规定："各专门委员会每届任期同全国人民代表大会每届任期相同，履行职责到下届全国人民代表大会产生新的专门委员会为止。"D 项正确，不当选。

《全国人大组织法》第 41 条规定："全国人民代表大会或者全国人民代表大会常务委员会可以组织对于特定问题的调查委员会。调查委员会的组织和工作，由全国人民代表大会或者全国人民代表大会常务委员会决定。"E 项正确，不当选。

答案 BC

248. 全国人大常委会下设代表工作委员会。关于该委员会的职责，下列说法正确的是：

A. 该委员会的工作内容包括审查人大代表资格

B. 该委员会由全国人大选举产生，在全国人大开会时由全国人大领导，闭会时由全国人大常委会领导

C. 对所有审查工作全权负责

D. 有权确认代表资格无效

解析 2023 年 6 月 28 日，第十四届全国人大常委会第三次会议表决通过了关于设立全国人大常委会代表工作委员会的决定，设立全国人大常委会代表工作委员会。全国人大常委会代表工作委员会是全国人大常委会的工作机构。其主要职责是：①负责全国人大代表名额分配、资格审查、联络服务有关工作；②承担代表集中视察、专题调研、联系群众有关制度制定和指导协调工作；③负责全国人大代表议案建议工作的统筹管理；④负责全国人大代表履职的监督管理；⑤负责全国人大代表学习培训的统筹规划和管理；⑥指导省级人大常委会代表工

作；⑦承担全国人大常委会代表资格审查委员会的具体工作；⑧承办全国人大常委会交办的其他事项。A项正确。

代表工作委员会属于全国人大常委会下设的工作机构，由全国人大常委会产生。B项错误。

C项中的"全权负责"太过于宽泛，错误。

代表资格审查委员会可以对当选代表是否符合代表的基本条件、选举是否符合法定程序和是否存在当选无效的违法行为进行审查，向全国人大常委会提出报告，由全国人大常委会确认代表的资格或确定个别代表的当选无效并公布。可见，确认代表当选无效的权力归属于全国人大常委会，代表工作委员会并无此项权力。D项错误。

答案 A

249. 根据《宪法》和法律的规定，关于立法权权限和立法程序，下列选项正确的是：
（2013/1/89 改编-多）

A. 全国人大常委会在人大闭会期间，可以对全国人大制定的法律进行部分补充和修改，但不得同该法律的基本原则相抵触

B. 全国人大通过的法律由全国人民代表大会主席团予以公布

C. 全国人大宪法和法律委员会审议法律案时，应邀请有关专门委员会的成员列席会议，发表意见

D. 列入全国人大常委会会议议程的法律案，除特殊情况外，应当在举行会议7日前将草案发给常委会组成人员

解析 基本法律原则上由全国人大制定和修改，但在全国人大闭会期间，全国人大常委会有权对基本法律进行部分补充和修改，但不得同该法律的基本原则相抵触。A项正确。

不论是全国人大制定的基本法律，还是全国人大常委会制定的非基本法律，通过之后都应由国家主席发布主席令予以公布。B项错误。

根据《立法法》的规定，有关的专门委员会审议法律案时，可以邀请其他专门委员会的

成员列席会议，发表意见。但是，宪法和法律委员会审议法律案时，应当邀请有关的专门委员会的成员列席会议，发表意见。C项正确。

法律案列入全国人大常委会会议议程之后，除特殊情况外，应当在会议举行的7日前将法律草案发给常委会组成人员。D项正确。

答案 ACD

250. 关于宪法和法律委员会，下列说法正确的有：

A. 属于全国人大的专门委员会之一，没有固定任期

B. 全国人大常委会可根据需要为其任免一定数量的非代表的专家作为委员，提供专业意见

C. 统一审议向全国人大或其常委会提出的法律草案，其他专门委员会提出意见

D. 享有推动宪法实施、开展宪法解释、推进合宪性审查、加强宪法监督、配合宪法宣传等工作职责

解析 宪法和法律委员会属于全国人大的专门委员会之一，其成员由主席团从全国人大代表中提名，大会表决产生；每届任期5年。可见，一方面，宪法和法律委员会有固定任期；另一方面，要想担任宪法和法律委员会的委员，必须首先是全国人大代表。A项错误。

同时需要提醒考生注意，《全国人大组织法》第36条规定："各专门委员会主任委员主持委员会会议和委员会的工作。副主任委员协助主任委员工作。各专门委员会可以根据工作需要，任命专家若干人为顾问；顾问可以列席专门委员会会议，发表意见。顾问由全国人民代表大会常务委员会任免。"可见，全国人大常委会有权为各专门委员会任免一定数量的非代表的专家作顾问，列席专门委员会会议，发表意见。B项错误。

《全国人大组织法》第39条规定："宪法和法律委员会承担推动宪法实施、开展宪法解释、推进合宪性审查、加强宪法监督、配合宪法宣传等工作职责。宪法和法律委员会统一审

议向全国人民代表大会或者全国人民代表大会常务委员会提出的法律草案和有关法律问题的决定草案；其他专门委员会就有关草案向宪法和法律委员会提出意见。"C、D 项正确。

答案 CD

251. 根据我国宪法的规定，关于决定特赦，下列哪一选项是正确的？

A. 中华人民共和国国家主席决定特赦
B. 全国人民代表大会常务委员会决定特赦
C. 新中国成立以来曾经有过大赦的实践
D. 1975 年《宪法》和 1978 年《宪法》均没有规定赦免
E. 王某被特赦之后第 4 年又故意犯罪，仍然可以被特赦
F. 刘某犯受贿罪，可以被特赦
G. 特赦属于法治的例外

解析 《宪法》第 67 条第 18 项规定，全国人民代表大会常务委员会行使决定特赦的职权。A 项错误，B 项正确。

赦免包括大赦和特赦。一般来说，大赦既赦其刑也赦其罪，特赦只赦其刑不赦其罪。我国 1954 年《宪法》曾规定大赦与特赦两种赦免形式，但从未有过大赦的实践。C 项错误。

1975 年《宪法》没有规定赦免，1978 年《宪法》和 1982 年《宪法》均只规定了特赦。D 项错误。

累犯不得特赦。《刑法》第 65 条第 1 款规定，被判处有期徒刑以上刑罚的犯罪分子，刑罚执行完毕或者赦免以后，在 5 年以内再犯应当判处有期徒刑以上刑罚之罪的，是累犯，应当从重处罚，但是过失犯罪和不满 18 周岁的人犯罪的除外。E 项错误，王某不得被特赦。

犯贪污受贿犯罪，故意杀人、强奸、抢劫、绑架、放火、爆炸、投放危险物质或者有组织的暴力性犯罪，黑社会性质的组织犯罪，危害国家安全犯罪，恐怖活动犯罪，有组织犯罪的主犯以及累犯不得被特赦。F 项错误，刘某不得被特赦。

特赦不属于法外开恩，而是法内开恩，体现了依法治国的理念和人道主义精神，并非法治的例外。G 项错误。

答案 B

252. 根据《宪法》和法律的规定，关于全国人大代表的权利，下列哪些选项是正确的？（2016/1/64-多）

A. 享有绝对的言论自由
B. 有权参加决定国务院各部部长、各委员会主任的人选
C. 非经全国人大主席团或者全国人大常委会许可，一律不受逮捕或者行政拘留
D. 有 1/5 以上的全国人大代表提议，可以临时召集全国人民代表大会会议

解析 根据《宪法》第 75 条的规定，全国人大代表在全国人大各种会议上的发言和表决，不受法律追究。可见，全国人大代表并没有绝对的言论自由，只有在全国人大各种会议上的言论不受法律追究，在其他场合的违法言论当然应当受到追究。A 项错误。

全国人大代表有权参加各项选举和表决。全国人大代表参加决定国务院组成人员（包括各部部长、各委员会主任在内）和中央军事委员会副主席、委员的人选，参加表决通过全国人大各专门委员会组成人员的人选。B 项正确。

全国人大代表有人身受特别保护权。根据《宪法》第 74 条的规定，在全国人大开会期间，没有经过全国人大会议主席团的许可，在全国人大闭会期间，没有经过全国人大常委会的许可，全国人大代表不受逮捕或者刑事审判。C 项错误。

根据《宪法》第 61 条第 1 款的规定，全国人大会议每年举行 1 次。如果全国人大常委会认为必要，或者有 1/5 以上的全国人大代表提议，可以临时召集全国人大会议。D 项正确。

答案 BD

253. 根据《国家勋章和国家荣誉称号法》规定，下列哪一选项是正确的？（2017/1/26-单）

A. 共和国勋章由全国人大常委会提出授予议案，由全国人大决定授予

B. 国家荣誉称号为其获得者终身享有

C. 国家主席进行国事活动，可直接授予外国政要、国际友人等人士"友谊勋章"

D. 国家功勋簿是记载国家勋章和国家荣誉称号获得者的名录

解析 全国人大常委会委员长会议（根据各方面的建议）、国务院、中央军事委员会向全国人大常委会提出授予国家勋章、国家荣誉称号的议案，全国人大常委会决定授予国家勋章和国家荣誉称号。A项错误。

除非依法被撤销，国家勋章和国家荣誉称号为其获得者终身享有。获得者因犯罪被依法判处刑罚或者有其他严重违法、违纪等行为，继续享有国家勋章、国家荣誉称号将会严重损害国家最高荣誉的声誉的，由全国人大常委会决定撤销并予以公告。可见，国家荣誉称号并非必然由其获得者终身享有，而是有被撤销的可能。B项错误。

《国家勋章和国家荣誉称号法》第8条规定，中华人民共和国主席进行国事活动，可以直接授予外国政要、国际友人等人士"友谊勋章"。C项正确。

国家设立国家功勋簿，记载国家勋章和国家荣誉称号获得者及其功绩。国家功勋簿不仅要记载国家勋章和国家荣誉称号获得者的名录，而且也要记载其功绩。D项错误。

答案 C

254. 根据《宪法》和《立法法》规定，关于法律案的审议，下列哪些选项是正确的？（2017/1/63 改编-多）

A. 列入全国人大会议议程的法律案，由宪法和法律委员会根据各代表团和有关专门委员会的审议意见，对法律案进行统一审议，向主席团提出审议结果报告和法律草案修改稿

B. 列入全国人大会议议程的法律案，在交付表决前，提案人要求撤回的，应说明理由，

经主席团同意并向大会报告，对法律案的审议即行终止

C. 列入全国人大常委会会议议程的法律案，因调整事项较为单一，各方面意见比较一致的，也可经一次常委会会议审议即交付表决

D. 列入全国人大常委会会议议程的法律案，因暂不付表决经过2年没有再次列入常委会会议议程审议的，委员长会议可以决定终止审议该法律案

解析 《立法法》第23条规定，列入全国人民代表大会会议议程的法律案，由宪法和法律委员会根据各代表团和有关的专门委员会的审议意见，对法律案进行统一审议，向主席团提出审议结果报告和法律草案修改稿，对涉及的合宪性问题以及重要的不同意见应当在审议结果报告中予以说明，经主席团会议审议通过后，印发会议。A项正确。

《立法法》第25条规定，列入全国人民代表大会会议议程的法律案，在交付表决前，提案人要求撤回的，应当说明理由，经主席团同意，并向大会报告，对该法律案的审议即行终止。B项正确。

《立法法》第32条规定，列入常务委员会会议议程的法律案，一般应当经3次常务委员会会议审议后再交付表决。常务委员会会议第一次审议法律案，在全体会议上听取提案人的说明，由分组会议进行初步审议。常务委员会会议第二次审议法律案，在全体会议上听取宪法和法律委员会关于法律草案修改情况和主要问题的汇报，由分组会议进一步审议。常务委员会会议第三次审议法律案，在全体会议上听取宪法和法律委员会关于法律草案审议结果的报告，由分组会议对法律草案修改稿进行审议。常务委员会审议法律案时，根据需要，可以召开联组会议或者全体会议，对法律草案中的主要问题进行讨论。《立法法》第33条规定，列入常务委员会会议议程的法律案，各方面的意见比较一致的，可以经2次常务委员会会议审议后交付表决；调整事项较为单一或者部分修

改的法律案，各方面的意见比较一致，或者遇有紧急情形的，也可以经 1 次常务委员会会议审议即交付表决。C 项正确。

《立法法》第 45 条规定，列入常务委员会会议审议的法律案，因各方面对制定该法律的必要性、可行性等重大问题存在较大意见分歧搁置审议满 2 年的，或者因暂不付表决经过 2 年没有再次列入常务委员会会议议程审议的，委员长会议可以决定终止审议，并向常务委员会报告；必要时，委员长会议也可以决定延期审议。D 项正确。

答案 ABCD

255. 根据《全国人民代表大会常务委员会关于实行宪法宣誓制度的决定》的规定，关于我国宪法宣誓的程序，下列说法不正确的有：

A. 在举行宪法宣誓仪式时，应当奏唱国歌

B. 国家主席的宪法宣誓，应当由全国人大常委会委员长会议组织宣誓仪式

C. 国家监察委员会副主任的宪法宣誓，应当由全国人大常委会委员长会议组织宣誓仪式

D. 我国的宪法宣誓一般情况下应当公开举行，特殊情况下可以秘密举行

E. 所有国家工作人员均应当在就职时公开进行宪法宣誓

F. 宣誓场所应当庄重、严肃，悬挂中华人民共和国国旗或者国徽

解析 《全国人民代表大会常务委员会关于实行宪法宣誓制度的决定》第 8 条第 1、2 款规定：“宣誓仪式根据情况，可以采取单独宣誓或者集体宣誓的形式。单独宣誓时，宣誓人应当左手抚按《中华人民共和国宪法》，右手举拳，诵读誓词。集体宣誓时，由一人领誓，领誓人左手抚按《中华人民共和国宪法》，右手举拳，领诵誓词；其他宣誓人整齐排列，右手举拳，跟诵誓词。宣誓场所应当庄重、严肃，悬挂中华人民共和国国旗或者国徽。宣誓仪式应当奏唱中华人民共和国国歌。”A、F 项正确，不当选。

《全国人民代表大会常务委员会关于实行宪法宣誓制度的决定》第 3 条规定：“全国人民代表大会选举或者决定任命的中华人民共和国主席、副主席，全国人民代表大会常务委员会委员长、副委员长、秘书长、委员，国务院总理、副总理、国务委员、各部部长、各委员会主任、中国人民银行行长、审计长、秘书长，中华人民共和国中央军事委员会主席、副主席、委员，国家监察委员会主任，最高人民法院院长，最高人民检察院检察长，以及全国人民代表大会专门委员会主任委员、副主任委员、委员等，在依照法定程序产生后，进行宪法宣誓。宣誓仪式由全国人民代表大会会议主席团组织。”B 项错误，当选。

《全国人民代表大会常务委员会关于实行宪法宣誓制度的决定》第 6 条规定：“全国人民代表大会常务委员会任命或者决定任命的国家监察委员会副主任、委员，最高人民法院副院长、审判委员会委员、庭长、副庭长、审判员和军事法院院长，最高人民检察院副检察长、检察委员会委员、检察员和军事检察院检察长，中华人民共和国驻外全权代表，在依照法定程序产生后，进行宪法宣誓。宣誓仪式由国家监察委员会、最高人民法院、最高人民检察院、外交部分别组织。”可见，国家监察委员会副主任的宪法宣誓仪式是由国家监察委员会自己组织的。C 项错误，当选。

《全国人民代表大会常务委员会关于实行宪法宣誓制度的决定》第 1 条规定：“各级人民代表大会及县级以上各级人民代表大会常务委员会选举或者决定任命的国家工作人员，以及各级人民政府、监察委员会、人民法院、人民检察院任命的国家工作人员，在就职时应当公开进行宪法宣誓。”可见，宪法宣誓全部应当公开举行，没有秘密举行的情况。D 项错误，当选。

2018 年《宪法》修正，增加规定：“国家工作人员就职时应当依照法律规定公开进行宪法宣誓。”可见，宪法将哪些主体应当进行宪法宣誓的决定权交给了法律加以规定。而作为法律的《全国人民代表大会常务委员会关于实

行宪法宣誓制度的决定》并没有要求所有国家工作人员均进行宪法宣誓，只是要求"地方各级人民代表大会及县级以上地方各级人民代表大会常务委员会选举或者决定任命的国家工作人员，以及地方各级人民政府、监察委员会、人民法院、人民检察院任命的国家工作人员，在依照法定程序产生后，进行宪法宣誓"。E项错误，当选。

答案 BCDE

256. 关于全国人大及其常委会的质询权，下列说法正确的是：（2010/1/93-任）

A. 全国人大会议期间，1个代表团可书面提出对国务院的质询案

B. 全国人大会议期间，30名以上代表联名可书面提出对国务院各部的质询案

C. 全国人大常委会会议期间，常委会组成人员10人以上可书面提出对国务院各委员会的质询案

D. 全国人大常委会会议期间，委员长会议可书面提出对国务院的质询案

解析 根据《全国人大组织法》第21条的规定，全国人民代表大会会议期间，1个代表团或者30名以上的代表联名，可以书面提出对国务院以及国务院各部门、国家监察委员会、最高人民法院、最高人民检察院的质询案。根据《全国人大组织法》第30条的规定，常务委员会会议期间，常务委员会组成人员10人以上联名，可以向常务委员会书面提出对国务院以及国务院各部门、国家监察委员会、最高人民法院、最高人民检察院的质询案。可见，A、B、C项正确。

答案 ABC

257. 根据《宪法》和《监督法》的规定，下列选项正确的是：（2011/1/88-任）

A. 县级以上地方各级政府应当在每年6月至9月期间，将上一年度的本级决算草案提请本级人大常委会审查和批准

B. 人大常委会认为必要时，可以对审计工作

报告作出决议；本级政府应在决议规定的期限内，将执行决议的情况向常委会报告

C. 最高法院作出的属于审判工作中具体应用法律的解释，应当在公布之日起30日内报全国人大常委会备案

D. 撤职案的表决采取记名投票的方式，由常委会全体组成人员的过半数通过

解析 根据《各级人民代表大会常务委员会监督法》（以下简称《监督法》）第15条第2款的规定，A项正确。

根据《监督法》第20条第1款的规定，B项正确。

根据《监督法》第31条的规定，C项正确。

根据《监督法》第46条第3款的规定，撤职案的表决采取"无记名"投票的方式，由常委会全体组成人员的过半数通过，而不是采取"记名"投票的方式。D项错误。

[相关法条]《监督法》

第15条 国务院应当在每年6月，将上一年度的中央决算草案提请全国人民代表大会常务委员会审查和批准。

县级以上地方各级人民政府应当在每年6月至9月期间，将上一年度的本级决算草案提请本级人民代表大会常务委员会审查和批准。

决算草案应当按照本级人民代表大会批准的预算所列科目编制，按预算数、调整数或者变更数以及实际执行数分别列出，并作出说明。

第16条 国务院和县级以上地方各级人民政府应当在每年6月至9月期间，向本级人民代表大会常务委员会报告本年度上一阶段国民经济和社会发展计划、预算的执行情况。

第17条 国民经济和社会发展计划、预算经人民代表大会批准后，在执行过程中需要部分调整的，国务院和县级以上地方各级人民政府应当将调整方案提请本级人民代表大会常务委员会审查和批准。

严格控制不同预算科目之间的资金调整。预算安排的农业、教育、科技、文化、卫生、社会保障等资金需要调减的，国务院和县级以上地方各级人民政府应当提请本级人民代表大

会常务委员会审查和批准。

国务院和县级以上地方各级人民政府有关主管部门应当在本级人民代表大会常务委员会举行会议审查和批准预算调整方案的1个月前，将预算调整初步方案送交本级人民代表大会财政经济委员会进行初步审查，或者送交常务委员会有关工作机构征求意见。

第18条 常务委员会对决算草案和预算执行情况报告，重点审查下列内容：

（一）预算收支平衡情况；

（二）重点支出的安排和资金到位情况；

（三）预算超收收入的安排和使用情况；

（四）部门预算制度建立和执行情况；

（五）向下级财政转移支付情况；

（六）本级人民代表大会关于批准预算的决议的执行情况。

除前款规定外，全国人民代表大会常务委员会还应当重点审查国债余额情况；县级以上地方各级人民代表大会常务委员会还应当重点审查上级财政补助资金的安排和使用情况。

第19条 常务委员会每年审查和批准决算的同时，听取和审议本级人民政府提出的审计机关关于上一年度预算执行和其他财政收支的审计工作报告。

第20条 常务委员会组成人员对国民经济和社会发展计划执行情况报告、预算执行情况报告和审计工作报告的审议意见交由本级人民政府研究处理。人民政府应当将研究处理情况向常务委员会提出书面报告。常务委员会认为必要时，可以对审计工作报告作出决议；本级人民政府应当在决议规定的期限内，将执行决议的情况向常务委员会报告。

常务委员会听取的国民经济和社会发展计划执行情况报告、预算执行情况报告和审计工作报告及审议意见，人民政府对审议意见研究处理情况或者执行决议情况的报告，向本级人民代表大会代表通报并向社会公布。

第31条 最高人民法院、最高人民检察院作出的属于审判、检察工作中具体应用法律的解释，应当自公布之日起30日内报全国人民代表大会常务委员会备案。

答案 ABC

258. 关于撤职案的审议和决定，下列哪些选项符合《监督法》规定？（2009/1/61-多）

A. 县长可以向县人大常委会提出撤销个别副县长职务的撤职案

B. 县级以上地方各级人大常委会主任会议可以依法向本级人大常委会提出撤职案

C. 撤职案应当写明撤职的对象和理由并提供有关材料

D. 撤职案由人大常委会全体组成人员的2/3以上的多数通过

解析 根据《监督法》第45条的规定，县级以上地方各级人民政府、人民法院和人民检察院、县级以上地方各级人民代表大会常务委员会主任会议、县级以上地方各级人民代表大会常务委员会1/5以上的组成人员联名，可以向本级人民代表大会常务委员会提出对政府副职首长和其他组成人员、两院相关组成人员（人民法院副院长、庭长、副庭长、审判委员会委员、审判员，人民检察院副检察长、检察委员会委员、检察员，中级人民法院院长，人民检察院分院检察长）的撤职案。可见，县长不属于提案主体。A项不当选，B项当选。

根据《监督法》第46条第1款的规定，撤职案应当写明撤职的对象和理由，并提供有关的材料。C项当选。

根据《监督法》第46条第3款的规定，撤职案的表决采用无记名投票的方式，由常务委员会全体组成人员的过半数通过。D项不当选。

[相关法条]《监督法》

第44条 县级以上地方各级人民代表大会常务委员会在本级人民代表大会闭会期间，可以决定撤销本级人民政府个别副省长、自治区副主席、副市长、副州长、副县长、副区长的职务；可以撤销由它任命的本级人民政府其他组成人员和人民法院副院长、庭长、副庭长、审判委员会委员、审判员，人民检察院副检察长、检察委员会委员、检察员，中级人民法院院长，人民检察院分院检察长的职务。

第45条 县级以上地方各级人民政府、人民法院和人民检察院，可以向本级人民代表大会常务委员会提出对本法第44条所列国家机关工作人员的撤职案。

县级以上地方各级人民代表大会常务委员会主任会议，可以向常务委员会提出对本法第44条所列国家机关工作人员的撤职案。

县级以上地方各级人民代表大会常务委员会1/5以上的组成人员书面联名，可以向常务委员会提出对本法第44条所列国家机关工作人员的撤职案，由主任会议决定是否提请常务委员会会议审议；或者由主任会议提议，经全体会议决定，组织调查委员会，由以后的常务委员会会议根据调查委员会的报告审议决定。

第46条 撤职案应当写明撤职的对象和理由，并提供有关的材料。

撤职案在提请表决前，被提出撤职的人员有权在常务委员会会议上提出申辩意见，或者书面提出申辩意见，由主任会议决定印发常务委员会会议。

撤职案的表决采用无记名投票的方式，由常务委员会全体组成人员的过半数通过。

答案 BC

259. 根据《宪法》规定，关于全国人大的

专门委员会，下列哪一选项是正确的？（2013/1/26-单）

A. 各专门委员会在其职权范围内所作决议，具有全国人大及其常委会所作决定的效力

B. 各专门委员会的主任委员、副主任委员由全国人大及其常委会任命

C. 关于特定问题的调查委员会的任期与全国人大及其常委会的任期相同

D. 全国人大及其常委会领导专门委员会的工作

解析 专门委员会是全国人大的辅助性的工作机构，在全国人大及其常委会的领导下，研究、审议、拟订有关议案。可见，全国人大及其常委会与各专门委员会属于领导与被领导的关系，由于地位的差别，所以其各自所作的决定的法律效力自然有差异。A项错误，D项正确。

各专门委员会由主任委员1人、副主任委员若干人和委员若干人组成。各专门委员会成员的人选由主席团在代表中提名，全国人大会议表决通过。在全国人大闭会期间，全国人大常委会可以补充任命专门委员会的个别副主任委员和部分委员。B项错误。

调查委员会属于临时委员会，无一定任期，调查任务一经完成，该委员会即予撤销。C项错误。

答案 D

 43 专题 **中华人民共和国主席**

260. 根据《宪法》的规定，无需全国人大常委会决定，国家主席即可行使下列哪些职权？（2008延/1/60-多）

A. 代表中华人民共和国接受外国使节

B. 代表中华人民共和国进行国事活动

C. 派遣和召回驻外全权代表

D. 授予国家的勋章和荣誉称号

解析 根据《宪法》第80、81条的规定，进行国事活动、接受外国使节属于中华人民共和国主席的固有职权，不需要根据全国人民代表大会常务委员会的决定进行。A、B项当选。

[相关法条]《宪法》

第79条 中华人民共和国主席、副主席由全国人民代表大会选举。

有选举权和被选举权的年满45周岁的中华人民共和国公民可以被选为中华人民共和国主席、副主席。

中华人民共和国主席、副主席每届任期同全国人民代表大会每届任期相同。

第80条 中华人民共和国主席根据全国人民代表大会的决定和全国人民代表大会常务委员会的决定，公布法律，任免国务院总理、副

总理、国务委员、各部部长、各委员会主任、审计长、秘书长，授予国家的勋章和荣誉称号，发布特赦令，宣布进入紧急状态，宣布战争状态，发布动员令。

第81条　中华人民共和国主席代表中华人民共和国，进行国事活动，接受外国使节；根据全国人民代表大会常务委员会的决定，派遣和召回驻外全权代表，批准和废除同外国缔结的条约和重要协定。

答案 AB

261. 根据我国现行《宪法》的规定，担任下列哪一职务的人员，应由国家主席根据全国人大和全国人大常委会的决定予以任免？（2005/1/10-单）

A. 国家副主席

B. 国家军事委员会副主席

C. 最高人民法院副院长

D. 国务院副总理

解析 根据《宪法》第80条的规定，国务院总理、副总理、国务委员、各部部长、各委员会主任、审计长、秘书长，由全国人大及其常委会决定之后，由国家主席予以任免。因此，D项当选。

国家副主席，由全国人大选举；中央军事委员会副主席，由全国人大或全国人大常委会根据中央军事委员会主席的提名决定其人选；最高人民法院副院长，由全国人大常委会根据最高人民法院院长的提请决定任免。因此，A、B、C项不当选。

答案 D

国 务 院 专题 44

262. 预算制度的目的是规范政府收支行为，强化预算监督。根据《宪法》和法律的规定，关于预算，下列表述正确的是：（2015/1/93-任）

A. 政府的全部收入和支出都应当纳入预算

B. 经批准的预算，未经法定程序，不得调整

C. 国务院有权编制和执行国民经济和社会发展计划、国家预算

D. 全国人大常委会有权审查和批准国家的预算和预算执行情况的报告

解析 政府的全部收入和支出都应当纳入预算。A项正确。

政府编制预算之后，必须报经人大批准后方具有法律效力，一经批准，未经法定程序，不得调整。B项正确。

政府负责编制预算，经人大批准之后，再由政府去执行落实。C项正确。

就预算的审批权而言，全年的审批权在全国人大手里，在执行过程中需要作部分调整的，审批权在全国人大常委会手里。D项错误。

答案 ABC

263. 根据《宪法》规定，关于国务院的说法，下列哪些选项是正确的？（2010/1/61-多）

A. 国务院由总理、副总理、国务委员、秘书长组成

B. 国务院常务会议由总理、副总理、国务委员、秘书长组成

C. 国务院有权改变或者撤销地方各级国家行政机关的不适当的决定和命令

D. 国务院依法决定省、自治区、直辖市的范围内部分地区进入紧急状态

解析 根据《宪法》第86条第1款的规定，国务院的组成人员除总理、副总理、国务委员、秘书长之外，还包括各部部长、各委员会主任、审计长。A项错误。

根据《宪法》第88条第2款的规定，总理、副总理、国务委员、秘书长组成国务院常

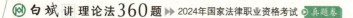

务会议。B项正确。

根据《宪法》第89条第14、16项的规定，国务院有权改变或者撤销地方各级国家行政机关的不适当的决定和命令，有权依照法律规定决定省、自治区、直辖市的范围内部分地区进入紧急状态。C、D项正确。

[相关法条]《宪法》

第85条 中华人民共和国国务院，即中央人民政府，是最高国家权力机关的执行机关，是最高国家行政机关。

第86条 国务院由下列人员组成：

总理，

副总理若干人，

国务委员若干人，

各部部长，

各委员会主任，

审计长，

秘书长。

国务院实行总理负责制。各部、各委员会实行部长、主任负责制。

国务院的组织由法律规定。

第87条 国务院每届任期同全国人民代表大会每届任期相同。

总理、副总理、国务委员连续任职不得超过2届。

第88条 总理领导国务院的工作。副总理、国务委员协助总理工作。

总理、副总理、国务委员、秘书长组成国务院常务会议。

总理召集和主持国务院常务会议和国务院全体会议。

答案 BCD

264. 下列哪一选项属于国务院的职权范围？

A. 编制并审批国民经济和社会发展计划和国家预算

B. 同外国缔结条约和协定

C. 撤销省级人大制定的同宪法、法律和行政法规相抵触的地方性法规和决议

D. 任命各部部长、各委员会主任

解析 根据《宪法》的规定，国民经济和社会发展计划和国家预算由国务院编制，之后提交全国人大审批，审批之后再交由国务院执行；执行过程中需要作部分调整的，在全国人大闭会期间交全国人大常委会审批。可见，国务院只有编制和执行权，审批权在全国人大及其常委会手里。A项不当选。B项属于国务院的职权范围，当选。C项属于全国人大常委会的职权范围，不当选。D项属于全国人大及其常委会的人事任免权范畴，不当选。

答案 B

265. 国家实行审计监督制度。为加强国家的审计监督，全国人大常委会于1994年通过了《审计法》，并于2006、2021年进行了修正。关于审计监督制度，下列哪些理解是正确的？（2016/1/65改编-多）

A. 《审计法》的制定与执行是在实施宪法的相关规定

B. 地方各级审计机关对本级人大常委会和上一级审计机关负责

C. 国务院各部门和地方各级政府的财政收支应当依法接受审计监督

D. 国有的金融机构和企业事业组织的财务收支应当依法接受审计监督

解析 宪法的实施既有直接实施，也有间接实施。宪法的间接实施，主要是指宪法通过法律规范的具体化来作用于具体的人和事，国家的其他法律和法律性文件是以宪法为基础并且不能与宪法相抵触。A项正确。

地方各级审计机关属于本级人民政府的工作部门，实行双重负责制，因此应对本级人民政府和上一级审计机关负责并报告工作，审计业务以上级审计机关领导为主。B项错误。

审计机关对国务院各部门和地方各级人民政府及其各部门的财政收支，对国有的金融机构和企事业组织的财务收支，实行审计监督。C、D项正确。

答案 ACD

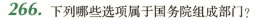

266. 下列哪些选项属于国务院组成部门？

A. 国有资产监督管理委员会

B. 中国证券监督管理委员会

C. 审计署

D. 国家民族事务委员会

解析 国务院的组成部门包括外交部、国家发展和改革委员会、科学技术部、国家民族事务委员会、国家安全部、司法部、人力资源和社会保障部、生态环境部、交通运输部、农业农村部、文化和旅游部、退役军人事务部、中国人民银行、国防部、教育部、工业和信息化部、公安部、民政部、财政部、自然资源部、住房和城乡建设部、水利部、商务部、国家卫生健康委员会、应急管理部、审计署。C、D 项当选。

答案 CD

中央军事委员会 专题

267. 中华人民共和国中央军事委员会领导全国武装力量。关于中央军事委员会，下列哪一表述是错误的？（2015/1/26-单）

A. 实行主席负责制

B. 每届任期与全国人大相同

C. 对全国人大及其常委会负责

D. 副主席由全国人大选举产生

解析 中央军事委员会作为军事机关，实行首长负责制。A 项正确，不当选。

中央军事委员会每届任期 5 年，与全国人大相同。B 项正确，不当选。

根据《宪法》的规定，中央军事委员会主席对全国人大及其常委会负责。注意《宪法》说的是中央军事委员会主席而不是中央军事委员会。C 项存在缺陷。

中央军事委员会主席由全国人大选举产生，并向它负责。全国人大根据中央军事委员会主席的提名，决定中央军事委员会副主席、委员等其他组成人员的人选。可见，中央军事委员会副主席是由全国人大决定而非选举。D 项错误，当选。

相对而言，C 项错误比较隐蔽，D 项错误更为明显，D 项当选。

答案 D

地方各级人民代表大会和地方各级人民政府 专题

268. 习近平总书记指出："我们开辟了中国特色社会主义道路不是偶然的，是我国历史传承和文化传统决定的。我们推进国家治理体系和治理能力现代化，当然要学习和借鉴人类文明的一切优秀成果，但不是照搬其他国家的政治理念和制度模式，而是要从我国的现实条件出发来创造性前进。"下列有关协同立法的说法，哪些是正确的？

A. 设区的市、自治州的人民代表大会根据区域协调发展的需要，可以开展协同立法

B. 协同立法有助于在中央的统一领导下充分发挥地方在立法方面的积极性、主动性

C. 县级以上的地方各级人民政府可以建立协同发展机制，县级人民代表大会常务委员会和市级人民代表大会常务委员会开展协同立法需要报上一级人民代表大会常务委员会批准

D. 省、自治区、直辖市、自治州的人民代表大会及其常务委员会可以进行区域协同立法

解析 本题考查的是《地方组织法》。

《地方组织法》第10条第3款规定："省、自治区、直辖市以及设区的市、自治州的人民代表大会根据区域协调发展的需要，可以开展协同立法。"《地方组织法》第49条第3款规定："省、自治区、直辖市以及设区的市、自治州的人民代表大会常务委员会根据区域协调发展的需要，可以开展协同立法。"A、D项正确。

《地方组织法》承认协同立法，意味着调动地方在立法方面的积极性和主动性，允许各地方和区域开展联合立法、合作立法、协作立法，通过区域法治的尝试、探索，成熟之后再将地方经验上升为国家法律。B项正确。

根据上述《地方组织法》第49条第3款的规定，县级人民代表大会常务委员会并不享有协同立法权。实际上，县级人民代表大会常务委员会无权行使所有的地方立法权。C项错误。需要注意的是，《地方组织法》第80条第1款规定："县级以上的地方各级人民政府根据国家区域发展战略，结合地方实际需要，可以共同建立跨行政区划的区域协同发展工作机制，加强区域合作。"但是建立此种区域协同发展工作机制，乃是县级以上的地方各级人民政府的职权，而且也不是地方立法权。

答案 ABD

269. 2022年3月11日，第十三届全国人大第五次会议审议通过了《关于修改〈中华人民共和国地方各级人民代表大会和地方各级人民政府组织法〉的决定》。修正后的《地方组织法》第10条第3款规定："省、自治区、直辖市以及设区的市、自治州的人民代表大会根据区域协调发展的需要，可以开展协同立法。"关于该条款，下列说法不正确的是：

A. 区域协同立法需要加强全国人大常委会的统一指导
B. 区域协同立法完善了地方立法体制机制
C. 区域协同立法有助于加强地方立法统一，但应避免越级立法

D. 区域协同立法的目的是推动民主立法，提高立法效率

解析 上下级人大之间是监督与被监督的关系，因此全国人大常委会指导相关地方人大及其常委会开展协同立法，没有问题。A项正确，不当选。

区域协同立法有助于结合各地方区域的自身特点，在立法权限范围内开展立法活动，凸显了地方立法的针对性、可执行性和区域特色。所以，《地方组织法》规定区域协同立法，完善了地方立法体制机制。B项正确，不当选。

开展区域协同立法，需要坚持法制统一原则，不允许越级立法。一方面，区域协同立法不能同宪法、法律、行政法规等上位法相抵触；另一方面，区域协同立法须符合《宪法》、《立法法》和其他法律规定的地方立法权限。C项正确，不当选。

区域协同立法作为一种立法活动，主要目的是解决地方立法空白，避免各地方区域分别立法出现的矛盾冲突，因此侧重点并不在民主立法上。D项错误，当选。

答案 D

270. 根据2022年3月11日修正的《地方组织法》的规定，下列哪些选项不是法治政府的衡量标准？
A. 共建共享   B. 数字立法
C. 权责法定   D. 智能高效

解析 2022年3月11日修正的《地方组织法》第62条规定："地方各级人民政府应当维护宪法和法律权威，坚持依法行政，建设职能科学、权责法定、执法严明、公开公正、智能高效、廉洁诚信、人民满意的法治政府。"据此，A、B项当选。

答案 AB

271. 周某是某市人大选出的省人大代表，刘某是某设区的市的中院院长，吴某是某省检察院检察长，郑某是某县人大选出的市人大代表。关于此四人的辞职程序，下列哪些

说法是正确的？

A. 周某的辞职要经市人大常委会接受并作出决议，并报送省人大备案

B. 刘某在本市人大闭会期间辞职，需要经市人大常委会决定，并报送市人大备案

C. 吴某在省人大闭会期间提出辞职，需要经省人大常委会决定，并报送省人大备案

D. 郑某的辞职要经县人大常委会接受并作出决议，并报送市人大常委会备案

解析 根据《选举法》第55条第1款的规定，通过间接选举产生的人民代表大会代表，即全国人民代表大会代表，省、自治区、直辖市、设区的市、自治州的人民代表大会代表，可以向选举他的人民代表大会的常务委员会书面提出辞职。常务委员会接受辞职，须经常务委员会组成人员的过半数通过。接受辞职的决议，须报送上一级人民代表大会常务委员会备案、公告。本题中，周某是某市人大选出的省人大代表，其应向市人大常委会书面提出辞职，市人大常委会应在组成人员过半数通过后，将接受辞职的决议报送省人大常委会备案、公告。据此，A项报送省人大备案是错误的。同理，郑某应向县人大常委会书面提出辞职，县人大常委会应在组成人员过半数通过后，将接受辞职的决议报送市人大常委会备案、公告。D项正确。

根据《地方组织法》第32条第1款的规定，县级以上的地方各级人民代表大会常务委员会组成人员、专门委员会组成人员和人民政府领导人员，监察委员会主任，人民法院院长，人民检察院检察长，可以向本级人民代表大会提出辞职，由大会决定是否接受辞职；大会闭会期间，可以向本级人民代表大会常务委员会提出辞职，由常务委员会决定是否接受辞职。常务委员会决定接受辞职后，报本级人民代表大会备案。人民检察院检察长的辞职，须报经上一级人民检察院检察长提请该级人民代表大会常务委员会批准。本题中，刘某作为某设区的市的中院院长，在本市人大闭会期间提出辞职，需要经本级人大常委会决定，并报送市人

大备案。B项正确。而吴某是某省检察院检察长，其在省人大闭会期间提出辞职，需要经省人大常委会决定后，由最高检检察长提请全国人大常委会批准。C项错误。

答案 BD

272. 根据《宪法》和法律的规定，关于国家机构，下列哪些选项是正确的？（2014/1/60－多）

A. 全国人民代表大会代表受原选举单位的监督

B. 中央军事委员会实行主席负责制

C. 地方各级审计机关依法独立行使审计监督权，对上一级审计机关负责

D. 市辖区的政府经本级人大批准可设立若干街道办事处，作为派出机关

解析 全国和地方各级人民代表大会的代表，受选民和原选举单位的监督。选民或者选举单位都有权罢免自己选出的代表。A项正确。

现行《宪法》第93条第3款规定，中央军事委员会实行主席负责制。中央军事委员会主席有权对中央军事委员会职权范围内的事务作出最后决策。当然，中央军事委员会是作为一个集体来领导我国的武装力量的，主席负责制并不否定民主集中制。中央军事委员会主席在对重大问题作出决策之前，必须进行集体研究和讨论，然后再集中正确的意见作出决策。B项正确。

县级以上的地方各级人民政府设审计机关，依法独立行使审计监督权。审计机关实行双重负责制，同时对本级人民政府和上一级审计机关负责。C项错误。

市辖区、不设区的市的人民政府，经上一级人民政府批准，可以设立若干街道办事处，作为它的派出机关。可见，设立街道办属于行政系统的内部事务，不需要经过人大批准。D项错误。

答案 AB

273. 根据《监督法》的规定，关于监督程序，下列哪一选项是不正确的？（2014/1/26－单）

A. 政府可委托有关部门负责人向本级人大常委会作专项工作报告

B. 以口头答复的质询案，由受质询机关的负责人到会答复

C. 特定问题调查委员会在调查过程中，应当公布调查的情况和材料

D. 撤职案的表决采用无记名投票的方式，由常委会全体组成人员的过半数通过

解析 各级人民代表大会常务委员会每年选择若干关系改革发展稳定大局和群众切身利益、社会普遍关注的重大问题，有计划地安排听取和审议本级人民政府、人民法院和人民检察院的专项工作报告。专项工作报告由人民政府、人民法院或者人民检察院的负责人向本级人民代表大会常务委员会报告，人民政府也可以委托有关部门负责人向本级人民代表大会常务委员会报告。A项正确，不当选。

质询案以口头答复的，由受质询机关的负责人到会答复。质询案以书面答复的，由受质询机关的负责人签署。B项正确，不当选。

特定问题调查委员会在调查过程中，可以不公布调查的情况和材料。C项错误，当选。

撤职案的表决采用无记名投票的方式，由常务委员会全体组成人员的过半数通过。D项正确，不当选。

答案 C

274. 甲市政府对某行政事业性收费项目的依据和标准迟迟未予公布，社会各界意见较大。关于这一问题的表述，下列哪些选项是正确的？（2016/1/66-多）

A. 市政府应当主动公开该收费项目的依据和标准

B. 市政府可向市人大常委会要求就该类事项作专项工作报告

C. 市人大常委会组成人员可依法向常委会书面提出针对市政府不公开信息的质询案

D. 市人大举行会议时，市人大代表可依法书面提出针对市政府不公开信息的质询案

解析《政府信息公开条例》第20条规定：

"行政机关应当依照本条例第19条的规定，主动公开本行政机关的下列政府信息：……⑧行政事业性收费项目及其依据、标准；……" A项正确。

县级以上地方各级人大常委会有权监督本级政府、法院和检察院的工作。其形式之一就是听取和审议"一府两院"的专项工作报告。与此相适应，《监督法》第9条第2款规定："人民政府、人民法院和人民检察院可以向本级人民代表大会常务委员会要求报告专项工作。" B项正确。

省、自治区、设区的市的人大常委会组成人员5人以上联名，县级人大常委会组成人员3人以上联名，可以提出对本级政府及其部门、法院、检察院的质询案，由委员长会议或主任会议决定交由受质询的机关答复。C项正确。

人大代表有权提出议案、质询案、罢免案等。地方各级人大代表10人以上联名，有权提出对本级政府及其所属各工作部门、法院、检察院的质询案。D项正确。

答案 ABCD

275. 某县人大闭会期间，赵某和钱某因工作变动，分别辞去县法院院长和检察院检察长职务。法院副院长孙某任代理院长，检察院副检察长李某任代理检察长。对此，根据《宪法》和法律，下列哪一说法是正确的？（2017/1/27-单）

A. 赵某的辞职请求向县人大常委会提出，由县人大常委会决定接受辞职

B. 钱某的辞职请求由上一级检察院检察长向该级人大常委会提出

C. 孙某出任代理院长由县人大常委会决定，报县人大批准

D. 李某出任代理检察长由县人大常委会决定，报上一级检察院和人大常委会批准

解析《地方组织法》第32条规定："县级以上的地方各级人民代表大会常务委员会组成人员、专门委员会组成人员和人民政府领导人员，监察委员会主任，人民法院院长，人民检察院

检察长，可以向本级人民代表大会提出辞职，由大会决定是否接受辞职；大会闭会期间，可以向本级人民代表大会常务委员会提出辞职，由常务委员会决定是否接受辞职。常务委员会决定接受辞职后，报本级人民代表大会备案。人民检察院检察长的辞职，须报经上一级人民检察院检察长提请该级人民代表大会常务委员会批准。乡、民族乡、镇的人民代表大会主席、副主席，乡长、副乡长，镇长、副镇长，可以向本级人民代表大会提出辞职，由大会决定是否接受辞职。"可见，县级以上的地方各级法院院长和检察院检察长原则上是向本级人大提出辞职，由大会决定是否接受辞职；在人大闭会期间，向本级人大常委会提出，由常委会决定是否接受辞职。A 项正确，B 项错误。

《地方组织法》第 50 条第 1 款规定："县

级以上的地方各级人民代表大会常务委员会行使下列职权：……⑬在本级人民代表大会闭会期间，决定副省长、自治区副主席、副市长、副州长、副县长、副区长的个别任免；在省长、自治区主席、市长、州长、县长、区长和监察委员会主任、人民法院院长、人民检察院检察长因故不能担任职务的时候，根据主任会议的提名，从本级人民政府、监察委员会、人民法院、人民检察院副职领导人员中决定代理的人选；决定代理检察长，须报上一级人民检察院和人民代表大会常务委员会备案；……" C 项错误，县法院的代理院长由县人大常委会决定后，不需要报县人大批准。D 项错误，县检察院的代理检察长由县人大常委会决定后，报上一级检察院和人大常委会备案，而非批准。

答案 A

人民法院与人民检察院　专题 47

276. 根据《宪法》和法律的规定，关于国家机关组织和职权，下列选项正确的是：（2013/1/90–任）

A. 全国人民代表大会修改宪法、解释宪法、监督宪法的实施

B. 国务院依照法律规定决定省、自治区、直辖市的范围内部分地区进入紧急状态

C. 省、自治区、直辖市政府在必要的时候，经国务院批准，可以设立若干派出机构

D. 地方各级检察院对产生它的国家权力机关和上级检察院负责

解析 解释宪法的职权归全国人大常委会。A 项错误。

《宪法》第 89 条第 16 项规定，国务院有权依照法律规定决定省、自治区、直辖市的范围内部分地区进入紧急状态。B 项正确。

省、自治区政府在必要的时候，经国务院批准，可以设立行政公署，直辖市则无权设立。C 项错误。

《宪法》第 138 条规定："最高人民检察院对全国人民代表大会和全国人民代表大会常务委员会负责。地方各级人民检察院对产生它的国家权力机关和上级人民检察院负责。" D 项正确。

[相关法条]《宪法》

第 134 条　中华人民共和国人民检察院是国家的法律监督机关。

第 135 条　中华人民共和国设立最高人民检察院、地方各级人民检察院和军事检察院等专门人民检察院。

最高人民检察院检察长每届任期同全国人民代表大会每届任期相同，连续任职不得超过 2 届。

人民检察院的组织由法律规定。

第 136 条　人民检察院依照法律规定独立行使检察权，不受行政机关、社会团体和个人的干涉。

第 137 条　最高人民检察院是最高检察机关。

最高人民检察院领导地方各级人民检察院和专门人民检察院的工作，上级人民检察院领

导下级人民检察院的工作。

第138条 最高人民检察院对全国人民代表大会和全国人民代表大会常务委员会负责。

地方各级人民检察院对产生它的国家权力机关和上级人民检察院负责。

答案 BD

 48 专题 监察委员会

277. 根据《宪法》、《监察法》以及全国人大常委会的有关决定，关于监察委员会，下列说法错误的有：

A. 监察机关有权制定监察法规

B. 上级监察机关必要时可办理下级监察机关处理的事项

C. 地方各级监察机关由本级人大产生，受其监督

D. 上级监察机关与下级监察机关是领导与被领导的关系

解析 只有国家监察委员会有权制定监察法规。A项错误，当选。

上下级监察委员会之间是领导与被领导的关系，上级监察机关可以办理下一级监察机关管辖范围内的监察事项，必要时也可以办理所辖各级监察机关管辖范围内的监察事项。B、D项正确，不当选。

地方各级监察委员会由本级人民代表大会产生，负责本行政区域内的监察工作。地方各级监察委员会对本级人民代表大会及其常务委员会和上一级监察委员会负责，并接受其监督。C项错误，当选。

答案 AC

278. 关于监察委员会运用技术调查措施调查案件的职权，下列说法正确的是：

A. 监察机关调查涉嫌贪污贿赂、失职渎职等重大职务违法和职务犯罪，根据需要，经过严格的批准手续，可以采取技术调查措施

B. 监察机关办理涉嫌重大贪污贿赂等职务犯罪案件，都采取技术调查措施

C. 经批准采取的技术调查措施，按照规定由相关的监察委员会执行

D. 批准采取技术调查措施的决定应当明确采取技术调查措施的种类和适用对象，自签发之日起3个月以内有效

E. 对于复杂、疑难案件，期限届满仍有必要继续采取技术调查措施的，经过批准，有效期可以延长1次，延长时间不得超过3个月

解析《监察法》第28条第1款规定："监察机关调查涉嫌重大贪污贿赂等职务犯罪，根据需要，经过严格的批准手续，可以采取技术调查措施，按照规定交有关机关执行。"可见，①技术调查措施仅适用于监察机关在调查涉嫌"重大贪污贿赂等职务犯罪"的案件时，对职务违法行为不得采取技术调查措施。A项错误。②监察机关对涉嫌重大贪污贿赂等职务犯罪案件是否采取技术调查措施要"根据需要"，即要采取审慎的原则，根据调查犯罪的实际需要采取，而非必然采取该措施。B项错误。③监察委员会经批准采取的技术调查措施，要按照规定交由公安机关等有关机关执行，监察机关不能自己执行。C项错误。

《监察法》第28条第2款规定："批准决定应当明确采取技术调查措施的种类和适用对象，自签发之日起3个月以内有效；对于复杂、疑难案件，期限届满仍有必要继续采取技术调查措施的，经过批准，有效期可以延长，每次不得超过3个月。对于不需要继续采取技术调查措施的，应当及时解除。"D项符合法律规定，正确。但E项表述错误，因为对于复杂、疑难案件，期限届满仍有必要继续采取技术调查措施的，经过批准，有效期可以延长多次，每次不得超过3个月。

答案 D

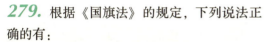

279. 根据《国旗法》的规定，下列说法正确的有：

A. 升挂国旗时，应当举行升旗仪式

B. 公共文化体育设施应当在开放日升挂、悬挂国旗

C. 列队举持国旗和其他旗帜行进时，国旗应当在其他旗帜之前

D. 下半旗时，应当先将国旗升至杆顶，然后降至旗顶与杆顶之间的距离为旗杆全长的1/2处

解析 升挂国旗时，可以举行升旗仪式，也可以不举行。A项错误。

下半旗时，应当先将国旗升至杆顶，然后降至旗顶与杆顶之间的距离为旗杆全长的1/3处。D项错误。

B、C项正确。

答案 BC

280. 根据《国徽法》的规定，下列使用国徽图案的做法正确的有：

A. 最高人民检察院公报的封面使用了国徽图案

B. 国家主席对外使用的请柬上使用了国徽图案

C. 某企业家在其办公室内将国徽图案作为陈设布置

D. 在某党员的私人追悼会上使用了国徽图案

解析 应当印有国徽图案的文书、出版物包括：①全国人民代表大会常务委员会、中华人民共和国主席和国务院颁发的荣誉证书、任命书、外交文书；②中华人民共和国主席、副主席，全国人民代表大会常务委员会委员长、副委员长，国务院总理、副总理、国务委员，中央军事委员会主席、副主席，国家监察委员会主任，最高人民法院院长和最高人民检察院检察长以职务名义对外使用的信封、信笺、请柬等；③全国人民代表大会常务委员会公报、国务院公报、最高人民法院公报和最高人民检察院公报的封面；④国家出版的法律、法规正式版本的封面。A、B项正确。

国徽及其图案不得用于商标、授予专利权的外观设计、商业广告，日常用品、日常生活的陈设布置，私人庆吊活动，国务院办公厅规定不得使用国徽及其图案的其他场合。C、D项错误。

答案 AB

281. 根据我国《国旗法》《国歌法》《国徽法》的规定，下列选项正确的有：

A. 国旗、国徽、国歌都是国家标志

B. 宪法宣誓仪式应当奏唱国歌

C. 乡、民族乡、镇人民政府可以悬挂国徽

D. 各级监察委员会每日升挂国旗

解析 国旗、国徽、国歌、首都等都是中华人民共和国的国家标志。A项正确。

《国歌法》第4条规定，宪法宣誓仪式应当奏唱国歌。B项正确。

《国徽法》第4条第1款规定，各级人民政府应当悬挂国徽。C项错误。

《国旗法》第5、6条规定，国家监察委员会应当每日升挂国旗，地方各级监察委员会应当在工作日升挂国旗。D项错误。

答案 AB

司法与司法制度的概念　专题

282. 我国司法承担着实现公平正义的使命，据此，下列哪些说法能够成立？（2013/1/83－多）

A. 中国特色社会主义司法制度是我国实现公平正义的重要保障

B. 司法通过解决纠纷这一主要功能，维持社会秩序和正义

C. 没有司法效率，谈不上司法公正，公平正义也将难以实现，因此应当选择"公正优先，兼顾效率"的价值目标

D. 在符合法律基本原则的前提下，司法兼顾法理和情理更利于公平正义的实现

解析 司法是解决纠纷、保证公平正义的最后一道防线。可见，在我国，要想实现公平正义，必然离不开我国的司法制度。A 项当选。

司法在社会生活中承担着广泛的功能，其中，解决纠纷是司法的主要功能。司法通过解决纠纷，既实现了正义，又维护了秩序。B 项当选。

司法公正与司法效率相伴相随、两位一体，司法公正本身就含有对司法效率的要求，没有司法效率，谈不上司法公正；司法不公正，司法效率也没有意义。公正优先、兼顾效率，这是我国司法的重要价值立场。C 项当选。

我国法律反映了社会公平正义的主要方面，但法律并不能覆盖社会公平正义的全部内容。

因此，社会公平正义的实现，必须注重法理与情理的相互统一，用法理为情理提供正当性支持，以情理强化法理施行的社会效果。在不违背基本原则的情况下，如果能兼顾法理和情理，寻求相关利益的平衡和妥协，则无疑更有助于实现实质性的公平正义。D 项当选。

答案 ABCD

283. 保证公正司法，提高司法公信力，一个重要的方面是加强对司法活动的监督。下列哪一做法属于司法机关内部监督？（2015/1/45－单）

A. 建立生效法律文书统一上网和公开查询制度

B. 逐步实行人民陪审员只参与审理事实认定、不再审理法律适用问题

C. 检察院办案中主动听取并重视律师意见

D. 完善法官、检察官办案责任制，落实谁办案谁负责

解析 《中共中央关于全面推进依法治国若干重大问题的决定》强调，要构建开放、动态、透明、便民的阳光司法机制，推进审判公开、检务公开、警务公开、狱务公开，依法及时公开执法司法依据、程序、流程、结果和生效法律文书，杜绝暗箱操作。加强法律文书释法说理，建立生效法律文书统一上网和公开查询制度。A 项表述正确。

《中共中央关于全面推进依法治国若干重大问题的决定》强调，要坚持人民司法为人民，依靠人民推进公正司法，通过公正司法维护人民权益。在司法调解、司法听证、涉诉信访等司法活动中保障人民群众参与。完善人民陪审员制度，保障公民陪审权利，扩大参审范围，完善随机抽选方式，提高人民陪审制度公信度。逐步实行人民陪审员不再审理法律适用问题，只参与审理事实认定问题。B项表述正确。

检察院办案中主动听取并重视律师意见属于保障律师权益，强化社会对司法活动的监督。C项表述正确。

《中共中央关于全面推进依法治国若干重大问题的决定》强调，要明确司法机关内部各层级权限，健全内部监督制约机制。司法机关内部人员不得违反规定干预其他人员正在办理的案件，建立司法机关内部人员过问案件的记录制度和责任追究制度。完善主审法官、合议庭、主任检察官、主办侦查员办案责任制，落实谁办案谁负责。D项表述正确。

A、B、C、D项表述均正确，但题干要求的是选择属于内部监督的项目，可见，只能选择D项。

答案 D

284. 司法公正体现在司法活动各个方面和对司法人员的要求上。下列哪一做法体现的不是司法公正的内涵？（2014/1/45-单）

A. 甲法院对社会关注的重大案件通过微博直播庭审过程
B. 乙法院将本院公开审理后作出的判决书在网上公布
C. 丙检察院为辩护人查阅、摘抄、复制案卷材料提供便利
D. 丁检察院为暴力犯罪的被害人提供医疗和物质救助

解析 司法公正包括六大构成要素：公开性、中立性、平等性、参与性、合法性和案件处理的正确性。A、B项涉及的是司法公开，不当选。

检察院为辩护人提供便利，一方面体现了程序合法，另一方面也体现了司法为民，自然体现了司法公正的要求。C项不当选。

丁检察院所为并不属于司法职权范围，也并非司法活动，而是属于伦理道德范畴，与司法公正无关。D项当选。

答案 D

51 **专题** 法律职业道德的概念和特征

285. 法律在社会中负有分配社会资源、维持社会秩序、解决社会冲突、实现社会正义的功能，这就要求法律职业人员具有更高的法律职业道德水准。据此，关于提高法律职业道德水准，下列哪些表述是正确的？（2016/1/83-多）

A. 法律职业道德主要是法律职业本行业在职业活动中的内部行为规范，不是本行业对社会所负的道德责任和义务
B. 通过长期有效的职业道德教育，使法律职业人员形成正确的职业道德认识、信念、

意志和习惯，促进道德内化
C. 以法律、法规、规范性文件等形式赋予法律职业道德以更强的约束力和强制力，并加强道德监督，形成他律机制
D. 法律职业人员违反法律职业道德和纪律的，应当依照有关规定予以惩处，通过惩处教育本人及其他人员

解析 职业道德是人们在职业实践活动中形成的行为规范，体现了职业活动的客观要求。职业道德既是本行业人员在职业活动中的内部行为规范，又是本行业对社会所负的道德责任和

义务。A 项错误。

法律职业道德教育的途径和方法主要包括提高法律职业人员的道德认识、确立法律职业人员的道德信念、陶冶法律职业人员的道德情感、锻炼法律职业人员的道德意志、养成法律职业人员的道德习惯等。通过这些途径和渠道，外在的法律职业道德规范会和法律人自己原有的观点、信念结合在一起，内化为自己人格的一部分。B 项正确。

法律职业道德具有正式性，其表现形式较正式，除了一般的规章制度、工作守则、行为须知之外，其还通过法律、法规、规范性文件等形式表现出来。相应地，法律职业道德也具有了更高性，其要求法律职业人员具有更高的法律职业道德水准，要求较为明确，约束力和强制力也更为明显。法律职业人员违反了法律职业道德，应当依照有关规定予以惩处，以此教育本人及其他人员。C、D 项正确。

答案 BCD

286. 司法人员恪守司法廉洁，是司法公正与公信的基石和防线。违反有关司法廉洁及禁止规定将受到严肃处分。下列属于司法人员应完全禁止的行为是：（2016/1/98-任）

A. 为当事人推荐、介绍诉讼代理人、辩护人
B. 为律师、中介组织介绍案件
C. 在非工作场所接触当事人、律师、特殊关系人
D. 向当事人、律师、特殊关系人借用交通工具

解析 《中共中央关于全面推进依法治国若干重大问题的决定》明确规定，要依法规范司法人员与当事人、律师、特殊关系人、中介组织的接触、交往行为。严禁司法人员私下接触当事人及律师、泄露或者为其打探案情、接受吃请或者收受其财物、为律师介绍代理和辩护业务等违法违纪行为，坚决惩治司法掮客行为，防止利益输送。A、B 项即属于此类被严格禁止的行为，当选。

司法人员在案件办理过程中，应当在工作场所、工作时间接待当事人、律师、特殊关系人、中介组织。因办案需要，确需与当事人、

律师、特殊关系人、中介组织在非工作场所、非工作时间接触的，应依照相关规定办理审批手续并获批准。因不明情况或者其他原因在非工作时间或非工作场所接触当事人、律师、特殊关系人、中介组织的，应当在 3 日内向本单位纪检监察部门报告有关情况。可见，司法人员在非工作场所接触当事人、律师、特殊关系人，是难以完全避免的。C 项不属于司法人员应完全禁止的行为，不当选。

司法人员应当避免与案件产生任何实质性的利益联系，不得向当事人、律师、特殊关系人、中介组织借款、租借房屋，借用交通工具、通讯工具或者其他物品。D 项符合题意，属于司法人员应完全禁止的行为，当选。

答案 ABD

287. 法律职业道德具有不同于一般职业道德的职业性、实践性、正式性及更高标准的特征。关于法律职业道德的表述，下列哪些选项是正确的？（2017/1/83-多）

A. 法律职业人员专业水平的发挥与职业道德水平的高低具有密切联系
B. 法律职业道德基本原则和规范的形成，与法律职业实践活动紧密相连
C. 纵观伦理发展史和法律思想史，法律职业道德的形成与"实证法"概念的阐释密切相关
D. 法律职业道德基本原则是对每个法律从业人员职业行为进行职业道德评价的标准

解析 法律职业道德是法官、检察官、律师、公证员等法律职业人员应当遵循的符合法律职业要求的心理意识、行为准则和行为规范的总和，是社会道德体系的重要组成部分，是社会道德在法律职业领域中的具体体现和升华。相比于其他的职业道德，其具有更强的象征意义和感召作用。法律职业的整体状况以及与法律职业相关的制度构成了法律职业形成和发展的内环境。法律职业人员专业水平的发挥与职业道德水平的高低具有密切联系。A 项正确。

职业道德是人们在职业实践活动中形成的

行为规范，体现职业活动的客观要求。职业道德既是本行业人员在职业活动中的行为规范，又是本行业对社会所负的道德责任和义务。B项正确。

早在实证法概念被提出之前，人类就对司法的公正性、公开性等法律职业道德产生了明确的认识。C项错误。

法律职业道德基本原则当然可以作为对每个法律从业人员职业行为进行职业道德评价的标准。D项正确。

答案 ABD

审判制度和法官职业道德 第16讲

288. 法院的下列哪些做法是符合审判制度基本原则的？（2016/1/84-多）

A. 某法官因病住院，甲法院决定更换法官重新审理此案

B. 某法官无正当理由超期结案，乙法院通知其3年内不得参与优秀法官的评选

C. 对某社会高度关注案件，当地媒体多次呼吁法院尽快结案，丙法院依然坚持按期审结

D. 因人身损害纠纷，原告要求被告赔付医疗费，丁法院判决被告支付全部医疗费及精神损害赔偿金

解析 我国审判制度的基本原则包括审判独立原则、不告不理原则、直接言词原则、及时审判原则、集中审理原则等。本题涉及如下三项原则：

（1）集中审理原则：又称不中断审理原则，是指法院开庭审理案件，应当在不更换审判人员的条件下连续进行，不得中断审理的诉讼原则。该原则主要包括以下五个方面：①一个案件组成一个审判庭进行审理，每起案件自始至终应由同一法庭进行审判；②在案件审理开始后、尚未结束前不允许法庭再审理其他任何案件；③法庭成员不得更换，对于因故不能继续参加审理的，应由始终在场的候补法官、候补陪审员替换，否则应重新审判；④集中证据调查与法庭辩论；⑤庭审不中断并迅速作出

裁判。《最高人民法院关于人民法院合议庭工作的若干规定》第3条就体现了集中审理原则："合议庭组成人员确定后，除因回避或者其他特殊情况，不能继续参加案件审理的之外，不得在案件审理过程中更换。更换合议庭成员，应当报请院长或者庭长决定。合议庭成员的更换情况应当及时通知诉讼当事人。" A项中，某法官因病住院，这属于特殊情况，甲法院决定更换法官，由于新换的法官对此前的程序不熟悉，因此安排其重新审理此案，符合集中审理原则，是正确的，当选。

（2）及时审判原则：法院应当及时审理案件，提高办案效率；但是，法院要坚持公正优先、兼顾效率的原则，不能单纯为了追求效率，而放弃司法公正的要求。B项中，某法官无正当理由超期结案，拖延办案，贻误工作，违背了及时审判原则，所以乙法院通知其3年内不得参与优秀法官的评选，是正确的，当选；C项中，对于某社会高度关注的案件，丙法院顶住压力，坚持依照法定程序、按照法定审理时限的要求审结，避免受到媒体的不当影响，是正确的，当选。

（3）不告不理原则：未经控诉一方提起控诉，法院不得自行主动对案件进行裁判；法院审理案件的范围（诉讼内容与标的）由当事人确定，法院无权变更、撤销当事人的诉讼请求；

案件在审理中，法院只能按照当事人提出的诉讼事实和主张进行审理，对超过当事人诉讼主张的部分不得主动审理。D项中，丁法院判决的内容超出了当事人的诉讼请求，违背了不告不理原则，是错误的，不当选。

答案 ABC

289. 某法院推行办案责任制后，直接由独任法官、合议庭裁判的案件比例达到99.9%，提交审委会讨论的案件仅占0.1%。对此，下列说法正确的是：（2017/1/87-任）

A. 对提交审委会讨论的案件，法官、合议庭也可以不执行审委会的决定

B. 办案责任制体现了"让审理者裁判、让裁判者负责"的精神

C. 提交审委会讨论的案件应以审委会的名义发布裁判文书

D. 法庭审理对于查明事实和公正裁判具有决定性作用

解析 审委会的决定，合议庭必须执行，但在裁决书上仍由合议庭成员署名。A、C项错误。

落实主审法官、合议庭办案责任制，"让审理者裁判、让裁判者负责"，实现权责统一，对于查明事实、公正裁判意义重大。B、D项正确。

答案 BD

53 专题 审判机关

290. 2015年1月，最高法院巡回法庭先后在深圳、沈阳正式设立，负责审理跨行政区域重大行政和民商事案件。关于设立巡回法庭的意义，下列哪些理解是正确的？（2015/1/54-多）

A. 有利于保证公正司法和提高司法公信力

B. 有助于消除审判权运行的行政化问题

C. 有助于节约当事人诉讼成本，体现了司法为民的原则

D. 有利于就地化解纠纷，减轻最高法院本部办案压力

解析 《中共中央关于全面推进依法治国若干重大问题的决定》指出："最高人民法院设立巡回法庭，审理跨行政区域重大行政和民商事案件。探索设立跨行政区划的人民法院和人民检察院，办理跨地区案件。完善行政诉讼体制机制，合理调整行政诉讼案件管辖制度，切实解决行政诉讼立案难、审理难、执行难等突出问题。"设立巡回法庭的意义主要体现在如下三个方面：①有利于审判机关重心下移，就地解决纠纷，方便当事人诉讼；②有利于避免地方保护主义干扰，保证案件审判更加公平公正；

③有利于最高法院本部集中精力制定司法政策和司法解释，审理对统一法律适用有重大指导意义的案件。据此，A、B、C、D项均正确。

答案 ABCD

291. 最高法院设立巡回法庭有利于方便当事人诉讼、保证案件审理更加公平公正。关于巡回法庭的性质及职权，下列说法正确的是：（2017/1/99-任）

A. 巡回法庭是最高法院的派出机构、常设审判机构

B. 巡回法庭作出的一审判决当事人不服的，可向最高法院申请复议1次

C. 巡回法庭受理本巡回区内不服高级法院一审民事、行政裁决提起的上诉

D. 巡回区内应由最高法院受理的死刑复核、国家赔偿等案件仍由最高法院本部审理或者办理

解析 巡回法庭是最高法院派出的常设审判机构。巡回法庭作出的判决、裁定和决定，是最高法院的判决、裁定和决定，是终审判决。A项正确，B项错误。

巡回法庭审理或者办理巡回区内应当由最高法院受理的以下案件：①全国范围内重大、复杂的第一审行政案件；②在全国有重大影响的第一审民商事案件；③不服高级法院作出的第一审行政或者民商事判决、裁定提起上诉的案件；④对高级法院作出的已经发生法律效力的行政或者民商事判决、裁定、调解书申请再审的案件；⑤刑事申诉案件；⑥依法定职权提起再审的案件；⑦不服高级法院作出的罚款、拘留决定申请复议的案件；⑧高级法院因管辖权问题报请最高法院裁定或者决定的案件；⑨高级法院报请批准延长审限的案件；⑩涉港澳台民商事案件和司法协助案件；⑪最高法院认为应当由巡回法庭审理或者办理的其他案件。C 项正确。

知识产权、涉外商事、海事海商、死刑复核、国家赔偿、执行案件和最高检察院抗诉的案件暂由最高法院本部审理或者办理。D 项正确。

答案 ACD

292. 关于审判委员会，下列哪一说法是正确的？

A. 审判委员会会议只能由院长主持

B. 审判委员会举行会议时，本级人民检察院检察长或者检察长委托的副检察长可以列席会议

C. 审判委员会会议召开专业委员会会议，应当有其组成人员的 2/3 以上多数出席方能举行

D. 各级人民法院根据审判工作需要，可以按照审判委员会委员专业和工作分工，召开刑事审判、民事行政审判等专业委员会会议

E. 审判委员会由院长、副院长、庭长、副庭长和若干资深法官组成，成员应当是单数

F. 最高人民法院发布指导性案例，应当由审判委员会全体会议讨论通过

解析 审判委员会会议由院长或者院长委托的副院长主持。A 项错误。

审判委员会举行会议时，同级人民检察院检察长或者检察长委托的副检察长可以列席。B 项正确。

审判委员会召开全体会议和专业委员会会议，应当有其组成人员的过半数出席。C 项错误。

审判委员会会议分为全体会议和专业委员会会议。中级以上人民法院根据审判工作需要，可以按照审判委员会委员专业和工作分工，召开刑事审判、民事行政审判等专业委员会会议。D 项错误。

审判委员会由院长、副院长和若干资深法官组成，成员应当是单数。E 项错误。

最高人民法院对属于审判工作中具体应用法律的问题进行解释，应当由审判委员会全体会议讨论通过；发布指导性案例，可以由审判委员会专业委员会会议讨论通过。F 项错误。

答案 B

法官 专题 54

293. 关于法官惩戒委员会，下列说法正确的是：

A. 各级人民法院设立法官惩戒委员会

B. 法官惩戒委员会由法官代表组成

C. 法官惩戒委员会审议惩戒事项时，当事法官无权申请有关人员回避

D. 法官惩戒委员会提出审查意见后，人民法院依照有关规定作出是否予以惩戒的决定，并给予相应处理

解析 最高人民法院和省、自治区、直辖市设立法官惩戒委员会，其日常工作由相关人民法院的内设职能部门承担。A 项错误。

法官惩戒委员会由法官代表、其他从事法律职业的人员和有关方面代表组成，其中法官代表不少于半数。B项错误。

法官惩戒委员会负责从专业角度审查认定法官是否存在违反审判职责的行为，提出构成故意违反职责、存在重大过失、存在一般过失或者没有违反职责等审查意见。法官惩戒委员会审议惩戒事项时，当事法官有权申请有关人员回避，有权进行陈述、举证、辩解。C项

错误。

法官惩戒委员会作出的审查意见应当送达当事法官。当事法官对审查意见有异议的，可以向惩戒委员会提出，惩戒委员会应当对异议及其理由进行审查，作出决定。法官惩戒委员会提出审查意见后，人民法院依照有关规定作出是否予以惩戒的决定，并给予相应处理。D项正确。

答案 D

 55 专题 **法官职业责任**

294. 根据《法官法》及《人民法院工作人员处分条例》对法官奖惩的有关规定，下列哪一选项不能成立？(2012/1/48-单)

A. 高法官在审判中既严格程序，又为群众行使权利提供便利；既秉公执法，又考虑情理，案结事了成绩显著。法院给予其嘉奖奖励

B. 黄法官就民间借贷提出司法建议被采纳，对当地政府完善金融管理、改善服务秩序发挥了显著作用。法院给予其记功奖励

C. 许法官违反规定会见案件当事人及代理人，此事被对方当事人上网披露，造成不

良影响。法院给予其撤职处分

D. 孙法官顺带某同学（律师）参与本院法官聚会，半年后该同学为承揽案件向聚会时认识的某法官行贿。法院领导严告孙法官今后注意

解析 违反规定会见案件当事人及其辩护人、代理人、请托人的，给予警告处分；造成不良后果的，给予记过或者记大过处分。据此可知，C项中，许法官因为已经造成了不良影响，故依法应给予其记过或者记大过处分，而不是撤职处分。故C项不能成立，当选。

答案 C

检察制度概述 专题 **56**

295. 检察一体原则是指各级检察机关、检察官依法构成统一的整体，下级检察机关、下级检察官应当根据上级检察机关、上级检察官的批示和命令开展工作。据此，下列哪一表述是正确的？（2016/1/47-单）

A. 各级检察院实行检察委员会领导下的检察长负责制

B. 上级检察院可建议而不可直接变更、撤销下级检察院的决定

C. 在执行检察职能时，相关检察院有协助办案检察院的义务

D. 检察官之间在职务关系上可相互承继而不可相互移转和代理

解 析 检察一体原则，又称为检察权统一行使原则，是指各级检察机关、检察官依法构成统一的整体，上下级检察机关、检察官之间存在着上命下从的领导关系；各地、各级检察机关之间具有职能协助的义务；检察官之间和检察院之间在职务上可以发生相互承继、移转、代理关系；等等。C项正确，D项错误。

检察一体原则具体而言，包括以下内容：

（1）检察院内部实行的是检察长负责制与检察委员会集体领导相结合的领导体制。检察长是检察院的首长，统一领导检察院的工作，对检察院的工作享有组织领导权、决定权、任免权、提请任免权、代表权等权力，负有全面的领导责任。

（2）检察委员会实行民主集中制，在检察长的主持下，讨论决定重大案件和问题。检察长在重大问题上不同意多数人的决定的，可以报请本级人大常委会决定。可见，不能将检察委员会和检察长之间理解为领导与被领导的关系。A项错误。

（3）各级检察机关、检察官依法构成统一的整体，在行使职权、执行职务的过程中实行"上命下从"，即上级检察院领导下级检察院的工作，下级检察院根据上级检察院、检察官的指示和命令进行工作。比如，上级检察院有权通过指示、批复、规范性文件指导工作；有权领导下级检察院办案，包括决定案件的管辖和指挥其办案，纠正或撤销下级检察院的决定；等等。检察官独立行使检察权，要受到检察一体原则的限制。B项错误。

答 案 C

专题　检察机关和检察官

296. 关于检察官的行为，下列哪一观点是正确的？（2012/1/49-单）

A. 房检察官在同乡聚会时向许法官打听其在办案件审理情况，并让其估计判处结果。根据我国国情，房检察官的行为可以被理解

B. 关检察长以暂停工作要挟江检察官放弃个人意见，按照陈科长的判断处理某案。关检察长的行为与依法独立行使检察权的要求相一致

C. 容检察官在本地香蕉滞销，蕉农面临重大损失时，多方奔走将10万斤香蕉销往外地，为蕉农挽回了损失，本人获辛苦费5000元。容检察官没有违反有关经商办企业、违法违规营利活动的规定

D. 成检察官从检察院离任5年后，以律师身份担任各类案件的诉讼代理人或者辩护人，受到当事人及其家属的一致肯定。成检察官的行为符合《检察官法》的有关规定

解析《检察官法》第37条规定："检察官从人民检察院离任后2年内，不得以律师身份担任诉讼代理人或者辩护人。检察官从人民检察院离任后，不得担任原任职检察院办理案件的诉讼代理人或者辩护人，但是作为当事人的监护人或者近亲属代理诉讼或者进行辩护的除外。检察官被开除后，不得担任诉讼代理人或者辩护人，但是作为当事人的监护人或者近亲属代理诉讼或者进行辩护的除外。"D项中，成检察官从检察院离任5年后，以律师身份担任各类案件的诉讼代理人或辩护人，符合《检察官法》的有关规定。因此，D项正确。

答案 D

 专题　检察官职业道德

297. 关于检察官职业道德和纪律，下列哪一做法是正确的？（2014/1/47-单）

A. 甲检察官出于个人对某类案件研究的需要，私下要求邻县检察官为其提供正在办理的某案情况

B. 乙检察官与其承办案件的被害人系来往密切的邻居，因此提出回避申请

C. 丙检察官发现所办案件存在应当排除的证据而未排除，仍将其作为起诉意见的依据

D. 丁检察官为提高效率，在家里会见本人所承办案件的被告方律师

解析 检察官应自觉维护程序公正和实体公正，不私自探询其他检察官、其他人民检察院或者其他司法机关正在办理的案件情况和有关信息；不违反规定会见案件当事人、诉讼代理人、辩护人及其他与案件有利害关系的人员。A、D项

错误。

检察人员与本案当事人有其他关系（如本题B项中的"来往密切的邻居"），可能影响公正处理案件的，应当自行回避，当事人及其法定代理人也有权要求他们回避。B项正确。

检察官应当客观求实，以事实作为处理案件的客观基础，以证据作为认定事实的客观依据。C项错误。

答案 B

298. 建立领导干部、司法机关内部人员过问案件记录和责任追究制度，规范司法人员与当事人、律师、特殊关系人、中介组织接触交往行为，有利于保障审判独立和检察独立。据此，下列做法正确的是：（2017/1/98-任）

A. 某案承办检察官告知其同事可按规定为案件当事人转递涉案材料

B. 某法官在参加法官会议时，提醒承办法官充分考虑某案被告家庭现状

C. 某检察院副检察长依职权对其他检察官的在办案件提出书面指导性意见

D. 某法官在参加研讨会中偶遇在办案件当事人的律师，拒绝其研讨案件的要求并向法院纪检部门报告

解析 《司法机关内部人员过问案件的记录和责任追究规定》第2条规定："司法机关内部人员应当依法履行职责，严格遵守纪律，不得违反规定过问和干预其他人员正在办理的案件，不得违反规定为案件当事人转递涉案材料或者打探案情，不得以任何方式为案件当事人说情打招呼。"也就是说，转递涉案材料必须按照规定处理。A项正确。

法官裁判案件应当考虑相关因素，即必须考虑也只能考虑法律规定的与该案件有关的各种因素，不得考虑无关因素而影响其决定。B项中，被告家庭现状就属于无关因素。B项错误。

检察一体，又称"检察一体制""检察一体化""检察官一体"，有时也称"检察一体主义"或者"检察一体原则"，是人们对检察制度中有关"上命下从"的权力运行方式的概括。检察一体原则意味着，在上下级检察机关和检察官之间存在着"上命下从"的领导关系。在检察系统中，它是指上级人民检察院对下级人民检察院的领导、上级检察官对下级检察官的领导、最高人民检察院对地方各级人民检察院和专门人民检察院的领导。最高人民检察院的决定，地方各级人民检察院和专门人民检察院必须执行；上级人民检察院的决定，下级人民检察院必须执行。最高人民检察院可以撤销或者变更地方各级人民检察院和专门人民检察院的决定；上级人民检察院可以撤销或者变更下级人民检察院的决定。在人民检察院内部，它是指检察长对其他检察官的领导、上级检察官对下级检察官的领导以及检察委员会对

本院检察官的集体领导。C项正确。

司法人员在案件办理过程中，应当在工作场所、工作时间接待当事人、律师、特殊关系人、中介组织。因办案需要，确需与当事人、律师、特殊关系人、中介组织在非工作场所、非工作时间接触的，应依照相关规定办理审批手续并获批准。因不明情况或者其他原因在非工作时间或非工作场所接触当事人、律师、特殊关系人、中介组织的，应当在3日内向本单位纪检监察部门报告有关情况。D项正确。

答案 ACD

299. 未成年人许某在与邻居小伙伴刘某玩耍过程中发生冲突，将刘某打成重伤。有关检察官的行为，下列说法正确的是：

A. 检察官为了消除未成年被告许某的顾虑，会见许某并向其阐明认罪认罚的规定，体现了检察官"忠诚"的品格

B. 许某因邻里纠纷把刘某打成轻伤，检察官积极促成和解，体现了检察官"担当"的品格

C. 检察官主动调和，倾听群众呼声、为群众办事，体现了检察官"为民"的品格

D. 检察官不收受许某及其亲友馈赠的礼品，体现了检察官"公正"的品格

解析 A项中，检察官会见未成年被告许某并告知其认罪认罚的规定，依法保障了其合法权益，体现了检察官"公正"的品格。A项错误。"忠诚"的品格强调的是忠于党、忠于人民、忠于国家、忠于法律。

B项中，检察官积极促成和解，体现了检察官"为民"的品格。B项错误。"担当"的品格要求检察官敢于担当，坚决打击犯罪；敢于担当，坚守良知，公正执法，执法公开；敢于担当，直面矛盾，正视问题。

C项中，检察官主动调和，倾听群众呼声，体现了检察官"为民"的品格。"为民"的品格要求检察官融入群众、倾听群众呼声、解决群众诉求、接受群众监督；检察工作必须为了人民、依靠人民、造福人民、保护人民。C项

正确。

D项中，检察官不收受许某及其亲友馈赠的礼品，体现的是检察官"廉洁"的品格。D项错误。

答案 C

300. 下列案件中，哪些行为违反法官、检察官的职业道德？

A. 张法官把自己同事王法官的住址和号码提供给一方当事人

B. 王法官、张检察官和李律师参加培训时一同吃饭，交流培训内容

C. 同院法官刚向刘法官询问案件审理情况就被严肃拒绝，刘法官无须就该情况进行记录

D. 张检察官建议未成年人的监护人向有办未成年案件经验的郑律师咨询法律问题

解析 最高人民法院、最高人民检察院发布的《关于切实保障司法人员依法履行职务的紧急通知》中明确规定，严禁违反规定泄露案情以及办案人员的通讯方式、住址等个人信息。A项做法错误，当选。

法官、检察官与律师不正当接触交往的行为包括：①向律师或者其当事人索贿，接受律师或者其当事人行贿；②索取或者收受律师借礼尚往来、婚丧嫁娶等赠送的礼金、礼品、消费卡和有价证券、股权、其他金融产品等财物；③向律师借款、租借房屋、借用交通工具、通讯工具或者其他物品；④接受律师吃请、娱乐等可能影响公正履行职务的安排。B项中，王法官、张检察官和李律师一起参加培训，培训期间在就餐时讨论的也是培训内容，并不违反职业道德，不当选。当然，如果在培训期间，王法官、张检察官私下接受李律师的宴请，或者讨论的是某在审案件，则违反职业道德。

《司法机关内部人员过问案件的记录和责任追究规定》第2条规定："司法机关内部人员应当依法履行职责，严格遵守纪律，不得违反规定过问和干预其他人员正在办理的案件，不得违反规定为案件当事人转递涉案材料或者打探案情，不得以任何方式为案件当事人说情

打招呼。"《司法机关内部人员过问案件的记录和责任追究规定》第3条规定："司法机关办案人员应当恪守法律，公正司法，不徇私情。对于司法机关内部人员的干预、说情或者打探案情，应当予以拒绝；对于不依正当程序转递涉案材料或者提出其他要求的，应当告知其依照程序办理。"《司法机关内部人员过问案件的记录和责任追究规定》第6条规定："对司法机关内部人员过问案件的情况，办案人员应当全面、如实记录，做到全程留痕，有据可查。"C项做法错误，当选。

检察官应当避免不当影响，不得为所办案件的当事人介绍辩护人或者诉讼代理人。D项做法错误，当选。

答案 ACD

301. 下列选项中，符合法官和检察官职业道德的情形是：

A. 检察官张某退休3年，保留退休金，去律所当法律顾问

B. 检察官王某上本科的女儿在其辖区法律援助机构担任法律援助志愿者，检察官王某应当回避

C. 法官被开除后，去应聘律所的信息技术岗位

D. 法官辞职后去当律师，主动报告自己的执业经历，并承诺遵守从业限制

解析 2021年9月30日最高人民法院、最高人民检察院、司法部印发的《关于进一步规范法院、检察院离任人员从事律师职业的意见》第4条第1、3项规定，被开除公职的人民法院、人民检察院工作人员不得在律师事务所从事任何工作。人民法院、人民检察院退休人员在不违反从业限制规定的情况下，确因工作需要从事律师职业或者担任律师事务所"法律顾问"、行政人员的，应当严格执行中共中央组织部《关于进一步规范党政领导干部在企业兼职（任职）问题的意见》规定和审批程序，并及时将行政、工资等关系转出人民法院、人民检察院，不再保留机关的各种待遇。据此，A、C

项不当选。

《检察官法》第 25 条规定，检察官的配偶、父母、子女有下列情形之一的，检察官应当实行任职回避：①担任该检察官所任职人民检察院辖区内律师事务所的合伙人或者设立人的；②在该检察官所任职人民检察院辖区内以律师身份担任诉讼代理人、辩护人，或者为诉讼案件当事人提供其他有偿法律服务的。B 项中的法律援助志愿者提供的是无偿法律服务，不属于法定需要回避的情形。据此，B 项不当选。

《关于进一步规范法院、检察院离任人员

从事律师职业的意见》第 6 条规定，人民法院、人民检察院工作人员拟在离任后从事律师职业或者担任律师事务所"法律顾问"、行政人员的，应当在离任时向所在人民法院、人民检察院如实报告从业去向，签署承诺书，对遵守从业限制规定、在从业限制期内主动报告从业变动情况等作出承诺。人民法院、人民检察院离任人员向律师协会申请律师实习登记时，应当主动报告曾在人民法院、人民检察院工作的情况，并作出遵守从业限制的承诺。据此，D 项当选。

答案 D

检察官职业责任 专题 59

302. 2016 年 10 月 20 日，《检察人员纪律处分条例》修订通过。关于规范检察人员的行为，下列哪些说法是正确的？（2017/1/84－多）

A. 领导干部违反有关规定组织、参加自发成立的老乡会、校友会、战友会等，属于违反组织纪律行为

B. 擅自处置案件线索，随意初查或者在初查中对被调查对象采取限制人身自由强制措施的，属于违反办案纪律行为

C. 在分配、购买住房中侵犯国家、集体利益的，属于违反廉洁纪律行为

D. 对群众合法诉求消极应付、推诿扯皮，损害检察机关形象的，属于违反群众纪律行为

解析《检察人员纪律处分条例》区分了检察人员违反政治纪律的行为、违反组织纪律的行为、违反办案纪律的行为、违反廉洁纪律的行为、违反群众纪律的行为、违反工作纪律的行

为、违反生活纪律的行为，并对其分别规定了处分。

对组织不忠诚、搞小团体主义属于违反组织纪律的行为。A 项正确。

在办案过程中，不遵守程序法规范，随意处置办案线索、证据，违规采取强制措施，违规搜查住宅的，均属于违反办案纪律的行为。B 项正确。

在办案过程中，收受财物、礼品，向相关主体提供财物、礼品，接受宴请或者相关的特殊安排，利用职务便利牟利，侵占国家、集体财产的，均属于违反廉洁纪律的行为。C 项正确。

不能密切联系群众，刁难群众，态度恶劣，见死不救的，均属于典型的违反群众纪律的行为。D 项正确。

答案 ABCD

第18讲 律师制度和律师职业道德

303. 为促进规范司法，维护司法公正，最高检察院要求各级检察院在诉讼活动中切实保障律师依法行使执业权利。据此，下列选项正确的是：(2015/1/100-任)

A. 检察院在律师会见犯罪嫌疑人时，不得派员在场

B. 检察院在案件移送审查起诉后律师阅卷时，不得派员在场

C. 律师收集到犯罪嫌疑人不在犯罪现场的证据，告知检察院的，其相关办案部门应及时审查

D. 法律未作规定的事项，律师要求听取意见的，检察院可以安排听取

解析 2014 年 12 月 16 日，《最高人民检察院关于依法保障律师执业权利的规定》通过，其中第 5 条规定，人民检察院应当依法保障律师在刑事诉讼中的会见权。人民检察院办理直接受理立案侦查案件，除特别重大贿赂犯罪案件外，其他案件依法不需要经许可会见。律师在侦查阶段提出会见特别重大贿赂案件犯罪嫌疑人的，人民检察院应当严格按照法律和相关规定及时审查决定是否许可，并在 3 日以内答复；有碍侦查的情形消失后，应当通知律师，可以不经许可会见犯罪嫌疑人；侦查终结前，应当许可律师会见犯罪嫌疑人。人民检察院在会见时不得派员在场，不得通过任何方式监听律师

会见的谈话内容。可见，A 项正确。

《最高人民检察院关于依法保障律师执业权利的规定》第 6 条规定，人民检察院应当依法保障律师的阅卷权。自案件移送审查起诉之日起，人民检察院应当允许辩护律师查阅、摘抄、复制本案的案卷材料；经人民检察院许可，诉讼代理人也可以查阅、摘抄、复制本案的案卷材料。人民检察院应当及时受理并安排律师阅卷，无法及时安排的，应当向律师说明并安排其在 3 个工作日以内阅卷。人民检察院应当依照检务公开的相关规定，完善互联网等律师服务平台，并配备必要的速拍、复印、刻录等设施，为律师阅卷提供尽可能的便利。律师查阅、摘抄、复制案卷材料应当在人民检察院设置的专门场所进行。必要时，人民检察院可以派员在场协助。可见，B 项错误。

《最高人民检察院关于依法保障律师执业权利的规定》第 7 条第 1 款规定，人民检察院应当依法保障律师在刑事诉讼中的申请收集、调取证据权。律师收集到有关犯罪嫌疑人不在犯罪现场、未达到刑事责任年龄、属于依法不负刑事责任的精神病人的证据，告知人民检察院的，人民检察院相关办案部门应当及时进行审查。可见，C 项正确。

《最高人民检察院关于依法保障律师执业权利的规定》第 8 条规定，法律未作规定但律

师要求听取意见的,也应当及时安排听取。可见,D项错误,不是"可以",而是"应当"。

答案 AC

304. 法院、检察院、公安机关、国家安全机关、司法行政机关应当尊重律师,健全律师执业权利保障制度。下列哪一做法是符合有关律师执业权利保障制度的?(2016/1/48-单)

A. 县公安局仅告知涉嫌罪名,而以有碍侦查为由拒绝告知律师已经查明的该罪的主要事实

B. 看守所为律师提供网上预约会见平台服务,并提示律师如未按期会见必须重新预约方可会见

C. 国家安全机关在侦查危害国家安全犯罪期间,多次不批准律师会见申请并且说明理由

D. 在庭审中,作无罪辩护的律师请求就被告量刑问题发表辩护意见,合议庭经合议后当庭拒绝律师请求

解析 辩护律师接受犯罪嫌疑人、被告人委托或者法律援助机构的指派后,应当告知办案机关,并可以依法向办案机关了解犯罪嫌疑人、被告人涉嫌或者被指控的罪名及当时已查明的该罪的主要事实,犯罪嫌疑人、被告人被采取、变更、解除强制措施的情况,侦查机关延长侦查羁押期限等情况,办案机关应当依法及时告知辩护律师。可见,律师受委托或指派后,告知办案机关,这是义务;律师受托后,是否向办案机关了解相关信息,这是权利,可以了解,也可以不了解;但一旦律师要求了解,对办案机关来说,依法及时告知相关信息就是义务,所以是"应当",不得拒绝。A项不当选。

看守所应当设立会见预约平台,采取网上预约、电话预约等方式为辩护律师会见提供便利,但不得以未预约会见为由拒绝安排辩护律师会见。可见,首先,会见预约平台是所有的看守所都必须设立的;其次,设立会见预约平台是为了给辩护律师提供便利,辩护律师未预约的,也可会见,看守所不得拒绝。预约并非会见的必要条件。B项不当选。

辩护律师在侦查期间要求会见危害国家安全犯罪、恐怖活动犯罪、特别重大贿赂犯罪案件在押的犯罪嫌疑人的,应当向侦查机关提出申请。侦查机关应当依法及时审查辩护律师提出的会见申请,在3日以内将是否许可的决定书面答复辩护律师,并明确告知负责与辩护律师联系的部门及工作人员的联系方式。①对许可会见的,应当向辩护律师出具许可决定文书。②因有碍侦查或者可能泄露国家秘密而不许可会见的,应当向辩护律师说明理由。有碍侦查或者可能泄露国家秘密的情形消失后,应当许可会见,并及时通知看守所和辩护律师。可见,三类犯罪案件在押的犯罪嫌疑人在侦查阶段的会见,应当申请;既然要申请,侦查机关就应当审查。不论许可还是不许可,都要书面答复,不许可的,要说明理由。C项当选。

法庭审理过程中,律师就回避,案件管辖,非法证据排除,申请通知证人、鉴定人、有专门知识的人出庭,申请通知新的证人到庭,调取新的证据,申请重新鉴定、勘验等问题当庭提出申请,或者对法庭审理程序提出异议的,法庭原则上应当休庭进行审查,依照法定程序作出决定。①其他律师有相同异议的,应一并提出,法庭一并休庭审查。②法庭决定驳回申请或者异议的,律师可当庭提出复议。经复议后,律师应当尊重法庭的决定,服从法庭的安排。可见,庭审中,律师就重要事项提出申请或异议的,法庭原则上应当"休庭"去审查。D项当庭拒绝律师请求错误,不当选。

答案 C

305. 律师在推进全面依法治国进程中具有重要作用,律师应依法执业、诚信执业、规范执业。根据《律师执业管理办法》,下列哪些做法是正确的?(2017/1/85-多)

A. 甲律师依法向被害人收集被告人不在聚众斗殴现场的证据,提交检察院要求其及时进行审查

B. 乙律师对当事人及家属准备到法院门口静坐、举牌、声援的做法,予以及时有效的劝阻

C. 丙律师在向一方当事人提供法律咨询中致电对方当事人，告知对方诉讼请求缺乏法律和事实依据

D. 丁律师在社区普法宣传中，告知群众诉讼是解决继承问题的唯一途径，并称其可提供最专业的诉讼代理服务

解析 《刑事诉讼法》第43条规定："辩护律师经证人或者其他有关单位和个人同意，可以向他们收集与本案有关的材料，也可以申请人民检察院、人民法院收集、调取证据，或者申请人民法院通知证人出庭作证。辩护律师经人民检察院或者人民法院许可，并且经被害人或者其近亲属、被害人提供的证人同意，可以向他们收集与本案有关的材料。"A项正确。

《律师执业管理办法》第37条规定："律师承办业务，应当引导当事人通过合法的途径、方式解决争议，不得采取煽动、教唆和组织当

事人或者其他人员到司法机关或者其他国家机关静坐、举牌、打横幅、喊口号、声援、围观等扰乱公共秩序、危害公共安全的非法手段，聚众滋事，制造影响，向有关部门施加压力。"B项正确。

《律师执业管理办法》第35条规定："律师承办业务，应当诚实守信，不得接受对方当事人的财物及其他利益，与对方当事人、第三人恶意串通，向对方当事人、第三人提供不利于委托人的信息、证据材料，侵害委托人的权益。"C项属于向对方当事人提供信息的行为，错误。

《律师执业管理办法》第41条规定："律师应当按照有关规定接受业务，不得为争揽业务哄骗、唆使当事人提起诉讼，制造、扩大矛盾，影响社会稳定。"D项错误。

答案 AB

61 专题 律师事务所

306. 律师事务所应当建立健全执业管理和各项内部管理制度，履行监管职责，规范本所律师执业行为。根据《律师事务所管理办法》，某律师事务所下列哪一做法是正确的？（2017/1/49-单）

A. 委派钟律师担任该所出资成立的某信息咨询公司的总经理

B. 合伙人会议决定将年度考核不称职的刘律师除名，报县司法局和律协备案

C. 对本所律师执业表现和遵守职业道德情况进行考核，报律协批准后给予奖励

D. 对受到6个月停止执业处罚的祝律师，在其处罚期满1年后，决定恢复其合伙人身份

解析 《律师事务所管理办法》第44条规定："律师事务所应当在法定业务范围内开展业务活动，不得以独资、与他人合资或者委托持股方式兴办企业，并委派律师担任企业法定代表人、总经理职务，不得从事与法律服务无关的

其他经营性活动。"A项错误。

《律师事务所管理办法》第43条规定："律师事务所应当建立违规律师辞退和除名制度，对违法违规执业、违反本所章程及管理制度或者年度考核不称职的律师，可以将其辞退或者经合伙人会议通过将其除名，有关处理结果报所在地县级司法行政机关和律师协会备案。"B项正确。

《律师事务所管理办法》第58条规定："律师事务所应当建立律师执业年度考核制度，按照规定对本所律师的执业表现和遵守职业道德、执业纪律的情况进行考核，评定等次，实施奖惩，建立律师执业档案和诚信档案。"律所有权实施奖惩，不需要报律协批准。C项错误。

《律师事务所管理办法》第28条第1、2款规定："律师事务所变更合伙人，包括吸收新合伙人、合伙人退伙、合伙人因法定事由或者经合伙人会议决议被除名。新合伙人应当从专职执业的律师中产生，并具有3年以上执业经

历,但司法部另有规定的除外。受到6个月以上停止执业处罚的律师,处罚期满未逾3年的,不得担任合伙人。"《律师事务所管理办法》第57条第2款规定:"已担任合伙人的律师受到

6个月以上停止执业处罚的,自处罚决定生效之日起至处罚期满后3年内,不得担任合伙人。"D项错误。

答案 B

律师职业道德 专题 62

307. 王某和李某斗殴,李某与其子李二将王某打伤。李某在王某提起刑事自诉后聘请省会城市某律师事务所赵律师担任辩护人。关于本案,下列哪一做法符合相关规定?(2015/1/48-单)

A. 赵律师同时担任李某和李二的辩护人,该所钱律师担任本案王某代理人

B. 该所与李某商定辩护事务按诉讼结果收取律师费

C. 该所要求李某另外预交办案费

D. 该所指派实习律师代赵律师出庭辩护

解析 根据《律师执业管理办法》第28条第1款的规定,律师接受犯罪嫌疑人、被告人委托后,不得接受同一案件或者未同案处理但实施的犯罪存在关联的其他犯罪嫌疑人、被告人的委托担任辩护人。根据《律师执业行为规范(试行)》第51条第4项的规定,同一律师事务所的不同律师不得同时担任同一刑事案件的被害人的代理人和犯罪嫌疑人、被告人的辩护人,但在该县区域内只有一家律师事务所且事先征得当事人同意的除外。A项不当选。

刑事诉讼、行政诉讼、国家赔偿案件以及群体性诉讼案件不得实行风险代理收费。B项不当选。

律师收取的费用可以分为律师费和办案费用。律师费,是指律师事务所因本所执业律师为当事人提供法律服务,而根据国家法律规定或双方的自愿协商,向当事人收取的一定数量的费用。办案费用,是指律师事务所在提供法律服务过程中代委托人支付的诉讼费、仲裁费、鉴定费、公证费和查档费等费用,其不属于律师服务费,由委托人另行支付。办案费用主要

包括:①司法、行政、仲裁、鉴定、公证等部门收取的费用;②合理的通讯费、复印费、翻译费、交通费、食宿费等;③经委托人同意的专家论证费;④委托人同意支付的其他费用。律师对需要由委托人负担的律师费以外的费用,应本着节俭的原则合理使用。C项当选。

辩护人只能由律师担任,实习律师不可担任。D项不当选。

答案 C

308. 某律师事务所一审代理了原告张某的案件。1年后,该案再审。该所的下列哪一做法与律师执业规范相冲突?(2014/1/48-单)

A. 在代理原告案件时,拒绝与该案被告李某建立委托代理关系

B. 在拒绝与被告李某建立委托代理关系时,承诺可在其他案件中为其代理

C. 得知该案再审后,主动与原告张某联系

D. 张某表示再审不委托该所,该所遂与被告李某建立委托代理关系

解析 律所接受委托前,应进行利益冲突审查并作出是否接受委托的决定。律师与委托人存在利益关系或利益冲突的,不得承办该业务并应主动提出回避。律所或律师不得在同一案件中为双方当事人担任代理人,或代理与本人或近亲属有利益冲突的法律事务。A项正确,不当选。

B项中只是承诺可在"其他案件中"为被告代理,与本案没有利益冲突。B项正确,不当选。

律师承办业务,应及时向委托人通报委托事项办理进展情况;需要变更委托事项、权限

的，需要征得委托人同意和授权；对于已经出现的和可能出现的不可克服的困难、风险，应及时通知委托人，并向律所报告。C项中，对于案件出现的新的进展，律师积极与委托人联系，明显正确，不当选。

在委托关系终止后，同一律所或同一律师在同一案件后续审理或处理中不得再接受对方当事人委托。D项错误，当选。

答案 D

---

309. 执业律师张某以"××法律服务公司"的名义在"快迪"短视频平台发布视频，配字"提供法律咨询，代写文书等"。就张某的行为，下列说法正确的有：

A. 张某如果以律所名义发布视频，并不违规
B. 张某作为律师，可以既在律所执业，又在法律服务公司执业
C. 张某的行为属于以不正当的方式承揽业务
D. 张某的行为合法，没有违背律师职业道德

解析 律师可以依法以广告形式宣传本人和律所，以及自己的业务领域和专业特长。发布广告可以以个人的名义，也可以以律所的名义，而不能以"××法律服务公司"的名义。A、C项正确，D项错误。

律所是律师的执业机构，而且每个律师都只能在一个律所执业。张某作为律师，只能在律所执业，不能在法律服务公司执业。B项错误。

答案 AC

---

 63 专题 法律援助制度

310. 下列哪一种情况不构成法律援助机构拒绝为申请人提供法律援助的理由？

A. 申请代理的事项是主张因见义勇为行为产生的民事权益
B. 申请人提交的证明材料不齐全，又未按要求作出补充
C. 申请人提出申请后，自行委托了其他代理人
D. 申请人提出申请后，继承了一大笔遗产

解析 《法律援助法》第32条规定："有下列情形之一，当事人申请法律援助的，不受经济困难条件的限制：①英雄烈士近亲属为维护英雄烈士的人格权益；②因见义勇为行为主张相关民事权益；③再审改判无罪请求国家赔偿；④遭受虐待、遗弃或者家庭暴力的受害人主张相关权益；⑤法律、法规、规章规定的其他情形。"可见，主张因见义勇为行为产生的民事权益属于法律援助范围。A项当选。

《法律援助法》第43条规定："法律援助机构应当自收到法律援助申请之日起7日内进行审查，作出是否给予法律援助的决定。决定给予法律援助的，应当自作出决定之日起3日

内指派法律援助人员为受援人提供法律援助；决定不给予法律援助的，应当书面告知申请人，并说明理由。申请人提交的申请材料不齐全的，法律援助机构应当一次性告知申请人需要补充的材料或者要求申请人作出说明。申请人未按要求补充材料或者作出说明的，视为撤回申请。"B项所述情况下，法律援助机构当然可以拒绝提供法律援助。B项不当选。

《法律援助法》第48条第1款规定："有下列情形之一的，法律援助机构应当作出终止法律援助的决定：①受援人以欺骗或者其他不正当手段获得法律援助；②受援人故意隐瞒与案件有关的重要事实或者提供虚假证据；③受援人利用法律援助从事违法活动；④受援人的经济状况发生变化，不再符合法律援助条件；⑤案件终止审理或者已经被撤销；⑥受援人自行委托律师或者其他代理人；⑦受援人有正当理由要求终止法律援助；⑧法律法规规定的其他情形。"可见，出现C、D项所述情况时，法律援助机构应当终止法律援助。C、D项不当选。

答案 A

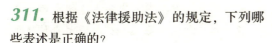

311. 根据《法律援助法》的规定，下列哪些表述是正确的？

A. 区检察院提起公诉的案件，被告人没有委托辩护人的，区法院可以通知区法律援助中心为被告人提供法律援助

B. 家住 A 县的乙在邻县涉嫌犯罪被邻县检察院批准逮捕，其因经济困难可向 A 县法律援助中心申请法律援助

C. 强制医疗案件的被申请人或者被告人没有委托诉讼代理人的，法院应当通知法律援助机构指派律师为其提供法律援助

D. 被羁押的犯罪嫌疑人、被告人、服刑人员，以及强制隔离戒毒人员等涉嫌刑事犯罪，没有委托辩护人的，监管场所应当通知法律援助机构指派律师为其提供法律援助

解析 《法律援助法》第 25 条规定："刑事案件的犯罪嫌疑人、被告人属于下列人员之一，没有委托辩护人的，人民法院、人民检察院、公安机关应当通知法律援助机构指派律师担任辩护人：①未成年人；②视力、听力、言语残疾人；③不能完全辨认自己行为的成年人；④可能被判处无期徒刑、死刑的人；⑤申请法律援助的死刑复核案件被告人；⑥缺席审判案件的被告人；⑦法律法规规定的其他人员。其他适用普通程序审理的刑事案件，被告人没有委托辩护人的，人民法院可以通知法律援助机构指派律师担任辩护人。"A 项正确。

《法律援助法》第 38 条规定："对诉讼事项的法律援助，由申请人向办案机关所在地的法律援助机构提出申请；对非诉讼事项的法律援助，由申请人向争议处理机关所在地或者事由发生地的法律援助机构提出申请。"可见，出现 B 项所述情况时，应当向邻县法律援助中心申请法律援助。B 项错误。

《法律援助法》第 28 条规定："强制医疗案件的被申请人或者被告人没有委托诉讼代理人的，人民法院应当通知法律援助机构指派律师为其提供法律援助。"C 项正确。

《法律援助法》第 39 条规定："被羁押的

犯罪嫌疑人、被告人、服刑人员，以及强制隔离戒毒人员等提出法律援助申请的，办案机关、监管场所应当在 24 小时内将申请转交法律援助机构。犯罪嫌疑人、被告人通过值班律师提出代理、刑事辩护等法律援助申请的，值班律师应当在 24 小时内将申请转交法律援助机构。"可见，D 项中的情况属于"申请"援助而非"指定"援助的范围。D 项错误。

答案 AC

312. 来某县打工的农民黄某欲通过法律援助帮其讨回单位欠薪。根据《法律援助法》的规定，下列有关部门做法正确的是：

A. 县法律援助中心以黄某户籍不在本县为由拒绝受理其口头申请

B. 黄某向设立县法律援助中心的县司法局提出异议

C. 县司法局在受理黄某异议之日起 1 个月内进行了审查，函令县法律援助中心向其提供法律援助

D. 县某律师事务所拒绝接受县法律援助中心指派，县司法局对该所给予警告的行政处罚

解析 《法律援助法》第 38 条规定："对诉讼事项的法律援助，由申请人向办案机关所在地的法律援助机构提出申请；对非诉讼事项的法律援助，由申请人向争议处理机关所在地或者事由发生地的法律援助机构提出申请。"请求支付劳动报酬属于非诉讼事项，应由申请人向争议处理机关所在地或者事由发生地的法律援助机构提出申请。A 项中，黄某来某县打工被拖欠劳动报酬，所以该县属于事由发生地，县法律援助中心应当受理。A 项错误。

《法律援助法》第 49 条规定："申请人、受援人对法律援助机构不予法律援助、终止法律援助的决定有异议的，可以向设立该法律援助机构的司法行政部门提出。司法行政部门应当自收到异议之日起 5 日内进行审查，作出维持法律援助机构决定或者责令法律援助机构改正的决定。申请人、受援人对司法行政部门维持法律援助机构决定不服的，可以依法申请行

政复议或者提起行政诉讼。"B项正确，C项错误。

《法律援助法》第62条规定："律师事务所、基层法律服务所有下列情形之一的，由司法行政部门依法给予处罚：①无正当理由拒绝接受法律援助机构指派；②接受指派后，不及时安排本所律师、基层法律服务工作者办理法律援助事项或者拒绝为本所律师、基层法律服务工作者办理法律援助事项提供支持和保障；③纵容或者放任本所律师、基层法律服务工作者怠于履行法律援助义务或者擅自终止提供法律援助；④法律法规规定的其他情形。"《律师法》第50条规定："律师事务所有下列行为之一的，由设区的市级或者直辖市的区人民政府司法行政部门视其情节给予警告、停业整顿1个月以上6个月以下的处罚，可以处10万元以下的罚款；有违法所得的，没收违法所得；情节特别严重的，由省、自治区、直辖市人民政府司法行政部门吊销律师事务所执业证书：①违反规定接受委托、收取费用的；②违反法定程序办理变更名称、负责人、章程、合伙协议、住所、合伙人等重大事项的；③从事法律服务以外的经营活动的；④以诋毁其他律师事务所、律师或者支付介绍费等不正当手段承揽业务的；⑤违反规定接受有利益冲突的案件的；⑥拒绝履行法律援助义务的；⑦向司法行政部门提供虚假材料或者有其他弄虚作假行为的；⑧对本所律师疏于管理，造成严重后果的。律师事务所因前款违法行为受到处罚的，对其负责人视情节轻重，给予警告或者处2万元以下的罚款。"可见，律师事务所拒绝履行法律援助义务的，有处罚权的是设区的市级或者直辖市的区人民政府司法行政部门，县级司法局无处罚权。D项错误。

答案 B

313. 根据《法律援助法》的规定，下列关于法律援助的哪些说法不能成立？

A. 再审改判无罪请求国家赔偿，当事人申请法律援助的，不受经济困难条件的限制

B. 未成年人、老年人、残疾人等特定群体申请法律援助，申请人有材料证明自己属于无固定生活来源的人员的，法律援助机构免予核查经济困难状况

C. 我国的法律援助实行部分为无偿服务、部分为"缓交费"或"减费"形式有偿服务的制度

D. 人民法院、人民检察院、公安机关办理刑事案件，发现法定的指定援助的情形的，应当在7日内通知法律援助机构指派律师；法律援助机构收到通知后，应当在3日内指派律师并通知人民法院、人民检察院、公安机关

解析 《法律援助法》第32条规定："有下列情形之一，当事人申请法律援助的，不受经济困难条件的限制：①英雄烈士近亲属为维护英雄烈士的人格权益；②因见义勇为行为主张相关民事权益；③再审改判无罪请求国家赔偿；④遭受虐待、遗弃或者家庭暴力的受害人主张相关权益；⑤法律、法规、规章规定的其他情形。"A项说法成立，不当选。

《法律援助法》第42条规定："法律援助申请人有材料证明属于下列人员之一的，免予核查经济困难状况：①无固定生活来源的未成年人、老年人、残疾人等特定群体；②社会救助、司法救助或者优抚对象；③申请支付劳动报酬或者请求工伤事故人身损害赔偿的进城务工人员；④法律、法规、规章规定的其他人员。"B项说法成立，不当选。

《法律援助法》第2条规定："本法所称法律援助，是国家建立的为经济困难公民和符合法定条件的其他当事人无偿提供法律咨询、代理、刑事辩护等法律服务的制度，是公共法律服务体系的组成部分。"可见，我国的法律援助不是"缓交费"，也不是"减费"，而是完全免费的。C项说法不成立，当选。

《法律援助法》第36条规定："人民法院、人民检察院、公安机关办理刑事案件，发现有本法第25条第1款、第28条规定情形的，应当在3日内通知法律援助机构指派律师。法律

援助机构收到通知后，应当在 3 日内指派律师并通知人民法院、人民检察院、公安机关。"《法律援助法》第 43 条第 1 款规定："法律援助机构应当自收到法律援助申请之日起 7 日内进行审查，作出是否给予法律援助的决定。决定给予法律援助的，应当自作出决定之日起 3 日内指派法律援助人员为受援人提供法律援助；决定不给予法律援助的，应当书面告知申请人，并说明理由。"D 项说法不成立，当选。

答案 CD

第**19**讲 公证制度和公证员职业道德

314. 公证制度是司法制度重要组成部分，设立公证机构、担任公证员具有严格的条件及程序。关于公证机构和公证员，下列哪一选项是正确的？（2017/1/50-单）

A. 公证机构可接受易某申请为其保管遗嘱及遗产并出具相应公证书

B. 设立公证机构应由省级司法行政机关报司法部依规批准后，颁发公证机构执业证书

C. 贾教授在高校讲授法学 11 年，离职并经考核合格，可以担任公证员

D. 甄某交通肇事受过刑事处罚，因此不具备申请担任公证员的条件

解析《公证法》第 12 条规定，根据自然人、法人或者其他组织的申请，公证机构可以办理下列事务：①法律、行政法规规定由公证机构登记的事务；②提存；③保管遗嘱、遗产或者其他与公证事项有关的财产、物品、文书；④代写与公证事项有关的法律事务文书；⑤提供公证法律咨询。可见，公证机构接受自然人申请为其保管遗嘱、遗产的前提是有公证活动的存在，即先有相应的遗嘱公证，然后才会有遗嘱、遗产的保管问题。A 项错误。

《公证法》第 9 条规定，设立公证机构，由所在地的司法行政部门报省、自治区、直辖市人民政府司法行政部门按照规定程序批准后，颁发公证机构执业证书。B 项错误。

《公证法》第 19 条规定，从事法学教学、研究工作，具有高级职称的人员，或者具有本科以上学历，从事审判、检察、法制工作、法律服务满 10 年的公务员、律师，已经离开原工作岗位，经考核合格的，可以担任公证员。C 项正确。

《公证法》第 20 条规定，有下列情形之一的，不得担任公证员：①无民事行为能力或者限制民事行为能力的；②因故意犯罪或者职务过失犯罪受过刑事处罚的；③被开除公职的；④被吊销公证员、律师执业证书的。交通肇事罪是典型的过失犯罪，但并非职务过失犯罪。D 项错误。

答案 C

315. 关于我国公证的业务范围、办理程序和效力，下列哪一选项符合《公证法》的规定？（2015/1/50-单）

A. 申请人向公证机关提出保全网上交易记

录，公证机关以不属于公证事项为由拒绝

B. 自然人委托他人办理财产分割、赠与、收养关系公证的，公证机关不得拒绝

C. 因公证具有较强的法律效力，要求公证机关在办理公证业务时不能仅作形式审查

D. 法院发现当事人申请执行的公证债权文书确有错误的，应裁定不予执行并撤销该公证书

解析 证据保全属于公证的业务范围。在证据有灭失或难以获得的危险时，如证物容易腐烂、变质，证人长期出国等情况，为了将来进行诉讼，可以申请对相关的证人证言、书证、物证、视听资料、现场情况等进行证据保全。公证机构依法采取一定措施收集、固定并保管，以保持证据的真实性和证明力。A项不当选。

当事人申请办理公证，可以委托他人代理，但遗嘱、遗赠扶养协议、赠与、认领亲子、收养关系、解除收养关系、生存状况、委托、声明、保证及其他与自然人人身有密切关系的公证事项，应当由其本人亲自申办。B项不当选。

英美法系国家的公证制度侧重于形式证明，只证明真实性，即证明当事人在公证人面前签署文件的行为属实；大陆法系国家则侧重于证明真实性与合法性。我国属于后一公证体系，既作形式审查，也作实质审查。C项当选。

根据《公证法》第37条第2款的规定，债权文书确有错误的，人民法院裁定不予执行，并将裁定书送达双方当事人和公证机构。可见，法院不会直接撤销该公证书。D项不当选。

答案 C

316. 关于公证制度和业务，下列哪一选项是正确的？（2016/1/50-单）

A. 依据统筹规划、合理布局设立的公证处，其名称中的字号不得与国内其他公证处的字号相同或者相近

B. 省级司法行政机关有权任命公证员并颁发

公证员执业证书，变更执业公证处

C. 黄某委托其子代为办理房屋买卖手续，其住所地公证处可受理其委托公证的申请

D. 王某认为公证处为其父亲办理的放弃继承公证书错误，向该公证处提出复议的申请

解析 公证机构名称中的字号，应当由2个以上文字组成，并不得与所在省、自治区、直辖市内设立的其他公证机构的名称中的字号相同或者近似。可见，A项错误，错在"国内"。

担任公证员，应当由符合公证员条件的人员提出申请，经公证机构推荐，由所在地的司法行政部门报省、自治区、直辖市人民政府司法行政部门审核同意后，报请国务院司法行政部门任命，并由省、自治区、直辖市人民政府司法行政部门颁发公证员执业证书。可见，B项错误，错在"省级司法行政机关有权任命"。

我国公证机构的主要公证业务是证明民事法律行为，如合同、继承、委托、声明、赠与、遗嘱、财产分割、招标投标、拍卖等。公证机构根据当事人的申请办理相关公证事项，对民事法律行为的真实性、合法性予以证明。其中，委托公证证明的是委托人的授权委托行为真实、合法，属于公证的业务范围。申请办理涉及不动产的公证，应当向不动产所在地的公证机构提出，但申请办理涉及不动产的委托、声明、赠与、遗嘱的公证，可以向住所地、经常居住地、行为地或事实发生地的公证机构提出。可见，C项正确。

当事人、公证事项的利害关系人认为公证书有错误的，可以向出具该公证书的公证机构提出复查。公证书的内容违法或者与事实不符的，公证机构应当撤销该公证书并予以公告，该公证书自始无效；公证书有其他错误的，公证机构应当予以更正。可见，D项表述有误，规范的表述是申请复查，而非申请复议。

答案 C

66 专题 公证员职业道德

317. 关于法律职业人员职业道德，下列哪一说法是不正确的？（2014/1/49-单）

A. 法官职业道德更强调法官独立性、中立地位

B. 检察官职业道德是检察官职业义务、职业责任及职业行为上道德准则的体现

C. 律师职业道德只规范律师的执业行为，不规范律师事务所的行为

D. 公证员职业道德应得到重视，原因在于公证证明活动最大的特点是公信力

解析 法律职业队伍存在法官、检察官、律师、公证员等具体行业之分，对不同行业在职业道德上有不同要求。法官职业的特殊性，决定了对法官职业道德在独立性、中立性方面的要求较其他行业的职业道德更高、更严格。A项正确，不当选。

检察官职业道德是检察官职业义务、职业责任及职业行为上道德准则的体现。B项正确，不当选。

律师职业道德既规范律师（包括公职律师、实习律师、律师助理）的执业行为，也规范律师事务所的行为。C项错误，当选。

公证是公证机构对公民、法人及其他组织的民事法律行为、有法律意义的文书和事实的真实性、合法性进行证明的活动，其最大的特点是公信力。正因为公证证明活动的公信力才更强调公证员的职业道德。D项正确，不当选。

[未来命题趋势预测]法官职业道德既规范职业内活动，也规范职业外行为。检察官职业道德既调整检察机关内部的关系，培养检察官的共同体意识，也调整检察机关及检察官与其服务对象即民众之间的关系。

答案 C

318. 下列哪一选项属于违反律师或公证有关制度及执业规范规定的情形？（2012/1/50-单）

A. 刘律师受当事人甲委托为其追索1万元欠款，因该事项与另一委托事项时间冲突，经甲同意后另交本所律师办理，但未告其支出增加

B. 李律师承办当事人乙的继承纠纷案，表示乙依法可以继承2间房屋，并作为代理意见提交法庭，未被采纳，乙仅分得万元存款

C. 林公证员对丙以贵重金饰用于抵押的事项，办理了抵押登记

D. 王公证员对丁代理他人申办合同和公司章程公证的事项，出具了公证书

解析 根据《律师执业行为规范（试行）》第58条的规定，非经委托人的同意，律师不能因转委托而增加委托人的费用支出。A项中，刘律师未告知当事人甲支出增加的情形违反了该规定。A项当选。

答案 A

319. 下列哪些行为违反了相关法律职业规范规定？（2013/1/85-多）

A. 某律师事务所明知李律师的伯父是甲市中院领导，仍指派其到该院代理诉讼

B. 检察官高某在办理一起盗车并杀害车内行动不便的老人案件时，发现网上民愤极大，即以公诉人身份跟帖向法院建议判处被告死刑立即执行

C. 在法庭上，公诉人车某发现李律师发微博，当庭予以训诫，审判长怀法官未表明态度

D. 公证员张某根据甲公司董事长申请，办理了公司章程公证，张某与该董事长系大学同学

解析 法律禁止法官的配偶、子女担任该法官所任职单位办理案件的诉讼代理人或者辩护人。A项不当选。

检察官应依法独立行使检察权，独立于行政机关、企事业单位、社会团体、其他社会成员个人以及新闻媒体、公众舆论，不受任何外在的非法干预，不为人情所利用，不受社会舆论所干扰。B项中，高某明显已受到网络舆论的影响。B项当选。

根据《法官法》的规定，法官应依法保障当事人和其他诉讼参与人的诉讼权利，避免办案中的随意行为。C项中，公诉人车某训诫李律师，双方发生直接冲突，而审判长怀法官竟然不表明态度，不符合职业道德规范。C项当选。

公证员不得为本人及近亲属办理公证或者办理与本人及近亲属有利害关系的公证。D项中，公证员张某与甲公司董事长仅是大学同学，且只是根据其申请办理公司章程公证，并无不妥。D项不当选。

答案 BC

320. 法律职业人员在业内、业外均应注重清正廉洁，严守职业道德和纪律规定。下列哪些行为违反了相关职业道德和纪律规定？（2015/1/84-多）

A. 赵法官参加学术研讨时无意透露了未审结案件的内部讨论意见

B. 钱检察官相貌堂堂，免费出任当地旅游局对外宣传的"形象大使"

C. 孙律师在执业中了解到委托人公司存在严重的涉嫌偷税犯罪行为，未向税务机关举报

D. 李公证员代其同学在自己工作的公证处申办学历公证

解析 法官应当保守审判工作秘密。A项中，赵法官泄露了内部讨论意见，明显不妥。A项当选。

B项中，钱检察官担任本地形象大使，是积极正面的形象，而且免费担任，做法并无不妥。B项不当选。

律师应当保守在执业活动中知悉的国家秘密、商业秘密，不得泄露当事人的隐私。律师对在执业活动中知悉的委托人和其他人不愿泄露的有关情况和信息，应当予以保密。但是，委托人或者其他人准备或者正在实施危害国家安全、公共安全以及严重危害他人人身安全的犯罪事实和信息除外。C项中，涉嫌偷税犯罪，不属于危害国家安全、公共安全的事项，可以不举报。C项不当选。

《公证程序规则》第11条第2款规定："公证员、公证机构的其他工作人员不得代理当事人在本公证机构申办公证。"D项中，李公证员代其同学在自己工作的公证处申办学历公证，很明显不妥当。D项当选。

答案 AD

第20讲　中国古代法律史

 67 专题　西周以降的法律思想与制度

一、西周时期

321.《左传》云："礼，所以经国家，定社稷，序民人，利后嗣者也"，系对周礼的一种评价。关于周礼，下列哪一表述是正确的？（2015/1/16-单）

A. 周礼是早期先民祭祀风俗自然流传到西周的产物

B. 周礼仅属于宗教、伦理道德性质的规范

C. "礼不下庶人"强调"礼"有等级差别

D. 西周时期"礼"与"刑"是相互对立的两个范畴

解析 礼是中国古代社会长期存在的、维护血缘宗法关系和宗法等级制度的一系列精神原则以及言行规范的总称，是对社会生活起着调整作用的习惯法，其起源于原始社会祭祀鬼神时所举行的仪式。"礼起于祀"，周礼的确立基于早期先民的祭祀风俗，但是却经过了周公的总结升华。西周初年，成王年幼即位，周公辅政，通过制礼作乐的立法活动，建立起一套以周礼为核心的礼乐典章制度和礼仪道德规范。因此，周礼并非"自然流传"到西周的。A 项错误。

礼在当时已经具备了习惯法的性质。质言之，西周时期的礼已具备法的性质。首先，其完全具有法的三个基本特性，即规范性、国家意志性和强制性。其次，礼对社会生活各个方面都有着实际的调整作用。B 项错误。

"礼不下庶人"强调的是"礼"有等级差别，禁止任何越礼的行为；"刑不上大夫"强调的是贵族官僚在适用刑罚上的特权。C 项正确。

西周时强调"出礼入刑"。"礼"正面、积极地规范人们的言行，而"刑"则对一切违背礼的行为进行处罚。其关系正如《汉书·陈宠传》所说的"礼之所去，刑之所取，失礼则入刑，相为表里"，两者共同构成西周法律的完整体系。质言之，如有人实施超出礼节规定和有悖于道义的行为，就会受到刑罚的制裁。可见，"礼"与"刑"是相辅相成、不可分割的关系。D 项错误。

答案 C

322. 西周商品经济发展促进了民事契约关系的发展。《周礼》载："听买卖以质剂"。汉代学者郑玄解读西周买卖契约形式："大市谓人民、牛马之属，用长券；小市为兵器、珍异之物，用短券。"对此，下列哪一说法是正确的？（2016/1/15-单）

A. 长券为"质"，短券为"剂"

B. "质"由买卖双方自制，"剂"由官府制作

C. 契约达成后，交"质人"专门管理

D. 买卖契约也可采用"傅别"形式

解析 在西周时期，借贷契约称为"傅别"，买卖契约称为"质剂"。D 项错误。

买卖奴隶、牛马等大市用的较长的契券称为"质"，买卖兵器、珍异之物等小市用的较短的契券称为"剂"。A 项正确。

"质""剂"均由官府制作，并由"质人"专门管理。B 项错误。

"质人"对"质""剂"的管理，不以契约达成为条件。C 项错误。

答案 A

323. 《尚书·康诰》有云："人有小罪，非眚，乃惟终……有厥罪小，乃不可不杀。"其中，"非眚"是指：

A. 故意 　　　　　 B. 过失
C. 惯犯 　　　　　 D. 偶犯

解析 西周时期已经开始区分故意与过失。其中，故意称为"非眚"，过失称为"眚"。A 项当选。

《尚书·康诰》有云："人有小罪，非眚，乃惟终……有厥罪小，乃不可不杀。乃有大罪，非终，乃惟眚灾…时乃不可杀。"其大意是：虽犯小罪，却不是由于过失，或者是惯犯，就不可不杀；反之，罪虽大，但不是惯犯，又出于过失，就不可处死。

答案 A

二、春秋、战国时期

324. 春秋时期，针对以往传统法律体制的不合理性，出现了诸如晋国赵鞅"铸刑鼎"，郑国执政子产"铸刑书"等变革活动。对此，下列哪一说法是正确的？（2016/1/16-单）

A. 晋国赵鞅"铸刑鼎"为中国历史上首次公布成文法
B. 奴隶主贵族对公布法律并不反对，认为利于其统治
C. 打破了"刑不可知，则威不可测"的壁垒
D. 孔子作为春秋时期思想家，肯定赵鞅"铸刑鼎"的举措

解析 公元前 536 年，郑国执政子产将郑国的

法律条文铸在象征诸侯权位的鼎上，向社会公布，这是中国历史上第一次公布成文法的活动。公元前 513 年，晋国赵鞅把前任执政范宣子所编刑书正式铸于鼎上，公之于众，这是中国历史上第二次公布成文法的活动。A 项错误。

成文法的公布，否定了"刑不可知，则威不可测"的旧传统，对奴隶主贵族操纵和使用法律的特权是严重的冲击，是新兴地主阶级的一次重大胜利，遭到了奴隶主贵族的反对。B 项错误，C 项正确。

孔子对晋国赵鞅"铸刑鼎"的举措予以激烈批判，甚至说："晋其亡乎，失其度矣！"意即晋国要亡国了，因为赵鞅"铸刑鼎"公布成文法打破了传统的不公布法律的法度。D 项错误。

答案 C

三、秦代法制

325. 秦律明确规定了司法官渎职犯罪的内容。关于秦朝司法官渎职的说法，下列哪一选项是不正确的？（2014/1/16-单）

A. 故意使罪犯未受到惩罚，属于"纵囚"
B. 对已经发生的犯罪，由于过失未能揭发、检举，属于"见知不举"
C. 对犯罪行为由于过失而轻判者，属于"失刑"
D. 对犯罪行为故意重判者，属于"不直"

解析 秦代有关司法官吏渎职的犯罪，主要包括四种：①"见知不举"罪，即明知犯罪行为的存在，但不去举发。②"不直"罪，即罪应重而故意轻判，应轻而故意重判。③"纵囚"罪，指应当论罪而故意不论罪，以及设法减轻案情，故意使案犯达不到定罪标准，从而判其无罪。④"失刑"罪，指因过失而量刑不当。若系故意量刑不当，则构成"不直"罪。可见，四种司法官吏渎职犯罪中，只有"失刑"罪属于过失犯罪，其他均为故意犯罪。B 项错误，当选。

答案 B

326. 秦统治者总结前代法律实施方面的经

验，结合本朝特点，形成了一些刑罚适用原则。对于秦律原则的相关表述，下列哪一选项是正确的？（2017/1/16-单）

A. 关于刑事责任能力的确定，以身高作为标准，男、女身高六尺二寸以上为成年人，其犯罪应负刑事责任

B. 重视人的主观意识状态，对故意行为要追究刑事责任，对过失行为则认为无犯罪意识，不予追究

C. 对共犯、累犯等加重处罚，对自首、犯后主动消除犯罪后果等减轻处罚

D. 无论教唆成年人、未成年人犯罪，对教唆人均实行同罪，加重处罚

【解析】秦律规定，凡属未成年犯罪，不负刑事责任或减轻刑事处罚；进而以身高来判定是否成年，将大约六尺五寸作为成年的标准。A项错误。

秦律区分故意（端）与过失（不端），故意诬告者，实行反坐；主观上没有故意的，按告不审从轻处理。可见，过失行为也要被追究责任。B项错误。

秦律规定，在处罚侵犯财产罪上，共同犯罪较个体犯罪处罚从重，集团犯罪（5人以上）较一般犯罪处罚从重；本身已犯罪，再犯诬告他人罪，加重处罚；凡携带所借公物外逃，主动自首者，不以盗窃论处，而以逃亡论处；若犯罪后能主动消除犯罪后果，可以减免处罚。C项正确。

秦律只是规定对于教唆未成年人犯罪者加重处罚；教唆未满15岁的人抢劫、杀人的，虽分赃仅为十文钱，教唆者也要被处以磔尸刑。D项错误。

【答案】C

327. 在秦代，甲、乙、丙、丁四人被判处不同刑罚，甲被判处司寇，乙被判处鬼薪，丙被判处白粲，丙被判处城旦春。关于四人的刑罚，下列说法正确的有：

A. 甲的刑罚是被发往边地充当斥候

B. 乙的刑罚是为宗庙伐木，一般是3年以下，

只适用于男犯

C. 丙的刑罚是择米，只适用于女性

D. 丁的刑罚是筑城，只适用于男性，是徒刑的最轻等级

【解析】司寇是指伺察寇盗，将罪犯发往边地充当斥候是"候"。A项错误。

鬼薪是指男犯为祠祀鬼神砍柴伐薪，白粲是指女犯为祠祀择米。B、C项正确。

城旦春是指男犯筑城、女犯春米，在秦代的徒刑中属于较重的劳役刑。秦代徒刑的最轻等级是"候"。D项错误。

【答案】BC

四、汉代法制

328. 董仲舒解说"春秋决狱"："春秋之听狱也，必本其事而原其志；志邪者不待成，首恶者罪特重，本直者其论轻。"关于该解说之要旨和倡导，下列哪些表述是正确的？（2013/1/57-多）

A. 断案必须根据事实，要追究犯罪人的动机，动机邪恶者即使犯罪未遂也不免刑责

B. 在着重考察动机的同时，还要依据事实，分别首犯、从犯和已遂、未遂

C. 如犯罪人主观动机符合儒家"忠""孝"精神，即使行为构成社会危害，也不给予刑事处罚

D. 以《春秋》经义决狱为司法原则，对当时传统司法审判有积极意义，但某种程度上为司法擅断提供了依据

【解析】春秋决狱强调审断时应重视行为人在案情中的主观动机。在着重考察动机的同时，还要依据事实，区分首犯、从犯和已遂、未遂。实行"论心定罪"原则，如犯罪人的主观动机符合儒家"忠""孝"精神，即使其行为构成社会危害，也可以减免刑事处罚。相反，如犯罪人的主观动机严重违背儒家倡导的精神，即使没有造成严重危害后果，也要认定其构成犯罪给予严惩。客观上，春秋决狱对传统的司法和审判是一种积极的补充。但是，如果专以主

观动机"心""志"的"善恶"判断有罪无罪或罪行轻重，在某种程度上为司法擅断提供了依据。C项错误，A、B、D项正确。

答案 ABD

五、魏晋南北朝法制

329. 魏晋南北朝时期法律发生了许多发展变化，对后世法律具有重要影响。下列哪些表述正确揭示了这些发展变化？（2004/1/60-多）

A.《北齐律》共12篇，首先将刑名与法例律合为名例律一篇

B.《魏律》以《周礼》"八辟"为依据，正

式规定了"八议"制度

C.《北周律》首次规定了"重罪十条"

D.《北魏律》与《陈律》正式确立了"官当"制度

解析 "重罪十条"首次规定在《北齐律》中，而不是《北周律》中。C项错误。

北齐为维护封建国家根本利益，在《北齐律》中首次规定"重罪十条"，是对危害统治阶级根本利益的十种重罪的总称。把"重罪十条"置于律首，作为严厉打击的对象，增加了法律的威慑力量。A、B、D项正确。

答案 ABD

唐宋至明清时期的法律思想与制度 专题 **68**

一、唐律与中华法系

330. 某日，甲在摊子上偷瓜又偷酒，半夜准备爬围墙去一户人家偷盗，刚爬进去就睡着了，被主人乙抓住打伤后逃亡。后来，甲主动到官府投案，在交代案情时，只说自己入户盗窃，并未说明自己在摊子上偷瓜又偷酒的行为。根据唐代法律的规定，下列哪些选项是正确的？

A. "夜半闯入人家，主人出于防卫，登时杀死闯入者，不论罪。"根据该规定，致死尚不论罪，致伤更不应该论罪，故乙的行为无罪

B. 唐律中已经明确规定了类推原则

C. 根据唐代法律的规定，甲的行为属于自首不尽

D. 根据唐代法律的规定，甲的行为属于自新

解析 唐代时类推原则已经比较完善，唐律规定："诸断罪而无正条，其应出罪者，则举重以明轻；其应入罪者，则举轻以明重。"本案中，主人出于防卫杀死闯入者，不论罪，举重以明轻，致伤更不应该论罪。A、B项正确。

自新是指犯罪被揭发或被官府查知逃亡后

再投案。犯罪未被举发而能亲自或者父兄代为到官府交代罪行的，称为自首或遣人代首。自首不尽是指对犯罪情节交代不完全。自首不实是指自首避重就轻不真实。本案中，甲属于被抓后逃亡，后来主动到官府投案，属于自新。C项错误，D项正确。

答案 ABD

331.《唐律·名例律》规定："诸断罪而无正条，其应出罪者，则举重以明轻；其应入罪者，则举轻以明重。"关于唐代类推原则，下列哪一说法是正确的？（2014/1/17-单）

A. 类推是适用法律的一般形式，有明文规定也可"比附援引"

B. 被类推定罪的行为，处罚应重于同类案件

C. 被类推定罪的行为，处罚应轻于同类案件

D. 唐代类推原则反映了当时立法技术的发达

解析《唐律·名例律》规定："诸断罪而无正条，其应出罪者，则举重以明轻；其应入罪者，则举轻以明重。"也就是说，对律文无明文规定的同类案件，凡应减轻处罚的罪案，则列举重罪处罚规定，比照以解决轻案；凡应加重处罚的罪案，则列举轻罪处罚规定，比照以解决

重案。可见，类推针对的是法无明文规定的情形。A项错误。

类推定罪，既可能举轻以明重，也可能举重以明轻，也就是说，对系争犯罪行为的处罚，既可能重于同类案件，也可能轻于同类案件。B、C项错误。

认为唐代类推原则的完善反映了当时立法技术的发达，是没有错误的。D项正确。

答案 D

332. 《唐律疏议·贼盗》载"祖父母为人杀私和"疏："若杀祖父母、父母应偿死者，虽会赦，仍移乡避仇。以其与子孙为仇，故令移配。"下列哪些理解是正确的？（2013/1/56-多）

A. 杀害同乡人的祖父母、父母依律应处死刑者，若遇赦虽能免罪，但须移居外乡

B. 该条文规定的移乡避仇制体现了情法并列、相互避让的精神

C. 该条文将法律与社会生活相结合统一考虑，表现出唐律较为高超的立法技术

D. 该条文侧面反映了唐律"礼律合一"的特点，为法律确立了解决亲情与法律相冲突的特殊模式

解析 A项属于对题干本身的理解、解释，正确。

该条文规定的移乡避仇制非常鲜明地体现了唐律在依法处理的同时会考虑到天理人情，考虑到受害人家属的情感需要。B项正确。

这种做法既考虑了法律规范的要求，又考虑了实际社会生活，自然体现了唐律高超的立法技术。C项正确。

该条文确立了解决亲情与法律相冲突的特殊模式，具有中国特色，也从侧面反映了唐律"礼律合一"的特点。D项正确。

答案 ABCD

333. 唐代诉讼制度不断完善，并具有承前启后的特点。下列哪一选项体现了唐律据证定罪的原则？（2017/1/17-单）

A. 唐律规定，审判时"必先以情，审察辞理，反复参验，犹未能决，事须拷问者，立案同判，然后拷讯，违者杖六十"

B. 《断狱律》说："若赃状露验，理不可疑，虽不成引，即据状断之"

C. 唐律规定，对应议、请、减和老幼残疾之人"不合拷讯"

D. 《断狱律》说："（断狱）皆须具引律、令、格、式正文，违者笞三十"

解析 唐代允许刑讯逼供，但是在拷讯之前，必须先审核口供的真实性，然后反复查验证据；证据确凿，仍狡辩否认的，经主审官与参审官共同决定，可以刑讯。未依法定程序拷讯的，承审官要负刑事责任。A项是唐律对拷讯条件的规定，不当选。

对那些人赃俱获，经拷讯仍拒不认罪的，也可"据状断之"，即根据证据定罪。B项体现了这一点，当选。

对具有特权身份的人（如应议、请、减之人）或者老幼废疾之人（年70岁以上或15岁以下、一肢废、腰脊折、痴哑、侏儒等）禁止刑讯，但是"不合拷讯，皆据众证定罪"，即必须有3人以上证实其犯罪事实，才能定罪。C项是唐律对不得拷讯的对象的规定，不当选。

D项强调的是依法裁判，与题干要求不符，不当选。

答案 B

334. 唐永徽年间，甲由祖父乙抚养成人。甲好赌欠债，多次索要乙一祖传玉坠未果，起意杀乙。某日，甲趁乙熟睡，以木棒狠击乙头部，以为致死（后被救活），遂夺玉坠逃走。唐律规定，谋杀尊亲处斩，但无致伤如何处理的规定。对甲应当实行下列哪一处罚？（2015/1/17-单）

A. 按"诸断罪而无正条，其应入罪者，则举轻以明重"，应处斩刑

B. 按"诸断罪而无正条，其应出罪者，则举重以明轻"，应处绞刑

C. 致伤未死，应处流三千里

D. 属于"十恶"犯罪中的"不孝"行为,应处极刑

解析 本题考查的是"十恶"制度。

就 A、B 项而言,斩、绞都是死刑,但是 B 项中所谓的"出罪"是指不追究刑事责任,与判处绞刑自相矛盾。A 项当选,B 项不当选。

由于十恶属于大罪,处罚极重,不能赦免,也不适用自首,所以有十恶不赦之说。因此,题干中的情形必定是死刑。C 项不当选。

在十恶当中,殴打或谋杀祖父母、父母等尊亲属的行为被称为"恶逆";而控告、咒骂祖父母、父母,未经祖父母、父母同意私立门户、分异财产,对祖父母、父母供养有缺,为父母尊长服丧不如礼等行为,则被称为"不孝"。本题中的行为明显属于"恶逆"。D 项不当选。

答案 A

335. 关于唐代的刑罚制度,下列说法不正确的有:

A. 唐律中规定的死刑分绞、斩、凌迟三种

B. 唐律中的流刑主要分三等,从流 2000 里到 3000 里,每等加 500 里,不附加劳役;但被判加役流者,应流 3000 里,服劳役 3 年

C. 唐律区分了公罪和私罪,公罪从重,私罪从轻

D. 犯罪被揭发或被官府查知逃亡后,又投案的,称为"自首",自首者可以免罪,但赃物必须如数偿还

解析 唐律承用隋《开皇律》所确立的五刑,但具体规格稍有不同。

死刑分斩、绞二种。A 项错误,当选。

答、杖、徒三种刑罚都分五等。流刑分三等,由流 2000 里到 3000 里,每等加 500 里,皆劳役 1 年;另外有加役流,流 3000 里,劳役 3 年,作为死刑的宽贷措施。可见,流刑均附加有劳役刑。B 项错误,当选。

唐律严格区分公罪和私罪。公罪,是指"缘公事致罪而无私曲者",即执行公务中,由于公务上的关系造成某些失误或差错,而不是为了追求私利的犯罪;私罪,是指与公事无关

的犯罪或者虽与公事有关,但却存在利用职权、徇私枉法的情况。公罪从轻,私罪从重。适用"官当"制度时,也要区分公罪和私罪,犯公罪者可以多当 1 年徒刑。这样做的目的是保护各级官吏执行公务、行使职权的积极性,提高国家的统治效能;同时,也有助于防止某些官吏假公济私、以权谋私,保证法制的统一。C 项错误,当选。

唐律还严格区分了自首和自新。犯罪未被举发而能主动到官府交待罪行的,称为自首;犯罪被揭发或被官府查知逃亡后,再投案的,称为自新。可见,自新是被迫的,与自首性质不同。对自新采取减轻刑事处罚的原则,而自首则一般可以免罪,但为防止犯罪行为人非法获财,还要求自首者必须按法律规定如数偿还赃物。唐律规定,轻罪已发,能首重罪,免其重罪;审问它罪而能自首余罪的,免其余罪。D 项混淆了自新和自首,错误,当选。

答案 ABCD

✍ 设题陷阱及常见错误分析

(1) 凌迟始于五代时期的西辽,唐代尚未产生。

(2) "虽缘公事,意涉阿曲",即利用职权,徇私枉法,虽因公事,也以私罪论处。

(3) 对于谋反等重罪或造成严重危害后果无法挽回的犯罪,不适用自首;凡"于人损伤,于物不可备偿""越渡关及奸,并私习天文者",并不在自首之列,因为这些犯罪的后果已不能挽回。

336. 宋代时,寿州有个人杀了其邻居一家好几十口人。关于本案,下列说法正确的是:

A. 此人构成"不道"罪

B. 此人可以适用八议的规定

C. 如果此人自首,在刑罚适用上可以有相应的减免

D. 如果遇到大赦,则此人的罪行可以被赦免

E. 在唐律中,此类犯罪只规定在名例律之首

解析 宋承唐律，"杀一家非死罪三人，支解人，造畜蛊毒、厌魅"，即杀一家非死罪三人、肢解人以及用巫术害人的行为，属于"十恶"重罪中的"不道"。A项正确。

所谓"十恶"，是隋唐以后历代法律中规定的严重危害统治阶级根本利益的、为常赦所不原的十种最严重的犯罪，源于《北齐律》中的"重罪十条"。隋《开皇律》在"重罪十条"的基础上加以损益，确定了十恶制度。"十恶"重罪包括谋反、谋大逆、谋叛、恶逆、不道、大不敬、不孝、不睦、不义和内乱。唐律承袭此制，将这些犯罪集中规定在名例律之首，并在分则各篇中对这些犯罪相应规定了最严厉的刑罚。凡犯十恶者，不适用八议、自首等规定，且为常赦所不原，此即俗语所谓"十恶不赦"的渊源。这些特别规定充分体现了唐律的本质和重点在于维护皇权、特权、传统的伦理纲常及伦理关系。B、C、D、E项错误。

答案 A

337. 唐永徽年间，一男子中举但尚未被授官，当朝权贵意欲招其为女婿。该男子家乡已有妻室，其妻育有一女。该男子欲以无子为由休妻。妻报官。根据《唐律疏议》："问曰：妻无子者，听出。未知几年无子，即合出之？答曰：律云：'妻年五十以上无子，听立庶以长'，即是四十九以下无子，未合出之。"县令认为，无子犯了"七出"，可休；但该妻子目前才30岁，不可休。关于本案，下列说法正确的有：

A. 以无子为由休妻违反了"三不去"中的"前贫贱后富贵"原则

B. 丈夫以女子无子为由休妻可以不受年龄限制

C. 没有儿子但有女儿，不算无子，不能休妻

D. 县令运用《唐律疏议》是合法的，运用了当然解释

解析 唐律中的"娶时贱后贵"，即"前贫贱后富贵"原则，具有对抗无子出妻的效力。据此，以无子为由休妻违反了该原则。A项正确。

题干中明示，《唐律疏议》是以50岁作为允许以无子为由休妻的最低年龄标准。也就是说，在49岁以下，即便妻子没有生育儿子，丈夫也不能休妻。B项错误。

"七出"中的"无子"是指没有儿子。C项错误。

当然解释，是指在法律没有明文规定的情况下，举重以明轻，举轻以明重。县令认为，唐律既然规定妻子50岁以上无子才允许立庶子为长，那就意味着妻子49岁以下即便无子也不允许立庶；而休妻是比立庶子为长影响更为重大的决定，那么秉持同样的逻辑，妻子在49岁以下无子的，自然也不可休弃。这是典型的举轻以明重，属于当然解释。D项正确。

答案 AD

338. 《唐律疏议》中载，王家给李家送了聘财（酒肉），女方李家将所有的聘财用于宴请各方亲戚，大家都知道两家定亲了。王家认为李家太过铺张浪费，欲解除婚约。关于本案，下列说法正确的有：

A. 男方提出解除婚约，不可以要求女方返还聘财

B. 在唐代，婚约是从宴请之后开始生效的

C. 本案中，如果是李家首先想解除婚约，则司法官应在杖责六十后要求其继续履行婚约

D. 在唐代，男方送给女方的酒肉就是聘财

解析《唐律疏议》卷十三《户婚律》"许嫁女辄悔"规定："诸许嫁女，已报婚书及有私约（谓先已知夫身残疾、老幼、庶养之类）而辄悔者，杖六十，婚仍如约。……虽非许婚之书，但受聘财，亦是。聘财无多少之限，酒食非以财物为酒食者，亦同聘财。……若更许他人者，杖一百，已成者，徒一年半。男家自悔者，不坐，不追聘财。"也就是说，女方订婚或受聘财后，不能悔婚，如果悔婚，要杖打六十，还要出嫁。男方自己悔婚的，不追究责任，但是不能要回聘财。婚礼是以聘财为信的，聘财不在乎多少，都能成就婚约。哪怕没有婚书，收了聘财即证明婚约已成。另外，"酒食"之

类的食物类消费品一般情况下不能认定为聘财，但是，如果以所送财物作为筹办婚宴酒食之资金，则该类财物等同于聘财。

据此，男方单方面提出解除婚约的，不可以要求女方返还聘财。A项正确。

在没有婚书的情况下，根据社会习惯，婚礼先以聘财为信，故云："聘则为妻。"收下聘礼即证明婚约已成。B项错误。

在唐朝，女方订婚或受聘礼后，不能悔婚，如果悔婚，要杖打六十，之后还要按照约定出嫁。C项正确。

唐朝的法律特别规定，酒食等食物类消费品一般情况下是不能作为聘财的，但是如果以所送财物作为筹办婚宴酒食之资金，则该类财物等同于聘财。D项错误。

答案 AC

二、两宋的法律

339. 关于《宋刑统》，下列说法正确的有：

A. 《宋刑统》的全称是《宋建隆重详定刑统》，其编纂体例可追溯至唐宣宗时颁行的《大中刑律统类》

B. 在具体编纂上，仍以传统的刑律为主，但收录了五代时通行的部分敕、令、格、式，形成一种律令合编的法典结构

C. 《宋刑统》是历史上第一部刊印颁行的法典

D. 篇目和内容与《唐律疏议》大体相同

解析 宋太祖建隆四年，在窦仪等人的奏请下，开始修订宋朝新的法典。完成后，太祖诏"付大理寺刻板摹印，颁行天下"，成为历史上第一部刊印颁行的法典。《宋刑统》的全称是《宋建隆重详定刑统》。《宋刑统》的编纂体例可追溯至唐宣宗时颁行的《大中刑律统类》。A、C项正确。

在具体编纂上，《宋刑统》仍以传统的刑律为主，同时包含有关敕、令、格、式和朝廷禁令、州县常科等条文，甚至收录了五代时通行的部分敕、令、格、式，形成一种律令合编的法典结构。总之，《宋刑统》是一部具有统括性和综合性的法典。B项正确。

《宋刑统》的篇目、内容与《唐律疏议》大体相同。D项正确。

答案 ABCD

设题陷阱及常见错误分析

历史上第一部刊印颁行的法典是《宋刑统》；《宋刑统》的编纂体例可追溯至唐宣宗时颁行的《大中刑律统类》。

340. 关于中国古代婚姻家庭与继承法律制度，下列哪一选项是错误的？（2007/1/10－单）

A. 西周时期"七出""三不去"的婚姻解除制度为宗法制度下夫权专制的典型反映，然而"三不去"制度更着眼于保护妻子权益

B. 西周的身份继承实行嫡长子继承制，而财产继承则实行诸子平分制

C. 宋承唐律，但也有变通，如《宋刑统》规定，夫外出3年不归、6年不通问，准妻改嫁或离婚

D. 宋代法律规定遗产除由兄弟均分外，允许在室女享有部分的财产继承权

解析 女子若有"三不去"的理由，夫家即不能随意休弃。可见，"三不去"是对妻子权利的保护。A项正确，不当选。

西周在宗法制下形成嫡长子继承制，这种继承主要是政治身份的继承，土地、财产的继承是其次。B项错误，当选。

在离婚方面，宋代仍然实行唐制"七出"与"三不去"制度，但是也有少许变通。例如，《宋刑统》规定，夫外出3年不归、6年不通问，准妻改嫁或离婚。C项正确，不当选。

宋代法律在继承关系上，有较大的灵活性。除沿袭以往的遗产兄弟均分制外，允许在室女享有部分的财产继承权。D项正确，不当选。

答案 B

341. 南宋时，霍某病故，留下遗产值银9000两。霍某妻子早亡，夫妻二人无子，只

有一女霍甲，已嫁他乡。为了延续霍某姓氏，霍某之叔霍乙立本族霍丙为霍某继子。下列关于霍某遗产分配的哪一说法是正确的？（2016/1/18-单）

A. 霍甲 9000 两

B. 霍甲 6000 两，霍丙 3000 两

C. 霍甲、霍乙、霍丙各 3000 两

D. 霍甲、霍丙各 3000 两，余 3000 两收归官府

解析 南宋时，在分割财产的问题上，继子与户绝之女均享有继承权。只有在室女的，在室女享有 3/4 的财产继承权，继子享有 1/4 的财产继承权。只有出嫁女（已婚女）的，出嫁女享有 1/3 的财产继承权，继子享有 1/3 的财产继承权，另外的 1/3 收为官府所有。因此，A、B、C 项错误，D 项正确。

答案 D

342. 随着商品经济的繁荣，两宋时期的买卖、借贷、租赁、抵押、典卖、雇佣等各种契约形式均有发展。据此，下列哪一说法是错误的？（2017/1/18-单）

A. 契约的订立必须出于双方合意，对强行签约违背当事人意愿的，要"重锟典宪"

B. 买卖契约中的"活卖"，是指先以信用取得出卖物，之后再支付价金，且须订立书面契约

C. 付息的消费借贷称为出举，并有"（出举者）不得迴利为本"的规定，防止高利贷盘剥

D. 宋代租佃土地契约中，可实行定额租，佃农逾期不交租，地主可诉请官府代为索取

解析 在宋代，债的发生强调双方的"合意"性，对强行签约违背当事人意愿的，要"重锟典宪"；同时维护家长的财产支配权。A 项正确，不当选。

宋代的三种买卖契约都须书面订立，并取得官府承认，才合法有效。其中，"绝卖"为一般买卖；"活卖"为附条件的买卖，所附条件完成时，买卖才算最终成立；"赊卖"是采取类似商业信用或预付方式，而后收取出卖物

的价金。B 项错误，当选。

借贷契约，宋袭唐制，区分借与贷。"借"指使用借贷，而"贷"则指消费借贷。不付息的使用借贷被称为负债，付息的消费借贷被称为出举。同时，出举者不得超过规定实行高利贷盘剥，即"（出举者）不得迴利为本"。C 项正确，不当选。

就租佃契约而言，地主与佃农签订租佃的土地契约中，必须明定纳租与纳税的条款；地主同时要向国家缴纳田赋；佃农过期不交地租的，地主可向官府投诉，由官府代索。D 项正确，不当选。

答案 B

343. 南宋时，孟女在 14 岁时由父母主婚，嫁给一男子为妻。婚后，该男子纳有一妾。其后，该男子外出 3 年不归，杳无音信。孟女之父提出离婚，将孟女嫁予其舅舅的儿子。关于本案，下列说法正确的是：

A. 孟女丈夫纳妾的做法违背"一夫一妻制"原则

B. 夫离家 3 年不归，妻可以改嫁或离婚

C. 孟女与其舅舅的儿子结婚，是被当时的法律所禁止的

D. 孟女 14 岁结婚，违反了法律关于婚龄的规定

解析 中国古代的"一夫一妻制"并非一男一女，而是指一个男子只能娶一个正妻，但可以纳妾。A 项错误。

在宋代，离婚方面，仍实行唐制"七出"与"三不去"制度，但也有少许变通。夫外出 3 年不归、6 年不通问，准妻改嫁或离婚；但是，"妻擅走者徒三年，因而改嫁者流三千里，妾各减一等"。如果夫亡，妻"不守志"者，"若改嫁，其现在的部曲、奴婢、田宅不得费用"，从而严格维护家族财产不得转移的固有传统。B 项正确。

宋代禁止五服以内亲属结婚，但对姑舅两姨兄弟姐妹结婚并不禁止。C 项错误。

宋代结婚年龄的规定是："男年十五、女

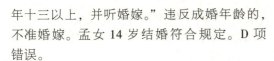

年十三以上，并听婚嫁。"违反成婚年龄的，不准婚嫁。孟女 14 岁结婚符合规定。D 项错误。

答案 B

三、明代的法律

344. 明太祖朱元璋在洪武十八年（公元 1385 年）至洪武二十年（公元 1387 年）间，手订四编《大诰》，共 236 条。关于明《大诰》，下列哪些说法是正确的？（2014/1/57-多）

A. 《大明律》中原有的罪名，《大诰》一般都加重了刑罚

B. 《大诰》的内容也列入科举考试中

C. "重典治吏"是《大诰》的特点之一

D. 朱元璋死后《大诰》被明文废除

解析 《大诰》是明初的一种特别刑事法规。"大诰"之名来自儒家经典《尚书·大诰》，原为周公东征殷遗民时对臣民的训诫。朱元璋为防止"法外遗奸"，将其亲自审理的案例加以整理汇编，并加上因案而发的"训导"，作为训诫臣民的特别法令颁布天下。《大诰》具有与《大明律》相同的法律效力。明《大诰》对于律中原有的罪名，一般都加重处罚，集中体现了朱元璋"重典治世"的思想。A 项正确。

大诰的另一特点是滥用法外之刑。四编《大诰》中开列的刑罚，如族诛、枭首、断手、斩趾等，都是汉律以来久不载于法令的酷刑。《大诰》也是中国法制史上空前普及的法规，每户人家都必须有一本《大诰》，科举考试中也列入《大诰》的内容。B 项正确。

"重典治吏"是大诰的又一特点，其中大多数条文专为惩治贪官污吏而定，以此强化统治效能。C 项正确。

明太祖死后，《大诰》被束之高阁，不具法律效力。可见，朱元璋去世后，《大诰》只是被搁置，而非被明文废除，D 项错误。

答案 ABC

345. 关于明代法律制度，下列哪一选项是

错误的？（2011/1/17-单）

A. 明朱元璋认为，"夫法度者，朝廷所以治天下也"

B. 明律确立"重其所重，轻其所轻"刑罚原则

C. 《大明会典》仿《元六典》，以六部官制为纲

D. 明会审制度为九卿会审、朝审、大审

解析 《大明会典》基本仿照《唐六典》，以六部官制为纲，分述其职权和事例，在每一官职之下，先载律令，次载事例。所以，《大明会典》就其内容、性质与作用而言，仍属行政法典，起着调整国家行政法律关系的作用。因此，C 项明显错误，当选。

答案 C

四、清代的法制（近代以前）

346. 根据清朝的会审制度，案件经过秋审或朝审程序之后，分四种情况予以处理：情实、缓决、可矜、留养承嗣。对此，下列哪一说法是正确的？（2014/1/18-单）

A. 情实指案情属实、罪名恰当者，奏请执行绞监候或斩监候

B. 缓决指案情虽属实，但危害性不能确定者，可继续调查，待危害性确定后进行判决

C. 可矜指案情属实，但有可矜或可疑之处，免于死刑，一般减为徒、流刑罚

D. 留养承嗣指案情属实、罪名恰当，但被害人有亲老丁单情形，奏请皇帝裁决

解析 本题命题人挖坑很深，难度极高。

案件经过秋审或朝审程序后，分四种情况分别处理：①"情实"，是指案情属实、罪名恰当者，奏请执行死刑；②"缓决"，是指案情虽属实，但危害性不大者，可减为流三千里，或发烟瘴极边充军，或再押监候；③"可矜"，是指案情属实，但有可矜或可疑之处，可免于死刑，一般减为徒、流刑罚；④"留养承嗣"，是指案情属实、罪名恰当，但有亲老丁单情形，合乎申请留养条件者，按留养奏请皇帝裁决。可见，C 项正确。A 项错在，"情实"应奏请执

行死刑，而非"监候"；B项错在，"缓决"适用于危害性不大者，而非危害性不能确定者；D项错在，"留养承嗣"针对的是被告人，而非被害人。

答案 C

---

347. "名例律"作为中国古代律典的"总则"篇，经历了发展、变化的过程。下列哪一表述是不正确的？（2013/1/18-单）

A. 《法经》六篇中有"具法"篇，置于末尾，为关于定罪量刑中从轻从重法律原则的规定

B. 《晋律》共20篇，在刑名律后增加了法例律，丰富了刑法总则的内容

C. 《北齐律》共12篇，将刑名与法例律合并为名例律一篇，充实了刑法总则，并对其进行逐条逐句的疏议

D. 《大清律例》的结构、体例、篇目与《大明律》基本相同，名例律置首，后为吏律、户律、礼律、兵律、刑律、工律

解析 对法典进行逐条逐句的疏议的是《唐律疏议》。唐高宗在永徽三年下令召集律学通才和一些重要臣僚对《永徽律》进行逐条逐句的解释，继承汉晋以来，特别是晋代张斐、杜预注释律文的已有成果，历时1年，撰《律疏》30卷，与《永徽律》合编，后经高宗批准，将疏议分附于律文之后颁行。计分12篇，共30卷，称为《永徽律疏》。至元代后，人们以疏文皆以"议曰"二字始，故又被称为《唐律疏议》。C项错误，当选；其他各项均正确，不当选。

答案 C

---

348. 清乾隆年间，甲在京城天安门附近打伤乙被判笞刑，甲不服判决，要求复审。关于案件的复审，下列哪些选项是正确的？（2012/1/57-多）

A. 应由九卿、詹事、科道及军机大臣、内阁大学士等重要官员会同审理

B. 应在霜降后10日举行

C. 应由大理寺官员会同各道御史及刑部承办司会同审理

D. 应在小满后10日至立秋前1日举行

解析 热审是对发生在京师的笞杖刑案件进行重审的制度，于每年小满后10日至立秋前1日，由大理寺官员会同各道御史及刑部承办司会同审理，快速决放在监笞杖刑案犯。题干中的信息说明本案适用热审。因此，C、D项正确。A项属于秋审，B项属于朝审，均错误。

答案 CD

---

349. 乾隆年间，四川重庆府某甲"因戏而误杀旁人"，被判处绞监候。依据清代的会审制度，对某甲戏杀案的处理，适用下列哪一项程序？（2006/1/18-单）

A. 上报中央列入朝审复核定案

B. 上报中央列入秋审复核定案

C. 移送京师列入热审复核定案

D. 上报中央列入三司会审复核定案

解析 秋审是最重要的死刑复审制度，因在每年秋天（农历八月）举行而得名。秋审的审理对象是全国上报的斩、绞监候案件。朝审是对刑部判决的重案及京师附近的斩、绞监候案件进行的复审，于每年霜降后10日举行。热审是对发生在京师的笞杖刑案件进行重审的制度，因于每年小满后10日至立秋前1日举行而得名。三司会审，是指由刑部、大理寺、都察院组成的中央三大司法机关（称为"三司"）对重大疑难案件的共同会审。题干中的信息说明本案属于全国上报的绞监候案件，因此适用秋审。故B项当选。

答案 B

---

350. 《刑案汇览》卷五十三《刑律·捕亡·亲属相奸》载，清末道光三年，张起坤强奸儿媳张张氏，本夫张安与妻子张张氏将张起坤殴死。刑部声明依《大清律例》"妻殴夫之父，杀者凌迟处死"，对张张氏处凌迟。因

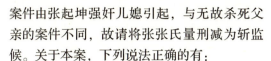

案件由张起坤强奸儿媳引起，与无故杀死父亲的案件不同，故请将张张氏量刑减为斩监候。关于本案，下列说法正确的有：

A. 亲属相杀，卑犯尊比尊犯卑判得重
B. 若张张氏当场杀死其公公就不算犯罪
C. 清末刑部负责复核，没有最终审判权
D. 张安与妻子张张氏只谋未杀也构成犯罪

【解析】在亲属间相互伤害的犯罪中，以尊犯卑，服制越近，处罚越轻，服制越远，处罚越重；但对于以卑犯尊的情形，服制越近，处罚越重，服制越远，处罚越轻。A 项正确。

根据《大清律例》的规定，妻殴伤夫之父母（其公婆），应科斩罪，如"殴毙"公婆，即殴打致死，处凌迟极刑，也就是将婆媳、翁媳名分比作父母与子孙的至亲尊卑关系。但在公公强奸儿媳时，儿媳反抗导致公公伤亡，则按照如下情况分别处理：①如果儿媳伤及公公，情有可原，罪可免科；②如果导致公公死亡，则法不容情，儿媳必得死罪，为被杀者"抵命"。也就是说，在特定情境中，因杀人者与被杀伤者之间特殊的身份关系，立法者对导致伤亡结果的行为起因，即"拒奸"情由虽不能否认，但对拒奸者的防卫限度标准却规定得更加严苛。B 项错误。

刑部是清朝最重要的司法机构，主要负责审理中央百官犯罪，审核地方上报的重案，审理发生在京师的笞杖刑以上案件，处理地方上诉案件及秋审事宜，主持司法行政与律例修订事宜。如果是死刑案件，还须与大理寺、都察院共同审理。对于刑部审判的案件，大理寺负责复核，都察院负责监督。C 项错误。

根据《大清律例·刑律·人命》"谋杀祖父母、父母"条的规定，卑幼谋杀尊长，凡谋杀祖父母、父母，及期亲尊长、外祖父母、夫、夫之祖父母，实属罪大恶极，因此不分首从，不论已伤未伤，只要有预谋杀尊长的行为，即处斩刑，若已杀则以凌迟处死。据此，张安与妻子张张氏只谋未杀也构成犯罪。D 项正确。

【答案】AD

第21讲 清末、民国时期的法律史

 69 专题 清末改革

一、清末"预备立宪"

351. 关于清末变法修律，下列哪些选项是正确的？（2011/1/57-多）

A. 在指导思想上，清末修律自始至终贯穿着"仿效外国资本主义法律形式，固守中国封建法制传统"的原则

B. 在立法内容上，清末修律一方面坚行君主专制体制和封建伦理纲常"不可率行改变"，一方面标榜"吸引世界大同各国之良规，兼采近世最新之学说"

C. 在编纂形式上，清末修律改变了传统的"诸法合体"形式，明确了实体法之间、实体法与程序法之间的差别，形成了近代法律体系的雏形

D. 在法系承袭上，清末修律标志着延续几千年的中华法系开始解体，为中国法律的近代化奠定了初步基础

解析 本题各项均是法考官方审定教材原文，均表述正确，考生可以直接记忆。

答案 ABCD

二、清末主要修律内容

352. 中国历史上曾进行多次法制变革以适应社会的发展。关于这些法制变革的表述，下列哪一选项是错误的？（2013/1/19-单）

A. 秦国商鞅实施变法改革，全面贯彻法家"明法重刑"的主张，加大量刑幅度，对轻罪也施以重刑，以实现富国强兵目标

B. 西汉文帝为齐太仓令之女缇萦请求将自己没官为奴、替父赎罪的行为所动，下令废除肉刑

C. 唐代废除了宫刑制度，创设了鞭刑和杖刑，以宽减刑罚，缓解社会矛盾

D. 《大清新刑律》抛弃了旧律诸法合体的编纂形式，采用了罪刑法定原则，规定刑罚分为主刑、从刑

解析 北朝与南朝相继宣布废除宫刑，结束了使用宫刑的历史。北魏时期开始改革以往的五刑制度，增加鞭刑与杖刑，后北齐、北周相继采用。因此，C项错误，当选；其他各项均正确，不当选。

答案 C

353. 1903年，清廷发布上谕："通商惠工，为古今经国之要政，急应加意讲求，著派载振、袁世凯、伍廷芳，先定商律，作为则例。"下列哪一说法是正确的？（2016/1/19-单）

A. 《钦定大清商律》为清朝第一部商律，由《商人通例》、《公司律》和《破产律》构成

B. 清廷制定商律，表明随着中国近代工商业发展，其传统工商政策从"重农抑商"转

为 "重商抑农"

C. 商事立法分为两阶段，先由新设立商部负责，后主要商事法典改由修订法律馆主持起草

D. 《大清律例》、《大清新刑律》、《大清民律草案》与《大清商律草案》同属清末修律成果

解析 清末的商事立法，大致可以分为前后两个阶段：1903～1907 年为第一阶段；1907～1911 年为第二阶段。在第一阶段，商事立法主要由新设立的商部负责，其修订的《商人通例》9 条和《公司律》131 条，在 1904 年 1 月（清光绪二十九年十二月）奏准颁行，定名为《钦定大清商律》，为清朝第一部商律。此外，清政府还陆续颁布了《公司注册试办章程》《商标注册试办章程》《破产律》等。可见，《破产律》并不在《钦定大清商律》之中。A 项错误。

清末修律具有不彻底性，其自然未能摆脱重农抑商的传统国策，相关立法也属于半殖民地半封建性质的法律，而非资本主义法律。B 项错误。

在清末商事立法的第二阶段，主要商事法典改由修订法律馆主持起草；单行法规仍由各有关机关拟订，经宪政编查馆和资政院审议后请旨颁行。C 项正确。

《大清律例》于乾隆元年开始重新修订，于乾隆五年完成，颁行天下。它是封建性质的传统法典，并非清末修律的产物。D 项错误。

答案 C

三、清末司法体制的变化

354. 鸦片战争后，清朝统治者迫于内外压力，对原有的法律制度进行了不同程度的修改与变革。关于清末法律制度的变革，下列哪一选项是正确的？（2015/1/18-单）

A. 《大清现行刑律》废除了一些残酷的刑罚手段，如凌迟

B. 《大清新刑律》打破了旧律维护专制制度和封建伦理的传统

C. 改刑部为法部，职权未变

D. 改四级四审制为四级两审制

解析 《大清现行刑律》是在《大清律例》的基础上稍加修改，作为《大清新刑律》完成前的过渡性法典，于 1910 年 5 月 15 日颁行。与《大清律例》相比，其有如下变化：①改律名为 "刑律"；②取消了六律总目，将法典各条按性质分隶 30 门；③对纯属民事性质的条款不再科刑；④废除了一些残酷的刑罚手段，如凌迟；⑤增加了一些新罪名，如妨害国交罪等。但在表现形式和内容上，其都不能说是一部近代意义的专门刑法典。A 项正确。

整体的清末变法改革都是中学为体、西学为用，打破专制制度和封建伦理是不可能的。B 项错误。

清政府对旧的诉讼体制和审判制度进行了一系列改革，但也仅流于形式。在司法机关的变化方面，主要是改刑部为法部，职权由原先的审判改为掌管全国司法行政事务；改大理寺为大理院，为全国最高审判机关；实行审检合署。C 项错误。在诉讼制度方面，确立一系列近代意义上的诉讼制度，实行四级三审制；规定了刑事案件公诉制度、证据、保释制度；审判制度上实行公开、回避等制度；初步规定了法官及检察官考试任用制度；改良监狱及狱政管理制度。D 项错误。

答案 A

355. 清末外国在华领事裁判权制度中设有一种特殊的审判机构，即 "会审公廨"。下列关于这一机构的表述哪些是正确的？（2003/1/36-多）

A. 会审公廨是 1864 年清廷与欧洲列强协议建立的

B. 在会审公廨中，凡涉及外国人的案件，必须有领事官员参加会审

C. 在会审公廨中，凡中国人与外国人间的诉讼案件，必须由本国领事裁判或陪审

D. 会审公廨设在租界内

解析 会审公廨是 1864 年清廷与英、美、法三

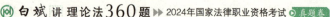

国驻上海领事协议在租界内设立的特殊审判机构。A项称是"清廷与欧洲列强协议建立的"，并不确切；其他各项均正确。

答案 BCD

70 专题　**民国时期的法律思想与制度**

356. 三民主义是民族主义、民权主义与民生主义的简称，即资产阶级革命派的政治纲领，也是孙中山政治法律思想的核心内容。下列哪一选项是民族主义的内容？

A. 推翻君主专制政体，创立共和政体
B. 核实地价，征收地价税，实行"平均地权"
C. 驱除鞑虏，恢复中华
D. 取消了不切实际的预防资本主义的主张，而以比较现实的"节制资本"取而代之

解析 A项属于民权主义的内容，B、D项属于民生主义的内容，C项属于民族主义的内容。因此，C项符合题意，当选。

答案 C

357. 关于《中华民国临时约法》，下列哪些选项是正确的？

A. 是辛亥革命的直接产物，它以民权主义学说为指导思想，规定了国家的资产阶级共和国性质
B. 肯定和确立了三权分立的原则，在国家政权体制上，采用美国的总统制，规定由临时大总统行使行政权力
C. 确认了保护私有财产的原则，有利于资本主义的发展
D. 采行两院制：众议院拥有立法权，参议院拥有对总统决定重大事件的同意权和对总统、副总统的弹劾权

解析《中华民国临时约法》是辛亥革命的直接产物，它以民权主义学说为指导思想，确立了资产阶级民主共和国的国家制度，规定了国家的资产阶级共和国性质。A项正确。

《中华民国临时约法》肯定和确立了三权分立的原则，但为了限制袁世凯的权力，在国家政权体制上，改总统制为责任内阁制。同时，其规定，临时大总统、副总统和国务院行使行政权力，参议院是立法机关，法院是司法机关。参议院除拥有立法权外，还有对总统决定重大事件的同意权和对总统、副总统的弹劾权。可见，《中华民国临时约法》采行的是一院制。B、D项错误。

《中华民国临时约法》还规定人民享有人身、财产、居住、信教等自由和选举、被选举、考试、请愿、诉讼等权利，体现了资产阶级宪法中一般的民主自由原则。此外，《中华民国临时约法》还确认了保护私有财产的原则，清楚地表明了《中华民国临时约法》的资产阶级性质，客观上有利于资本主义的发展。C项正确。

答案 AC

✎ 设题陷阱及常见错误分析

（1）《中华民国临时约法》是中国历史上最初、也是唯一一部具有资产阶级共和国性质的宪法性文件，但不是首部正式颁行的宪法；

（2）《中华民国临时约法》不是五权宪法，而是依照三权分立原则设计的。

358. 关于中华民国南京临时政府的司法制度，下列说法正确的有：

A. 地方审判机构的设置未及制定新法，暂沿清末司法改革后的体制，称"审判厅"，分县、府、省三级，行四级三审制
B. 各级地方审判厅内设同级检察厅，行使监督之权
C. 改革审判制度，废除刑讯体罚
D. 律师辩护制度、公审制度、陪审制度，在临时政府司法实践中已经被采用

解析 南京临时政府建立新型的司法机关，地方审判机构的设置未及制定新法，暂沿清末司法改革后的体制，称"审判厅"，分县、府、省三级，行四级三审制；法官独立审判，不受上级官厅干涉；法官在任时不得减俸或转职，非依法律受刑罚宣告或应免职之惩戒处分，不得解职。各级地方审判厅内设同级检察厅，行使监督之权。A、B项正确。

南京临时政府改革审判制度，陆续颁布《大总统令内务司法两部通饬所属禁止刑讯文》《司法部咨各省都督停止刑讯文》《大总统令内务司法部通饬所属禁止体罚文》，废除刑讯体罚。C项正确。

南京临时政府采用律师制度，仿照西方国家律师制度草拟了《律师法草案》，律师辩护制度、公审制度、陪审制度，在临时政府司法实践中已经被采用。D项正确。

答案 ABCD

359. 关于中华民国时期的宪法文件，下列说法正确的有：

A. 作为北洋政府时期的第一部宪法草案，"天坛宪草"体现了国民党通过制宪限制袁世凯权力的意图

B. 1914年的《中华民国约法》（"袁记约法"）虽然用总统制否定了责任内阁制，但在形式上仍然维持了《中华民国临时约法》确立的民主共和制度

C. 1923年公布的《中华民国宪法》（"贿选宪法"）为了平衡各派军阀的关系，专门规定了"国权"和"地方制度"

D. 1947年的《中华民国宪法》采行的是总统制，以便利和维护蒋介石的个人专制统治

解析 "天坛宪草"，即《中华民国宪法（草案）》，于1913年完成，因在天坛起草而得名，这是北洋政府时期的第一部宪法草案。其采用资产阶级三权分立的宪法原则，确认民主共和制度；肯定了责任内阁制，规定国会对总统行使重大权力的牵制权，限制总统任期，体现了国民党通过制宪限制袁世凯权力的意图。A项正确。

北京政府于1914年公布的《中华民国约法》，因受袁世凯一手操纵而得名"袁记约法"。其用总统独裁否定了责任内阁制、用有名无实的立法院取消了国会制，以根本法的形式彻底否定了《中华民国临时约法》确立的民主共和制度，代之以个人独裁。它是对《中华民国临时约法》的反动，是军阀专制全面确立的标志。B项错误。

北京政府于1923年公布的《中华民国宪法》（又称"贿选宪法""曹锟宪法"），是中国近代史上首部正式颁行的宪法。其企图用漂亮的辞藻和虚伪的民主形式掩盖军阀专制的本质；同时，为了平衡各派大小军阀的关系，巩固中央大权，专门规定了"国权"和"地方制度"。C项正确。

1947年公布施行的《中华民国宪法》，其基本精神与《训政时期约法》和"五五宪草"一脉相承；其所设计的政权体制则不伦不类，既非国会制、内阁制，又非总统制，实际上是用不完全责任内阁制与实质的总统制的矛盾条文，掩盖总统即蒋介石的个人专制统治的本质。D项错误。

答案 AC

✎ **设题陷阱及常见错误分析**

> 北京政府于1923年公布的《中华民国宪法》（"贿选宪法"），是中国近代史上首部正式颁行的宪法。

中国共产党民主政权宪法性文件 专题 71

360. 关于中国共产党民主政权的宪法性文件，下列说法正确的有：

A. 《中华苏维埃共和国宪法大纲》规定苏维埃国家的性质是工人和农民的民主专政国

家，将地主资产阶级（军阀、官僚、地主、资本家、豪绅、僧侣及一切剥削人的人）拒绝于政权之外，剥夺他们的言论、出版、集会、结社等自由

B. 《中华苏维埃共和国宪法大纲》规定苏维埃国家的政治制度是工农兵代表大会，保证工农大众参与国家管理，实行民主集中制和议行合一原则

C. 《陕甘宁边区宪法原则》规定，根据地政权的人员构成实行"三三制"原则，即共产党员占1/3，非党左派进步人士占1/3，中间派占1/3

D. 《陕甘宁边区施政纲领》规定了人民代表会议制的政权组织形式，以保证人民管理政权机关

解析 《陕甘宁边区施政纲领》规定，根据地政权的人员构成实行"三三制"原则，即共产党员占1/3，非党左派进步人士占1/3，中间派占1/3。C项错误。

《陕甘宁边区宪法原则》规定了人民代表会议制的政权组织形式，以保证人民管理政权机关。D项错误。

答案 AB

答案速查表

题号	答案	题号	答案	题号	答案
1	ABCD	28	BCD	55	D
2	C	29	B	56	ABC
3	C	30	BD	57	D
4	ABD	31	BC	58	B
5	BD	32	ABD	59	ABCE
6	ACD	33	BC	60	ACD
7	AC	34	ACD	61	ABC
8	ABC	35	ABCD	62	C
9	B	36	D	63	C
10	D	37	A	64	C
11	A	38	ABD	65	ABCD
12	B	39	AB	66	ABC
13	B	40	AD	67	C
14	BCD	41	AD	68	ABD
15	C	42	BC	69	A
16	CD	43	CD	70	ACD
17	BD	44	A	71	B
18	BCD	45	C	72	ACD
19	ABCD	46	B	73	ABC
20	A	47	ABC	74	CD
21	ABD	48	BCD	75	A
22	AC	49	B	76	BC
23	B	50	ABCD	77	AC
24	ABC	51	BD	78	C
25	BD	52	BD	79	D
26	BCF	53	AC	80	BD
27	ABCD	54	BD	81	C

题号	答案	题号	答案	题号	答案
82	AC	112	BCD	142	ABC
83	A	113	C	143	D
84	BD	114	ACD	144	BC
85	ABC	115	C	145	ABD
86	ABD	116	BCD	146	ABCD
87	CD[1]	117	C	147	ABCD
88	AC	118	BCD	148	ABC
89	ABC	119	AD	149	C
90	BCD	120	BC	150	CD
91	D	121	ABCD	151	BCD
92	B	122	B	152	ABCD
93	AB	123	ABCD	153	BCD
94	AD	124	A	154	ACD
95	C	125	D	155	D
96	C	126	AB	156	CD
97	A	127	BCD	157	ACD
98	A	128	BCD	158	B
99	ABD	129	ABC	159	D
100	ABD	130	D	160	ABCD
101	BD	131	ABCD	161	AD
102	ACD	132	C	162	ACD
103	ABD	133	C	163	ACD
104	C	134	D	164	B
105	A	135	B	165	D
106	C	136	ABCD	166	ABD
107	AB	137	ABCD	167	AB
108	B	138	C	168	B
109	ABD	139	B	169	ACD
110	BCD	140	D	170	ACD
111	AD	141	C	171	ABC

---

〔1〕 司法部原答案为 ACD。

题号	答案	题号	答案	题号	答案
172	C	204	ACD	236	B
173	BD	205	AB	237	BD
174	D	206	A	238	BD
175	C	207	BD	239	C
176	B	208	AC	240	BCD
177	ACD	209	AD	241	ABCD
178	D	210	AC	242	ABC
179	ABD	211	D	243	C
180	D	212	AB	244	C
181	D	213	BD	245	ACD
182	A	214	D	246	CD
183	CE	215	CD	247	BC
184	BC	216	AB	248	A
185	ACD	217	ABCD	249	ACD
186	B	218	ABCD	250	CD
187	ABC	219	D	251	B
188	D	220	A	252	BD
189	CD	221	B	253	C
190	AB	222	BC	254	ABCD
191	ABCDE	223	C	255	BCDE
192	ACD	224	BCD	256	ABC
193	C	225	BCD	257	ABC
194	AD	226	D	258	BC
195	B	227	ABCD	259	D
196	C	228	B	260	AB
197	BD	229	D	261	D
198	D	230	A	262	ABC
199	BCD	231	BD	263	BCD
200	ABC	232	ABD	264	B
201	A	233	D	265	ACD
202	BD	234	C	266	CD
203	C	235	BCD	267	D

题号	答案	题号	答案	题号	答案
268	ABD	299	C	330	ABD
269	D	300	ACD	331	D
270	AB	301	D	332	ABCD
271	BD	302	ABCD	333	B
272	AB	303	AC	334	A
273	C	304	C	335	ABCD
274	ABCD	305	AB	336	A
275	A	306	B	337	AD
276	BD	307	C	338	AC
277	AC	308	D	339	ABCD
278	D	309	AC	340	B
279	BC	310	A	341	D
280	AB	311	AC	342	B
281	AB	312	B	343	B
282	ABCD	313	CD	344	ABC
283	D	314	C	345	C
284	D	315	C	346	C
285	BCD	316	C	347	C
286	ABD	317	C	348	CD
287	ABD	318	A	349	B
288	ABC	319	BC	350	AD
289	BD	320	AD	351	ABCD
290	ABCD	321	C	352	C
291	ACD	322	A	353	C
292	B	323	A	354	A
293	D	324	C	355	BCD
294	C	325	B	356	C
295	C	326	C	357	AC
296	D	327	BC	358	ABCD
297	B	328	ABD	359	AC
298	ACD	329	ABD	360	AB

图书在版编目（ＣＩＰ）数据

真题卷. 理论法 360 题/白斌编著.—北京：中国政法大学出版社，2024.2
ISBN 978-7-5764-1268-0

Ⅰ.①真… Ⅱ.①白… Ⅲ.①法的理论－中国－资格考试－习题集 Ⅳ.①D920.4

中国国家版本馆 CIP 数据核字(2024)第 007795 号

出　版　者	中国政法大学出版社
地　　　址	北京市海淀区西土城路 25 号
邮寄地址	北京 100088 信箱 8034 分箱　邮编 100088
网　　　址	http://www.cuplpress.com (网络实名：中国政法大学出版社)
电　　　话	010-58908285(总编室) 58908433 （编辑部） 58908334(邮购部)
承　　　印	三河市华润印刷有限公司
开　　　本	787mm×1092mm　1/16
印　　　张	12.5
字　　　数	375 千字
版　　　次	2024 年 2 月第 1 版
印　　　次	2024 年 2 月第 1 次印刷
定　　　价	49.00 元

厚大法考（北京）2024年客观题面授教学计划

班次名称		授课时间	标准学费（元）	阶段优惠（元）				备注
				11.10前	12.10前	1.10前	2.10前	
尊享系列	九五至尊班	3.21~主观题	168000	主客一体，协议保障，终身免费重读。私人订制，建立学习档案，专属辅导，高强度、多轮次、高效率系统学习；强力打造学习氛围，定期家访，联合督学，备考无忧。				本班次配套图书及随堂内部讲义
	尊享荣耀班	3.21~主观题	69800	主客一体，协议保障。全程享受VIP高端服务，量身打造个性化学习方案，让备考更科学、复习更高效、提分更轻松，全方位"轰炸式"学习，环环相扣不留死角。2024年客观题成绩合格，凭成绩单读主观题短训班；2024年客观题未通过，退费30000元；2024年主观题未通过，退费20000元。				
高端系列	大成VIP主客一体班	3.21~主观题	39800	主客一体，无优惠。定期纠偏、抽背，布置课后作业。2024年客观题成绩合格，凭成绩单读主观题短训班；2024年客观题未通过，退费20000元。				
	大成VIP班	3.21~8.31	39800	26800	27800	28800	29800	
	大成特训主客一体班	4.9~主观题	35800	主客一体，无优惠。定期纠偏、抽背，布置课后作业。2024年客观题成绩合格，凭成绩单读主观题短训班；2024年客观题未通过，退费18000元。				
	大成特训班	4.9~8.31	35800	22800	23800	24800	25800	
	大成集训主客一体班	5.8~主观题	29800	主客一体，无优惠。定期纠偏、抽背，布置课后作业。2024年客观题成绩合格，凭成绩单读主观题短训班；2024年客观题未通过，退费15000元。				
	大成集训班	5.8~8.31	29800	16800	17800	18800	19800	
暑期系列	暑期主客一体班	7.5~主观题	15800	主客一体，无优惠。2024年客观题成绩合格，凭成绩单读主观题短训班；2024年客观题未通过，全额退费。				
	暑期全程班	7.5~8.31	13800	7300	7800	8300	8800	
冲刺系列	考前密训班A班	8.12~8.31	8800	2024年客观题成绩合格，凭成绩单读主观题密训班；2024年客观题未通过，退8000元。				
	考前密训班B班	8.12~8.31	6980	4300			4500	

其他优惠：

1. 多人报名可在优惠价格基础上再享团报优惠：2人（含）以上报名，每人优惠200元；3人（含）以上报名，每人优惠300元。

2. 厚大老学员在阶段优惠基础上再优惠500元，不再享受其他优惠，密训班和协议班除外。

【总部及北京分校】北京市海淀区花园东路15号旷怡大厦10层　　免费咨询电话：4009-900-600-1-1

厚大法考服务号

扫码咨询客服
免费领取2024年备考资料

厚大法考（上海）2024年客观题面授教学计划

班次名称		授课时间	标准学费（元）	阶段优惠（元）11.10前	阶段优惠（元）12.10前	阶段优惠（元）1.10前	备注
至尊系列	至尊私塾班	全年招生，随报随学	199000	自报名之日至通关之时，报名后专业讲师一对一私教，学员全程、全方位享受厚大专业服务，导师全程规划，私人定制、小组辅导、大班面授、专属自习室，多轮次、高效率系统学习，主客一体，签订协议，让你法考无忧。			专属10人自习室，小组辅导，量身打造个性化学习方案
至尊系列	至尊主客一体班	3.22~主观题考前	69800	主客一体，签订协议，无优惠。2024年客观成绩合格，凭客观题成绩单上2024年主观决胜VIP班；2024年客观题意外未通过，退30000元；2024年主观题意外未通过，退20000元。			专属10人自习室，小组辅导，量身打造个性化学习方案
至尊系列	至尊班	3.22~9.5	59800	40000		45000	专属10人自习室，小组辅导，量身打造个性化学习方案
大成系列	大成长训主客一体班	3.22~主观题考前	32800	主客一体，签订协议，无优惠。2024年客观成绩合格，凭客观题成绩单上2024年主观题决胜班；2024年客观题意外未通过，退10000元。			本班配套图书及内部资料
大成系列	大成长训班	3.22~9.5	32800	23800	24800	25800	本班配套图书及内部资料
大成系列	大成特训班	4.18~9.5	28800	18800	19800	20800	本班配套图书及内部资料
大成系列	大成集训主客一体班	5.15~主观题考前	25800	主客一体，签订协议，无优惠。2024年客观成绩合格，凭客观题成绩单上2024年主观题决胜班；2024年客观题意外未通过，退15000元。			本班配套图书及内部资料
大成系列	大成集训班	5.15~9.5	25800	15800	16800	17800	本班配套图书及内部资料
大成系列	轩成集训班	6.10~9.5	18800	12800	13800	14800	本班配套图书及内部资料
暑期系列	暑期主客一体尊享班	7.9~主观题考前	18800	主客一体，签订协议，无优惠。专业班主任跟踪辅导，个性学习规划。2024年客观成绩合格，凭客观题成绩单上2024年主观题决胜班（赠送专属辅导，一对一批阅）；2024年客观题意外未通过，退10000元。			本班配套图书及内部资料
暑期系列	暑期主客一体班	7.9~主观题考前	13800	主客一体，签订协议，无优惠。2024年客观成绩合格，凭客观题成绩单上2024年主观题决胜班；2024年客观题意外未通过，退8000元。			本班配套图书及内部资料
暑期系列	暑期全程班	7.9~9.5	11800	6480	6980	7480	本班配套图书及内部资料
暑期系列	暑期特训班	8.11~9.5	7980	4980	5480	5980	本班配套图书及内部资料
暑期系列	大二长训班	7.9~9.5（2024年）／7.9~9.5（2025年）	15800	7480	7980	8480	一年学费读2年，本班次只针对在校法本大二学生
周末系列	周末主客一体班	3.16~主观题考前	13800	主客一体，签订协议，无优惠。2024年客观成绩合格，凭客观题成绩单上2024年主观题决胜班；2024年客观题意外未通过，退6000元。			本班配套图书及内部资料
周末系列	周末VIP班	3.16~9.5	16800	VIP模式无优惠，座位前三排，专业班主任跟踪辅导，个性学习规划。			本班配套图书及内部资料
周末系列	周末全程班	3.16~9.5	11800	6480	6980	7480	本班配套图书及内部资料
周末系列	周末精英班	3.16~8.18	7980	4980	5480	5980	本班配套图书及内部资料
周末系列	周末强化班	3.16~6.16	5980	3280	3580	3880	本班配套图书及内部资料
周末系列	周末特训班	6.24~9.5	7980	4180	4580	4980	本班配套图书及内部资料
周末系列	周末长训班	3.16~6.16（周末）／7.9~9.5（脱产）	15800	7980	8480	8980	本班配套图书及内部资料
冲刺系列	点睛冲刺班	8.26~9.5	4580	2980			本班内部资料

其他优惠：

1. 多人报名可在优惠价格基础上再享团报优惠（协议班次除外）：3人（含）以上报名，每人优惠200元；5人（含）以上报名，每人优惠300元；8人（含）以上报名，每人优惠500元。
2. 厚大面授老学员报名（2024年3月10日前）再享9折优惠（VIP班次和协议班次除外）。

备注：面授教室按照学员报名先后顺序安排座位。部分面授班次时间将根据2024年司法部公布的考试时间进行微调。

【松江教学基地】上海市松江大学城文汇路1128弄双创集聚区三楼301室 咨询热线：021-67663517

【市区办公室】上海市静安区汉中路158号汉中广场1204室 咨询热线：021-60730859

厚大法考APP　厚大法考官博　上海厚大法考官博　上海厚大法考官微

厚大法考（广州、深圳）2024年客观题面授教学计划

班次名称		授课时间	标准学费（元）	阶段优惠（元）					配套资料
				11.10前	12.10前	1.10前	2.10前	3.10前	
至尊系列（全日制）	主客一体至尊私塾班	随报随学直至通关	177000	协议班次，无优惠；自报名之日至通关之时，学员全程、全方位享受厚大专业服务，私人定制、讲师私教、课前一对一专属辅导课、大班面授；多轮次、高效率系统学习，主客一体；送住宿二人间；当年通过法考，奖励2万元。					理论卷8本真题卷8本法考特训集随堂讲义等
	主客一体至尊VIP班	4.10~9.1	157000	协议班次，无优惠；享至尊班专属辅导。若未通过2024年客观题，学费全退；若通过2024年主观题，学费退一半。					
	至尊班	4.10~9.1	76800	50000		55000		60000	
				若未通过2024年客观题，免学费重读第二年客观题大成长训班；若通过2024年客观题，赠送2024年主观题短训班。					
大成系列（全日制）	大成长训班	4.10~9.1	38800	24800	25800	26800	28800	30800	理论卷8本真题卷8本随堂讲义
	主客一体长训班	4.10~9.1	38800	若未通过2024年客观题，免学费重读2025年客观题大成集训班；若通过2024年客观题，赠送2024年主观题短训班。					
	大成集训班	5.18~9.1	28800	17800	18800	19800	20800	21800	
	主客一体集训班	5.18~9.1	28800	若未通过2024年客观题，免学费重读2025年客观题大成集训班；若通过2024年客观题，赠送2024年主观题衔接班。					
暑期系列	大三先锋班	3.25~6.30	15800	3~6月每周一至周五，晚上线上授课，厚大内部精品课程，内部讲义。					
		7.8~9.1		8200	8500	8800	9300	9800	
	暑期全程班	7.8~9.1	13800	7500	7700	8000	8300	8500	
	暑期主客一体冲关班	7.8~9.1	16800	若未通过2024年客观题，免学费重读2025年客观题暑期全程班；若通过2024年客观题，赠送2024年主观题密训营。					
				14300	14800	15300	15800	16300	
	私塾班	3.16~6.30 / 7.8~9.1	18800	13000	13300	13500	13800	14000	
周末系列	周末精英班	3.16~8.18	8980	7580	7880	8180	8580	8780	
	周末精英班（深圳）	3.30~8.18	7980	6580	6880	7180	7580	7880	
	周末全程班	3.16~9.1	15800	9300	9600	9800	10200	10500	
	周末全程班（深圳）	3.30~9.5	14800	8300	8600	8800	9300	9800	
	周末主客一体冲关班	3.16~9.1	16800	若未通过2024年客观题，免学费重读2025年客观题周末精英班；若通过2024年客观题，赠送2024年主观题密训营。					
冲刺系列	点睛冲刺班	8.24~9.1	4980	4080					随堂讲义

其他优惠：详询工作人员

【广州分校】广东省广州市海珠区新港东路1088号中洲交易中心六元素体验天地1207室
咨询热线：020-87595663／020-85588201

【深圳分校】广东省深圳市罗湖区滨河路1011号深城投中心7楼717室　咨询热线：0755-22231961

厚大法考APP

厚大法考官博

广州厚大法考官微

深圳厚大法考官微

厚大法考（郑州）2024 年客观题面授教学计划

班次名称		授课模式	授课时间	标准学费（元）	阶段优惠（元）				备注
					11.10 前	12.10 前	1.10 前	2.10 前	
尊享系列	尊享一班（180+108）	全日制集训	3.28～主观题	39800	主客一体、协议保障。报班即可享受班主任监督学习服务、教辅答疑服务；正课开始一对一抽背纠偏，知识点梳理讲解，名辅辅导、作业检查，主观化思维训练；心理疏导，定期班会，指纹打卡记录考勤。2024 年客观题未通过，退 25800 元；主观题未通过，退 10800 元。				本班次配套图书及随堂讲义
	尊享二班（180+108）	全日制集训	5.12～主观题	36800	主客一体、协议保障。报班即可享受班主任监督学习服务、教辅答疑服务；正课开始一对一抽背纠偏，知识点梳理讲解，名辅辅导、作业检查，主观化思维训练；心理疏导，定期班会，指纹打卡记录考勤。2024 年客观题未通过，退 24800 元；主观题未通过，退 10800 元。				
高端系列	大成 VIP 班 A 班（视频+面授）	全日制集训	3.28～主观题	29800	主客一体、协议保障。小组辅导，指纹打卡记录考勤，量身打造个性化学习方案；高强度、多轮次、全方位消除疑难，环环相扣不留死角。2024 年客观成绩合格，凭成绩单上主观题短训班；客观题未通过，退 20000 元。				
	大成 VIP 班 B 班（视频+面授）	全日制集训	3.28～8.31	15800	10300	10800	11300	11800	
	大成集训班 A 班（视频+面授）	全日制集训	5.12～主观题	28800	主客一体、协议保障。小组辅导，指纹打卡记录考勤，量身打造个性化学习方案；高强度、多轮次、全方位消除疑难，环环相扣不留死角。2024 年客观题成绩合格，凭成绩单上主观题短训班；客观题未通过，退 20000 元。				
	大成集训班 B 班（视频+面授）	全日制集训	5.12～8.31	14800	9300	9800	10300	10800	
周末系列	周末长训班 A 班（视频+面授）	周末+暑期集训	3.23～主观题	13800	主客一体，无优惠。2024 年客观题成绩合格，凭成绩单上主观题短训班（1 月 1 号前报名）；客观题未通过，退 6800 元。				
	周末长训班 B 班（视频+面授）	周末+暑期集训	3.23～8.31	13800	8300	8800	9300	9800	
轩成系列	轩成集训班 A 班（视频+面授）	全日制集训	6.18～主观题	12800	主客一体，无优惠。2024 年客观题成绩合格，凭成绩单上主观题短训班。				
	轩成集训班 B 班（视频+面授）	全日制集训	6.18～8.31	12800	7800	8300	8800	9300	
暑期系列	暑期主客一体班（面授）	全日制集训	7.10～主观题	11800	主客一体，无优惠。2024 年客观题成绩合格，凭成绩单上主观题短训班。				
	暑期全程班 A 班（面授）	暑期	7.10～主观题	18800	主客一体，无优惠。指纹打卡记录考勤，座位前三排、督促辅导、定期抽背纠偏、心理疏导。2024 年客观题成绩合格，凭成绩单上主观题短训班；客观题未通过，退 12000 元。				
	暑期全程班 B 班（面授）	暑期	7.10～8.31	11800	7300	7800	8300	8800	
冲刺系列	考前密训冲刺 A 班	集训	8.22～8.31	6680	2024 年客观题成绩合格，凭成绩单上主观题密训班；客观题未通过，退 6000 元。				
	考前密训冲刺 B 班	集训	8.22～8.31	4580	3600			4100	

其他优惠：

1. 多人报名可在优惠价格基础上再享团报优惠：2 人（含）以上报名，每人优惠 200 元；3 人（含）以上报名，每人优惠 300 元。

2. 厚大面授老学员在阶段优惠价格基础上再优惠 600 元（冲刺班次和协议班次除外），不再享受其他优惠。

【郑州分校地址】河南省郑州市龙湖镇（南大学城）泰山路与 107 国道交叉口向东 50 米路南厚大教学

咨询电话：杨老师 17303862226　李老师 19939507026

厚大法考 APP

厚大法考官微

厚大法考官博

郑州厚大法考 QQ 服务群

郑州厚大法考面授分校官博

郑州厚大法考面授分校官微

厚大法考（南京）2024年客观题面授教学计划

班次名称		授课时间	标准学费（元）	阶段优惠（元）			备　注
				11.10前	12.10前	1.10前	
双考系列	集训联考A班	7.9~9.5(法考客观题)+9.25~12.10(法硕秋季集训班)	32800	22800	23800	24800	本班配套图书及内部资料
	集训联考B班	7.9~主观题考前+10.23~12.10(法硕接力班)	26800	16800	17800	18800	
大成系列	大成集训主客一体班	5.18~主观题考前	25800	主客一体，签订协议，无优惠。2024年客观成绩合格，凭客观题成绩单上2024年主观题决胜班；2024年客观题意外未通过，退15000元。			
	大成集训班	5.18~9.5	25800	13800	14800	15800	
暑期系列	暑期主客一体尊享班	7.9~主观题考前	21800	无优惠，座位前三排，主客一体，签订协议，专属辅导。2024年客观成绩合格，凭客观题成绩单上2024年主观题决胜班(赠送专属辅导，一对一批阅)；2024年客观题意外未通过，退10000元；2024年主观题意外未通过，免学费重读2025年主观题决胜班。			
	暑期主客一体班	7.9~主观题考前	13800	主客一体，签订协议，无优惠。2024年客观成绩合格，凭客观题成绩单上2024年主观题决胜班；2024年客观题意外未通过，退8000元。			
	暑期VIP班	7.9~9.5	13800	无优惠，座位前三排，专属辅导。2024年客观题意外未通过，退10000元。			
	暑期全程班	7.9~9.5	11800	5980	6480	6980	
	大二长训班	7.9~9.5(2024年)	15800	8480	8980	9480	一年学费读2年，本班次只针对在校法本大二学生
		7.9~9.5(2025年)					
周末系列	周末通关班	3.30~9.5	15800	协议模式，无优惠。2024年客观题意外未通过，免学费重读2025年客观题周末全程班。			本班配套图书及内部资料
	周末主客一体班	3.30~主观题考前	13800	主客一体，签订协议，无优惠。2024年客观成绩合格，凭成绩单上2024年主观题点睛冲刺班；2024年客观题意外未通过，退6000元。			
	周末全程班	3.30~9.5	11800	5980	6480	6980	
	周末精英班	3.30~8.25	7980	4480	4980	5480	
	周末特训班	7.6~9.5	8980	4180	4580	4980	
	系统强化班	3.30~6.30	5980	3280	3580	3880	
	周末长训班	3.30~6.30(周末)	15800	7480	7980	8480	
		7.9~9.5(脱产)					
	周末长训主客一体班	3.30~6.30(周末)	13800	主客一体，签订协议，无优惠。2024年客观成绩合格，凭成绩单上2024年主观题决胜班。			
		7.9~主观题考前(脱产)					
冲刺系列	点睛冲刺班	8.26~9.5	4580	2980			本班内部资料

其他优惠：
1. 多人报名可在优惠价格基础上再享团报优惠(协议班次除外)：3人(含)以上报名，每人优惠200元；5人(含)以上报名，每人优惠300元；8人(含)以上报名，每人优惠500元。
2. 厚大面授老学员报名(2024年3月10日前)再享9折优惠(VIP班次和协议班次除外)。

备注：面授教室按照学员报名先后顺序安排座位。部分面授班次时间将根据2024年司法部公布的考试时间进行微调。

【南京分校】南京市江宁区宏运大道1890号厚大法考南京教学基地
咨询热线：025-84721211

厚大法考APP

厚大法考官博

南京厚大法考官博

厚大法考（成都）2024年客观题面授教学计划

	班次名称	授课模式	授课时间	标准学费（元）	阶段优惠（元） 11.10前	12.10前	1.10前	配套资料
大成系列	尊享班	线下视频+面授	3.30~10.7	28800	主客一体、协议保障；座位优先，全程享受VIP高端服务；量身打造个性化学习方案，一对一抽背，学科个性化规划，让备考更科学、复习更高效、提分更轻松。2024年客观题成绩合格，凭成绩单免学费读主观题短训班；2024年客观题意外未通过，免学费重读2025年大成集训班；2024年主观题意外未通过，免学费重读2025年主观题短训班。限招10人！			理论卷 真题卷 随堂内部讲义
	大成集训班	线上直播+面授	5.18~9.1	19800	12080	12280	12580	
	主客一体集训班	线上直播+面授	5.18~10.7	22800	主客一体、协议保障、无优惠。2024年客观题成绩合格，赠送2024年主观题短训班；2024年客观题意外未通过，免学费重读2025年客观题大成集训班。限招20人！			
暑期系列	大三先锋班	线上视频+面授	3.25~9.1	15800	3~6月每周一至周五，晚上线上授课，厚大内部精品课程，内部讲义。 7900	8500	8700	
	暑期全程班	面授	7.11~9.1	12800	7280	7580	7780	
	暑期主客一体冲关班	面授	7.11~9.1 / 9.19~10.7	15800	主客一体、协议保障、无优惠。2024年客观题成绩合格，凭成绩单免学费读主观题短训班；2024年客观题意外未通过，免学费重读2025年暑期全程班。限招30人！			
	私塾班	线下视频+面授	3.30~6.30(周末) / 7.11~9.1(全日制)	14800	8580	8780	8980	
周末系列	周末长训班A模式	线下视频+面授	3.30~9.1	11800	7280	7580	7780	
	周末长训班B模式	线下视频+面授	3.30~10.7	15800	主客一体、协议保障、无优惠。2024年客观题成绩合格，凭成绩单免学费读主观题短训班；2024年客观题意外未通过，免学费重读2025年周末长训班A模式。限招30人！			

其他优惠：
1. 3人以上报名，每人优惠200元；5人以上报名，每人优惠300元；8人以上报名，每人优惠400元。
2. 厚大老学员（直属面授）报名享9折优惠，协议班除外；厚大老学员（非直属面授）报名优惠200元。
3. 公、检、法工作人员凭工作证报名享阶段性优惠500元。

【成都分校地址】四川省成都市成华区锦绣大道5547号梦魔方广场1栋1318室
咨询热线：028-83533213

厚大法考APP

厚大法考官博

成都厚大法考官微

2024年厚大学习包私教课

专为使用学习包+免费课件的考生量身定制

有书有免费课程

但是，不会学、不自律、记不住、做不对

怎么办?

报名私教课

有专人为你制订学习计划+帮你管理时间，让你无负担、高效学

有名师授课+讲师指导，让你听得懂、学得会

有人带你多轮记忆+刷足够的题，让你记得住、做得对

应试有方法、有套路、有人管、有效果

专属化学习规划 谋

可视化时间管理 动

智能化监管平台 监

小班化教学督导 管

主观化思维训练 招

谋定而动 行且坚毅

听练问记 行之有效

精准减负 + 营养增效

有招有料 核心保障

听 双师融合授课

练 多轮进阶练习

问 学不会随时问

记 抗遗忘反复记

料 课后营养小资料

2023年私教课客观题通过率：全职备考高达88%、在职法学76%、在职非法学65%

2024年课程设置

 主客一体学习包私教课

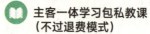 主客一体学习包私教课（不过退费模式）

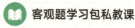 客观题学习包私教课

报了班，除了学习，你什么都不用管！

2024赛季我们带你1年，让你成为真正的"过儿"

扫码咨询客服，免费领取2024年备考资料

电话咨询4009-900-600-转1-再转1